越南

Lala Citta是義大利文的「城市＝La Citta」，
和享受輕快旅行印象綜合而成的用語。
書中匯集了最夯的海邊度假勝地與各種可愛的雜貨、
當地美食以及市場導覽等…
不可錯過的時尚新主題，
當你在想「今天要做什麼呢」時
就翻翻這本書吧。
歡樂旅遊的各種創意都在書中。

人人出版

Lala Citta

越南

Contents

●P1圖片解答→順化宮廷料理「Bánh Trái Cây」竟然是綠豆糕點！（→P91）

別冊MAP

〔本書的標示〕

- Ⓔ 有諳英語的員工
- E 有英文版菜單
- R 有餐廳
- P 有泳池
- F 有健身房
- 交 交通
- 住 地址
- H 飯店
- ☎ 電話號碼
- 時 開館時間、營業時間
- 休 公休
- 金 費用
- URL 官網網址

〔其他注意事項〕

○本書所刊載的內容及資訊，是基於2015年11月～2016年1月時的取材、調查編輯而成。書籍發行後，在費用、營業時間、公休日、菜單等營業內容上可能有所變動，或是因臨時歇業而有無法利用的狀況。此外，包含各種資訊在內的刊載內容，雖然已經極力追求資訊的正確性，但仍建議在出發前以電話等方式做確認、預約。此外，因本書刊載內容而造成的損害賠償責任等，敝公司無法提供保證，請在確認此點後再行購買。

○地名、建築物在標示上盡可能貼近當地語言的發音。

○本書的地址按照當地記載方式來標示。1樓標示為GF、2樓標示為1F、3樓標示為2F…請多加注意。

○休息時間基本上僅標示公休日，略過西曆新年及農曆新年、國定假日等節日。

○費用的標示為成人的費用。

〔本書的用法〕

◀◀區域＆主題

區分成「胡志明市」、「中越」、「河內」3個區域。決定好旅遊目的地的話，即可從中選擇適合自己的主題。

區域檢索

當有符合頁面內區域的店家和景點時，區域名便會出現標示。當你想到「我現在人在〇〇，這一帶有些什麼？」時，就可以由這裡反向檢索過去。

小小資訊和小小知識

介紹和該頁面的主題與景點相關的有用資訊以及旅遊的知識。

\出發前check!/

越南 區域Navi

越南幅員廣大，南北長約1650km，細長的國土上有許多魅力十足的城市，如位處北越的首都河內、南越的大都市胡志明市、擁有美麗遼闊海景的中越等，前往體驗各種不同的迷人風情吧！

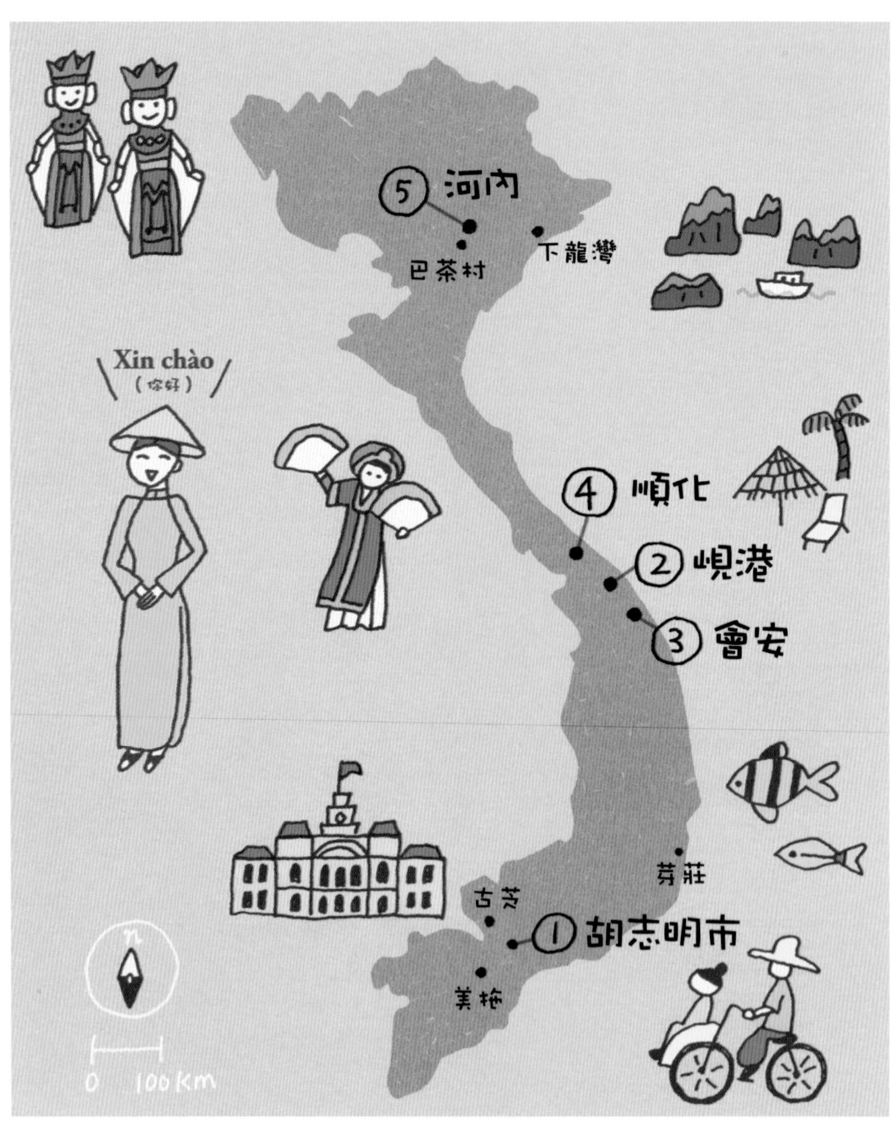

胡志明市 →P23
Hồ Chí Minh

流行資訊的最前線

高樓大廈林立，這裡是越南最大的商業都市。早期的經濟成長快速，市區四處可見時髦商店和餐廳。

ACCESS　從台灣搭飛機約3～4小時

\ 中越度假勝地 /

峴港 →P66
Đà Nẵng

現在最受歡迎的新度假勝地

可說是中越觀光入口的港都。長長的白沙灘是越南國內首屈一指的美麗海灘。國際級的高級度假飯店也相繼開業。

ACCESS　從台灣搭飛機約6～8小時

會安 →P76
Hội An

掛滿鮮豔燈籠的街道

從朱印船貿易時代起因海上貿易而興盛起來的港都。據說日本人也曾在此定居，會安舊市區已被登錄為世界遺產。

ACCESS　峴港國際機場車程約45分

順化 →P86
Huế

保留古老傳統的阮朝古都

這裡曾是越南最後一個王朝──阮朝首都的所在地。有許多歷史建築如皇宮等，都是不容錯過的世界遺產。

ACCESS　峴港國際機場車程約3小時

河內 →P99
Hà Nội

擁有1000年歷史的首都

位在北越，從李朝時代起便定都於此。以還劍湖為中心、綠意盎然的街道美不勝收，有水上木偶戲及舊市區等許多觀光景點。

ACCESS　從台灣搭飛機約３小時

縱貫越南
7天5夜經典行程

只要1週的時間就能網羅河內、峴港、胡志明市及越南主要觀光景點，也可以多1天把順化、會安等地的世界遺產（→P98）或購物血拼行程加進去，隨心所欲安排專屬自己的完美行程。

13:50 搭乘從桃園機場直飛班機抵達河內內排國際機場

↓ 計程車約50分

16:00 前往河內的飯店辦理入住手續。逛完舊市區後享用晚餐。下榻河內

全天 河內市區或下龍灣（→P126）觀光。下榻河內

12:30 搭乘由河內內排國際機場出發的直航班機前往峴港國際機場

↓ 計程車約10分

13:10 前往峴港的度假飯店辦理入住手續，之後在下榻飯店放鬆享受Spa。下榻峴港

全天 在會安或順化觀光。下榻峴港

11:05 搭乘由峴港國際機場出發的直航班機前往胡志明市新山一國際機場

↓ 計程車約30分

12:00 前往胡志明市的飯店辦理入住手續。逛完濱城市場後享用晚餐。下榻胡志明市

全天 在胡志明市進行最後採買。不想購物的人可以前往美拖（→P60）等郊外觀光

↓

22:30 至胡志明市新山一國際機場辦理登機手續回國。機上過夜。

04:00 抵達桃園機場

※航班資訊可能有所變動。

更加戀上越南

旅行 Key Word

在度假勝地享用美食、
購買可愛的雜貨，
越南到處都有吸引女孩目光的要素。
在此為大家介紹7個越南旅行的Key Word。

Key Word 1
有方便的直航班機、度假飯店陸續增加中
最新焦點！中越度假勝地
→P12～22

越南長長的海岸線上有著連綿不斷的白沙灘。位處中越的峴港、順化、會安與芽莊等地作為度假勝地，正如火如荼地進行開發。國際知名的品牌飯店近年來也不斷進駐。一面悠閒地眺望海景、一面享受消除平日累積疲勞的頂級Spa，這樣的度假方式正是當下越南旅行的新潮流。可自由選擇符合自己喜好的飯店，如入住期間可享受免費Spa招待的「Fusion Maia Da Nang」（→P14）等飯店。

1.可盡情欣賞湛藍海景的「Ana Mandara Hue」（→P21）

2.也有能夠品嘗宮廷菜色的順化飯店。「The Pilgrimage Village」（→P21） 3.許多Spa使用的是以天然成分製作而成的護膚產品

4.可從附設泳池的Villa遠眺大海的「寧凡灣六善酒店」（→P22）
5.不妨也試試飯店的「HARNN HERITAGE SPA」等高級Spa 6.「Fusion Maia Da Nang」（→P14）可體驗瑜珈或太極拳等舒緩身心的活動

亮點在於種類豐富的蔬菜和醬汁

超養生越南菜

→P38～43（胡志明市）、P112-113（河內）

使用大量蔬菜烹調而成的越南菜。除了可以當做前菜，像吃沙拉般享用的越南生春捲以外，食物纖維含量高的低卡菜色眾多是越南菜的特色。菜色本身多半著重食材原味，口感十分清淡，不過只要加入越南魚露Nước mắm和花生醬等可搭配菜色的多種醬汁，口味便有了大轉變。用紅蘿蔔裝飾而成的美麗擺盤也不容錯過。

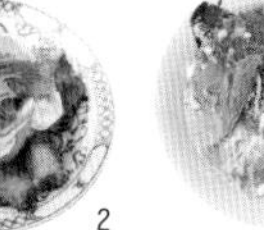
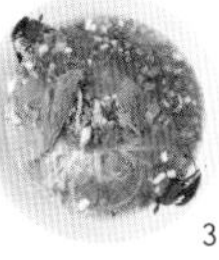

1.用生春捲皮把蔬菜和鮮蝦包起來的生春捲是必吃的越南菜 2.用蔬菜把炸春捲包起來，美味更上一層樓 3.河粉口味清爽，可依個人喜好加入香草調味。「Phở Hòa」（→P38） 4.擺盤精緻講究的宮廷菜色「Y Thao Garden」（→P91）

讓人想帶回家天天使用

溫暖可愛手作雜貨

→P30～33（胡志明市）、P106～109（河內）

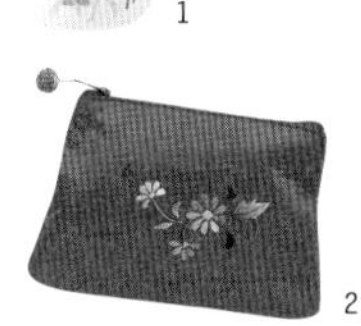

出自越南人一雙巧手的雜貨，每一樣都充滿手工製作的溫馨感。不論是施以美麗刺繡的商品，或是採用色彩鮮豔的少數民族布料製成的商品，簡樸又不失品味的商品琳瑯滿目。當中最值得推薦的，又屬繪有可愛傳統蜻蜓圖案的北越河內巴茶燒，以及受到法屬殖民時代影響的法式風格餐具。平日即可輕鬆使用的簡樸設計也是其魅力之一。

1.魅力十足的懷舊風琺瑯製品「Sắt Tráng Men Nhôm Hải Phòng」（→P107） 2.典雅的刺繡小包「Thêu Thêu」（→P32） 3.杯墊也充滿了越南風情「TROPIC」（→P32） 4.十分適合做為擺飾的籐編籃「Catherine Denoual Maison」（→P33） 5.可到當地工坊尋找巴茶燒（→P128）

Key Word 4

機會難得，不妨來個豪華體驗！

讓全身煥然一新的頂級Spa

→P50～53（胡志明市）、P120-121（河內）

從獲得國際級獎賞的度假型飯店LUXURY SPA，到由法式別墅改裝而成的市區獨棟Spa等，越南不僅擁有種類豐富的Spa，而且還能以平易近人的價格體驗難得一見的包含足部到身體、臉部的全身護膚療程，十分具有吸引力。獨家護膚產品裡含有大量天然藥草成分，讓人身心都得到徹底解放，來到這裡一定要好好地享受護膚療程。

1.優雅的足部按摩「Ana Mandara Hue」（→P21）　2.零星分布在市區，被綠意包圍的秘境Spa「Zen Spa」（→P120）
3.「HARNN HERITAGE SPA」（→P13）的Spa產品

簡單而令人懷念

不可錯過的當地甜品

→P44～45（胡志明市）、P116～117（河內）

說到越南甜品，最具代表性的就是以豆類與寒天做成的越南甜湯「Chè」。可加入碎冰做成冰品，也可以做成熱的，配料也是五花八門。第一杯推薦加了紅豆、綠豆及果凍的綜合口味甜湯「chè thập cẩm」，也別忘了加了煉乳，口味濃郁的越南布丁「Bánh Flan」，以及使用大量南洋鮮果做成的越南奶昔「Sinh tố」。

1.加了芒果和酪梨，含有豐富維他命C的越南奶昔「Kim Thanh」（→P44）　2.冰涼的越南甜湯讓人忘記酷暑。加入蓮子的甜湯（左）、綜合甜湯（右）「Chè Hẻm」（→P94）
3.把苦味咖啡淋在Bánh Flan越南布丁上是在地人的吃法「Kim Thanh」（→P44）　4.充滿越南風情的可愛三輪車冰淇淋也相當受歡迎「Fanny」（→P45）

Key Word 6

一生一定要造訪一次

令人震撼！世界遺產

→P98

越南一共有8個地方被聯合國教科文組織登錄為世界遺產，當中最令人震撼的當屬自然形成的壯麗景觀。海面上聳立無數奇岩的下龍灣、以及擁有全世界最大洞窟的峰牙－己榜國家公園已成為來自世界各地旅客的首選景點。以阮朝皇宮為主的順化歷史建築群、會安舊市區、還有位在中越的世界遺產占婆王國遺址之美山聖地（→P98）也都相當受到矚目。

1.位在順化，越南最後一個王朝——阮朝皇宮（→P88）　2.充滿懷舊風情的會安舊市區（→P78）　3.島嶼林立，有「海上桂林」之稱的下龍灣（→P126）

保有古老美好時代的面貌

充滿法屬殖民地風情的街景

→P26～27（胡志明市）

越南曾在19世紀後半至20世紀中旬做為法屬印度支那之一被法國統治過。受到當時的影響，至今街道上還保留著許多風格華麗的殖民地式樣建築物。可前往胡志明市人民委員會大廳與河內的大劇院（別冊MAP●P17D2）一帶遊逛，巡禮舊時面貌也別有一番趣味。在喧鬧的東南亞之中，應該能夠發現與其他國家迥然不同的歐洲風情。

1.有如胡志明市門面的「胡志明市人民委員會大廳」（→P26）
2.現在仍繼續提供服務的「中央郵局」。拱形天花板非常美麗（→P27）　3.「市民劇場」正面的精美雕刻也不容錯過（→P26）

知道賺到

旅行

在習慣與文化截然不同的國外，即使只是移動和觀光也可能十分耗時。從如何在馬路上安心行走到資訊蒐集，在此介紹越南旅行的有用小撇步！

Happy Advice

Advice 1 “怎麼穿越「機車潮」？？”

1.平日早晚是通勤、通學的尖峰時段　2.胡志明市的觀光客導覽員，也會幫助觀光客過馬路

路上是一波接著一波不間斷的汽機車潮！肯定會因為沒辦法穿越馬路而感到困擾不已。其實此時只要跟在當地人後面走，就能夠順利穿越馬路。如果當下看不到當地人，可以把手舉高讓汽機車駕駛容易注意到自己，然後「不要跑」、「不要停下來」、「不要回頭」，以固定的速度一口氣穿越馬路即可。

Advice 2 “越南國內的交通方式”

基本上在市區移動以步行或計程車為主。計程車會在大型飯店與主要觀光景點候客，車資不貴，可善加利用。市區巴士從胡志明市中心出發車票一律為5000～6000VND，雖然便宜但無法以英語進行溝通，較為不便。欲前往較偏遠的地區可利用當地旅行社（→別冊P3）的包車服務或參加自選行程（→P133）較為方便。

胡志明市區巴士。另有其他顏色如藍色

胡志明市的計程車，其中「Vinasun」或「MaiLinh」相較其他計程車較能安心搭乘

Advice 3 “不要忘了衛生管理！”

在攤販吃東西使用的是放在桌上的湯匙與小盤子

推薦的礦泉水品牌是「La Vie」及「Aquafina」

國外觀光客造訪的餐廳會提供擦手巾，衛生方面較不用擔心。近來攤販的衛生狀況已提升不少，擔心腸胃不適的人可以自行攜帶溼紙巾，用餐前先把筷子和湯匙擦乾淨。自來水無法生飲，為了保險起見，腸胃較弱的人點飲料時建議要求去冰。

"避開炎熱的時段技巧性的度過"

胡志明市的夜市

越南的白天很早開工，咖啡廳和攤販大清早6點左右便開始營業，商店則是早上8點左右。上午的炎熱還能接受，若要觀光或購物建議多利用上午。中午時段市場非常悶熱，不過入夜後的夜市炎熱度就緩和許多，也能欣賞到夜間的璀璨點燈。

"VND的貨幣兌換"

部分以外國觀光客為主的商店會接受美元，不過基本上還是得使用越南盾（VND）交易。可在機場或市區的銀行、貨幣兌換所兌換，不過無法再換回美金，因此建議只兌換所需的金額即可。

貨幣兌換商與機場的匯率相差無幾

Advice 6

"善用免費Wi-Fi上網"

網路使用環境越來越進步。不只飯店，大部分的都會區咖啡廳及餐廳也都提供免費Wi-Fi服務。順化與峴港等中越地區，以及河內部分計程車公司還設有車內專用Wi-Fi，即便移動中也能確認電子郵件或查詢旅遊資訊，非常方便。

看到貼在計程車車身上的Wi-Fi標記就沒錯了

越南 Profile

出發前一定要check！

○正式國名　名稱
越南社會主義共和國

○人口／面積
約9073萬人（2014年）
約33万970㎢

○首都
河內

○語言
越南語、少數民族語

○貨幣與匯率
1萬VND＝約14元
（2017年4月）
※關於貨幣種類→P134

○時差
-1小時
比台灣慢1小時。台灣的中午12時為越南時間上午11時。無實施夏令時間。

○小費
基本上無需付小費
若是覺得服務優良，可以支付一點表達謝意。飯店的行李員和客房服務小費行情約為1萬VND。一般的按摩則多半需要支付小費，可直接付5～10萬VND給芳療師。

○最佳旅遊季節
北中南各不相同，河內是秋季10～12月、胡志明市為乾季11～4月、中越是乾季的2～9月。雨季期間會有暴風雨，雨勢驚人，但約1～2小時後就停了。

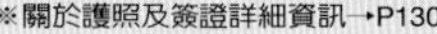

○入境條件
需辦理觀光簽證，一次不得停留超過30天
※關於護照及簽證詳細資訊→P130

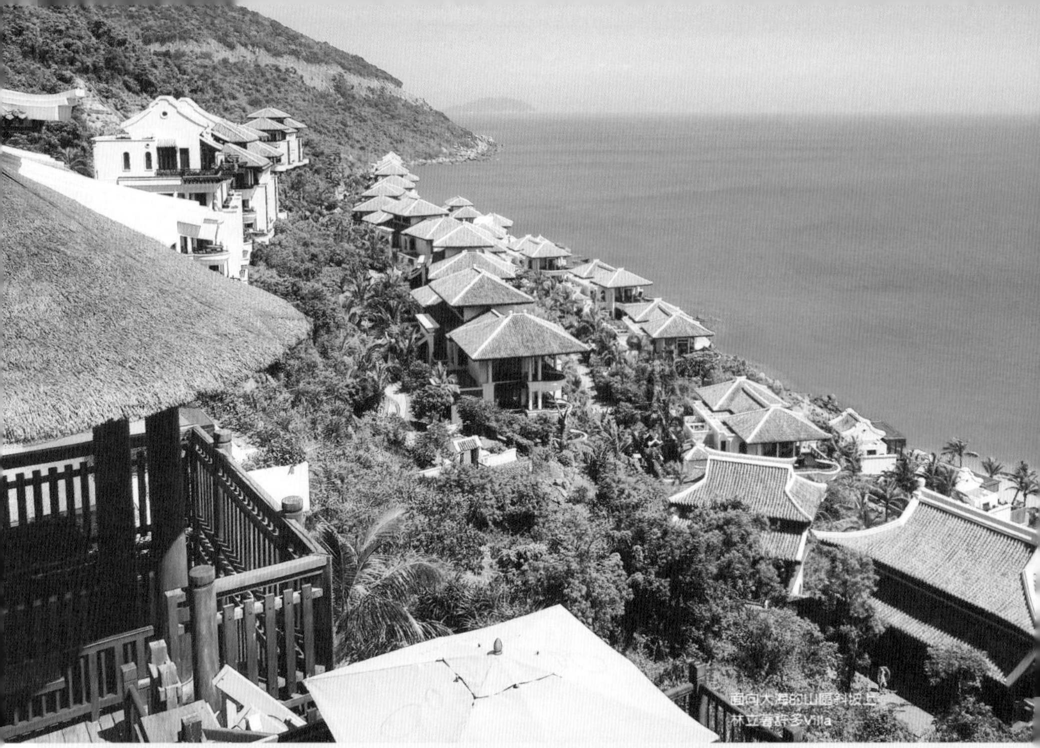

面向大海的山區斜坡上林立著許多Villa

前往現在最受矚目的中越度假勝地

以峴港為中心，在古都順化、會安、擁有隱密度假勝地的芽莊等地，高級度假飯店陸續開幕。來一趟人氣沸騰的中越度假勝地享受最頂級的假期吧！

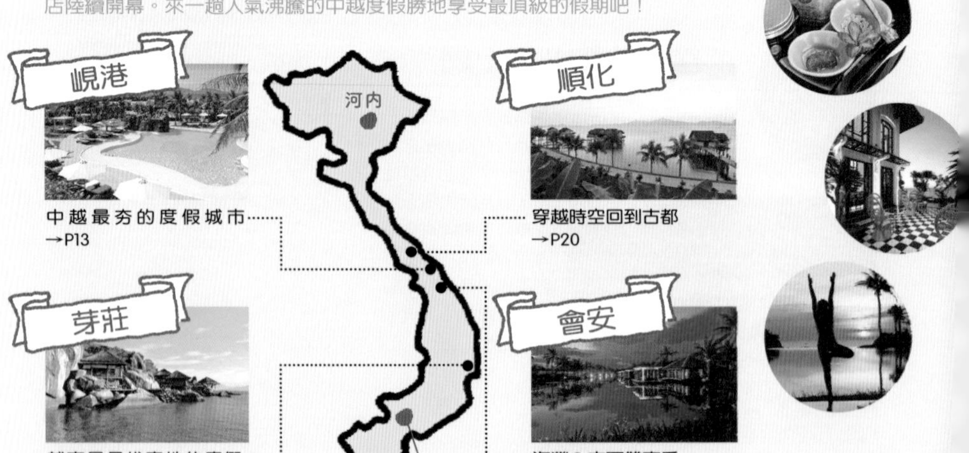

注目焦點!

佔地遼闊，從飯店大廳位處的山坡上開始，一共打造了天堂、天空、大地、海洋等4個區域，各區之間以斜坡上的船隻造型纜車接駁。

客房 結合大自然設計而成的客房一共有13種房型，連標準房也有70㎡寬敞。除了水療潟湖別墅（SPA LAGOON VILLA）外，其他種類豐富的Villa都附有私人泳池。

1.可從山上盡情欣賞美景的「天堂閣樓別墅（HEAVENLY PENTHOUSE）」

餐廳 可在典雅的越南餐廳「Citron」，於延伸出屋外的區域享用美食的同時，欣賞絕佳景致。此外還有米其林三星主廚指導的法國餐廳「LA MAISON 1888」等。

2.裝潢豪華的「Citron」
3、4.可在「Citron」品嘗廣式麵（Mi Quang）38萬VND與香煎鱸魚55萬VND

吸引許多國際級的品牌飯店不斷進駐的峴港，是現今越南最具人氣的度假區。

峴港洲際陽光半島度假酒店

InterContinental Danang Sun Peninsula Resort

由知名建築師Bill Bensley所設計的絕美景觀度假飯店

位在蔥鬱的山茶半島斜坡上，擁有長達700m的私人海灘。由度假飯店設計界第一把交椅的Bill Bensley從外到內親自操刀，以單色為基調的簡約外觀，營造出結合傳統與時尚元素的空間。所有的客房都是海景房型，一眼望去，遼闊的壯觀景色美麗得讓人不禁讚嘆出聲。除了餐廳和Spa外，各式各樣的齊全設施也是這裡迷人的地方，例如可以將海岸盡收眼底的「Long Bar」、24小時開放的健身中心、兒童遊戲室等。

DATA

㊋峴港國際機場車程30分 ㊟Bãi Bắc, Sơn Trà ☎0511-3938888 ㊎標準度假客房(RESORT CLASSIC)900萬VND～ 197室 Ⓔ

飯店設施 Check!

☑泳池
☑Spa
☑各種活動
☑接送服務(付費)
☑商店(3間)
☑餐廳(3間)
☑客房免費Wi-Fi

Spa 在「HARNN HERITAGE SPA」可體驗到融合了越南及泰式按摩的護膚療程。最推薦的是Siamese Aromatic Body Therapy療程250萬VND。

5.採用100%天然植物成分製成的護膚產品，讓身心都能得到徹底舒緩 6.7.也買得到護膚品牌「HARNN」的居家Spa產品，也是相當有人氣的Spa及飯店備品

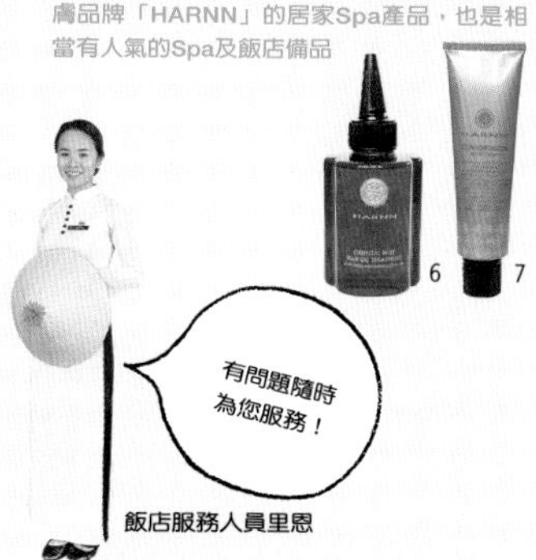

飯店服務人員里恩

峴港

在海岸邊享受戶外瑜珈時光

注目焦點!
房客可以免費參加Spa及瑜珈課程等健身活動！Spa療程包含了各式各樣使用有機素材的按摩及護理項目，請務必嘗試看看。

別冊 MAP P21E4

Fusion Maia Da Nang

免費健身療程很受歡迎

以「放鬆身心」為經營理念的Villa度假飯店。旅客在住房期間每天可以免費參加所有Spa與瑜珈等健身療程2次。極為重視隱私的服務也是吸引旅客入住的理由，例如提供24小時任選喜歡的地點之早餐服務、所有Villa客房皆附私人游泳池等。許多人因為能在此獲得只屬於自己的解放身心時光而專程再度造訪。

DATA
㊋峴港國際機場車程15分 ㊟Võ Nguyên Giáp, Phường Khuê Mỹ, Quận Ngũ Hành Sơn
☎0511-3967999 ㊎Pool Villa 1260萬VND～
87棟 Ⓔ

飯店設施 Check!
☑泳池 ☑商店(1間)
☑Spa ☑餐廳(2間)
☑各種活動 ☑客房免費Wi-Fi
☑接送服務(付費)

1

1.2.3.天氣晴朗的日子可在海灘享用早餐。提供大量水果與蔬菜，對美容也大有助益

2

3

4.客房設計參考風水，採用會帶來好運的正方形風格 5.有多位經驗豐富的芳療師。除了Nature Living Massage外，也有孕婦精油療程

Room

4

5

Pulchra Resort Da Nang

峴港唯一的日系海灘度假飯店

融合了曾興盛於中越的占婆王國與摩登時尚，正是這間飯店的設計概念。隨處可見的占婆式設計風格充滿濃厚的峴港風情。十分注重房客隱私，佔地內Villa之間皆保持相當的距離。飯店有日本服務人員，隨時滿足房客各種需求。

DATA

㊋峴港國際機場車程20分　㊟Lô 22 Trường Sa, Phường Hải Hòa, Quận Ngũ Hành Sơn
☎0511-3920823
㊎Pool Garden Villa 880萬VND～　31棟　Ⓔ

飯店設施 Check!

☑泳池	☑商店(1間)
☑Spa	☑餐廳(2間)
☑各種活動	☑客房免費Wi-Fi
☑接送服務(付費)	

Villa所有房型皆附私人泳池

1．Mat xa Plus＋251萬2400VND，另有菲律賓傳統按摩療程　2．寬廣客房中採拱型設計的天花板，讓人聯想到占婆遺跡

注目焦點！

在餐廳「五行」可品嘗到以新鮮海產烹調而成的道地日本料理。只要事先訂位，非房客也能用餐。想品嘗日本美食的人可以前來解饞。

餐廳「Vayu」也能品嘗到結合西方與亞洲口味的菜色

注目焦點！

腹地大到得搭專車移動。幾乎所有客房都能將美麗白沙灘農諾海灘（Non Nuoc Beach）盡收眼底，充滿度假氛圍。

腹地遼闊，有好幾棟客房

峴港凱悅度假村及水療中心

Hyatt Regency Danang Resort & Spa

可一家同樂的大型度假村

從標準客房到Residence，一共有6種房型任君挑選。廣大的佔地內設有5座泳池，其中還有附設兒童專用滑水道的泳池。木質裝潢的溫馨客房皆採用大型窗面，給人開闊的感覺。Spa療程種類豐富，Stress Recovery Massage 221萬VND。不論是情侶還是家庭，都能在這裡度過愉快的時光。

1．以大地色系為主的舒適客房　2．Spa提供使用原創護膚產品的按摩療程　3．餐廳可品嘗到越南菜及義大利菜等美食

DATA

㊋峴港國際機場車程17分　㊟5 Trường Sa, Phường Hải Hòa, Quận Ngũ Hành Sơn　☎0511-3981234
㊎Standard 547萬VND～　378室　Ⓔ

飯店設施 Check!

☑泳池	☑商店(1間)
☑Spa	☑餐廳(3間)
☑各種活動	☑客房免費Wi-Fi
☑接送服務(付費)	

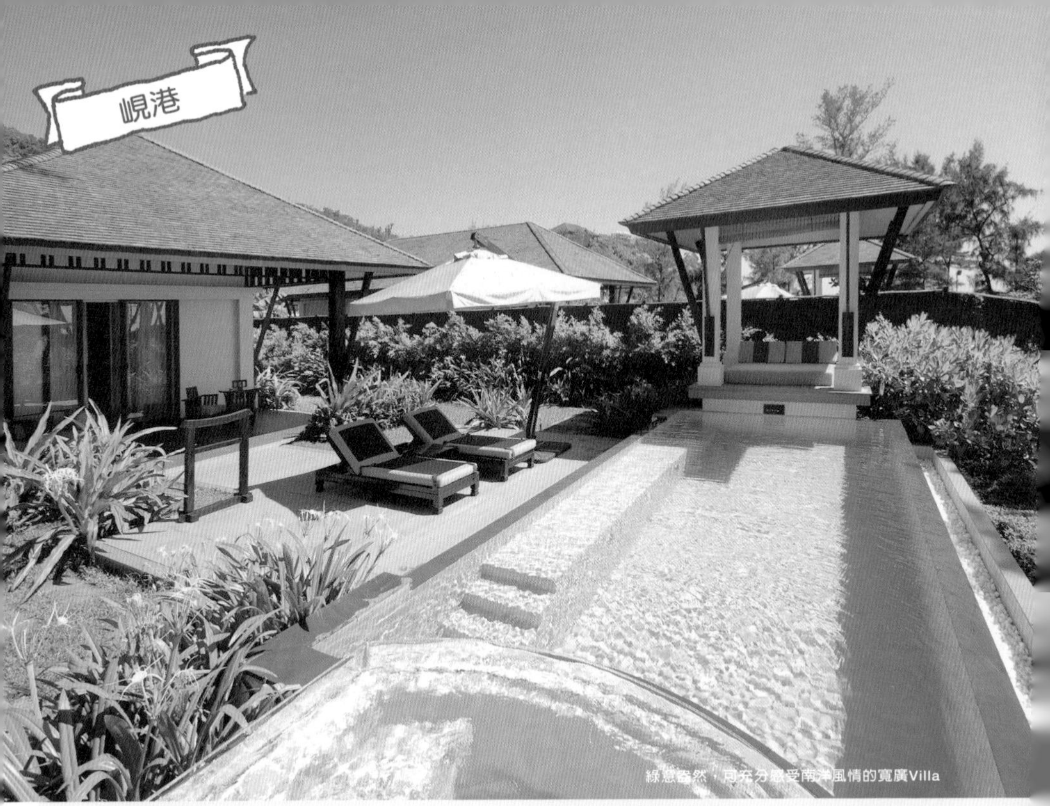

綠意盎然，可充分感受南洋風情的寬廣Villa

越南中部蘭珂悅榕莊

Banyan Tree Lăng Cô

被壯麗自然環抱的成人氛圍隱密之家

位在安南山脈山腳下的廣大綠地，2種Villa房型分布於此。飯店不但擁有由職業高爾夫球手尼克佛度（Nick Faldo）所設計的18洞高爾夫球場，也以得過國際級獎賞的Spa服務為傲，使用精油及藥草的巴里島式按摩240萬VND，讓人彷彿置身天堂。忘掉日常生活的瑣事，來到這兒徹底享受最奢華的款待吧。

DATA

(交)峴港國際機場車程1小時20分 (住)Thôn Cù Dù, Xã Lộc Vĩnh, Huyện Phú Lộc ☎054-3695888
(金)LAGOON POOL VILLA 1096萬8000VND～
60棟 Ⓔ

飯店設施 Check!

- ☑泳池
- ☑Spa
- ☑各種活動
- ☑接送服務(付費)
- ☑商店(1間)
- ☑餐廳(3間)
- ☑客房免費Wi-Fi

1. Spa中心有販賣原創精油與線香，買來當伴手禮如何？

2. 面向大海的Beach Pool Villa房型也附設私人泳池，從泳池可直接通往海灘

3. 可以品嘗道地泰國菜的招牌餐廳「Saffron」

注目焦點!

「越南中部蘭珂悅榕莊」與同系列度假飯店「越南中部蘭珂悅椿莊」在11～17時之間會提供接駁船隻往來，出發時間不定，請先至接待櫃檯預約。

船隻行駛在度假飯店內的水道上

別冊
MAP
P20B2

越南中部蘭珂悅椿莊

Angsana Lăng Cô

有許多可全家一起參與的活動

依山傍海的時尚風格大型度假飯店。擁有私人海灘及超大型泳池、每天輪替的免費獨木舟和竹籃船體驗，這類適合帶小孩一起參與的活動與設施種類十分豐富。採摩登時尚設計的客房中不著痕跡地融入越南風格裝潢，所有客房都能眺望美麗的蘭珂海灣。可在此搭乘前往順化的免費接駁巴士。

DATA

㊋峴港國際機場車程1小時20分　㊟Thôn Cù Dù, Xã Lộc Vĩnh, Huyện Phú Lộc　☎054-3695800
㊎Deluxe 509萬2000VND～　223室　Ⓔ

飯店設施 Check!

- ☑泳池
- ☑Spa
- ☑各種活動
- ☑接送服務(付費)
- ☑商店(1間)
- ☑餐廳(3間)
- ☑客房免費Wi-Fi

1

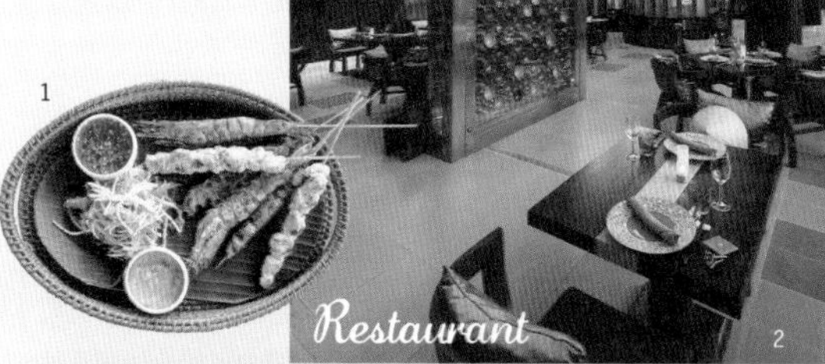

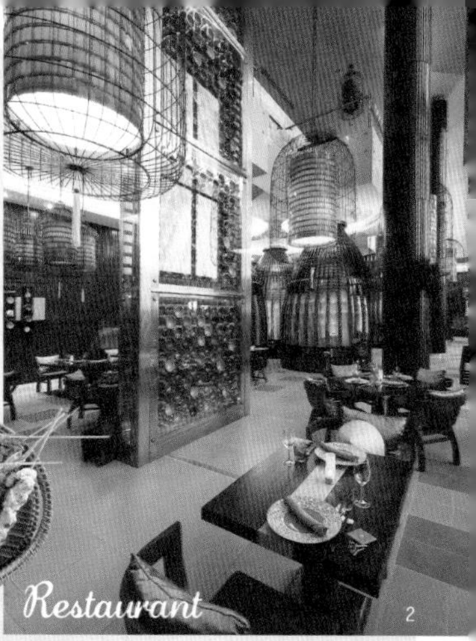

2

1.餐廳「Moomba」位在泳池畔，提供串燒拼盤15萬VND等海鮮菜色
2.主要提供米飯菜色的餐廳「Rice Bowl」。有如鳥籠般的餐桌設計頗富巧思

3

4

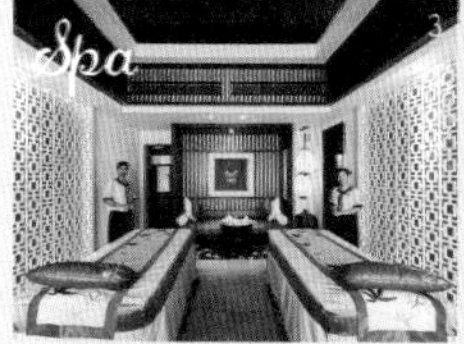

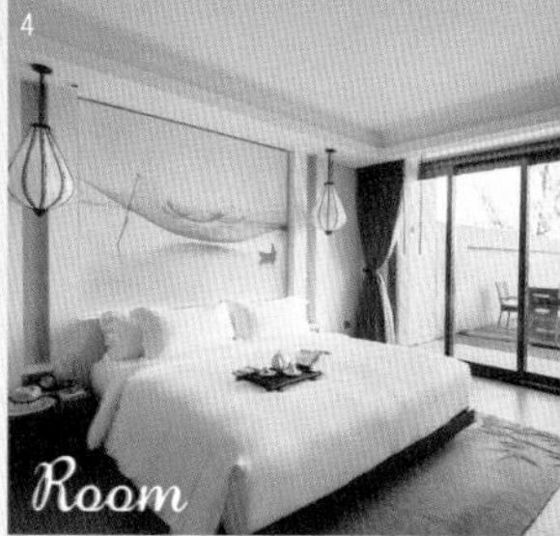

3.所有Spa皆採雙人空間。最受歡迎的療程是Bamboo 240萬VND
4.所有客房皆為Deluxe以上等級。Beachfront One Bedroom Suite房型附私人泳池

注目焦點!

位在飯店腹地內的超長泳池竟然長達300m！有風帆衝浪、浮潛等水上活動，在度假期間享受愉快的戶外休閒活動吧。

從客房放眼望去，將海灘絕景盡收眼底

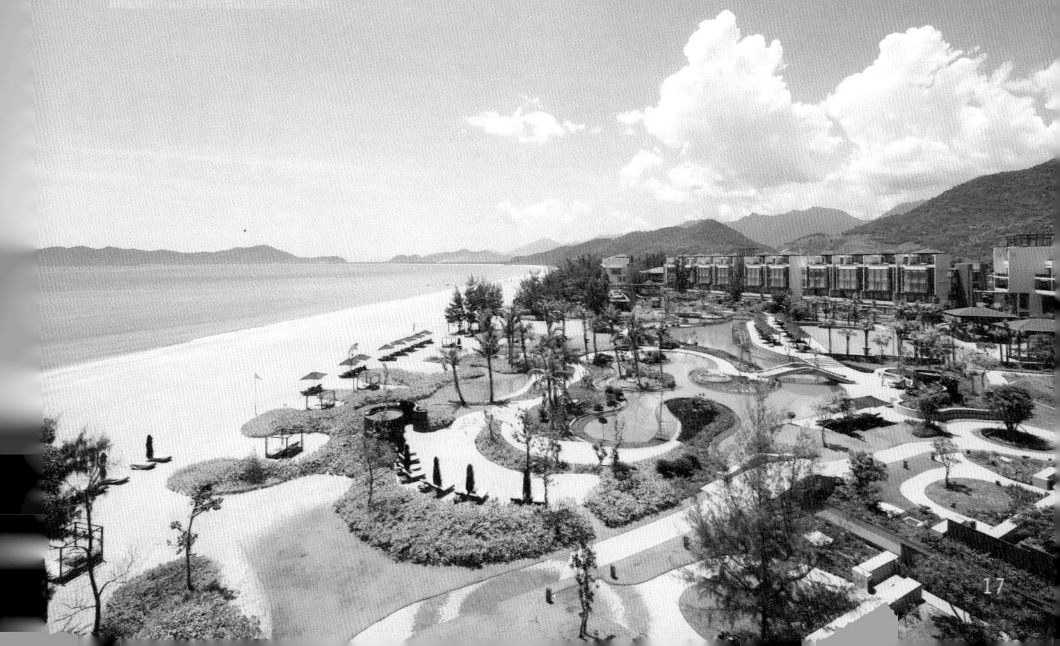

會安

海灘沿岸及舊市區周邊有許多飯店，可挑選符合自己旅遊行程的飯店入住。

注目焦點!

讓人不禁聯想到會安古宅的分量感，呈現出頂級空間感。無微不至的貼心服務也受到一定好評。

Spa療程地點在蓮池中的亭子內

別冊 MAP P20B4

會安南海度假酒店
The Nam Hai

在越南傳統的奢華空間休憩

會安地區數一數二的高級度假村，讓旅客置身於「有如自家般的舒適空間」是飯店的經營理念。配合風水學，在35萬㎡的廣闊占地上所打造的Villa客房全都是海景房，其中Pool Villa甚至有專屬管家進駐，徹底為旅客提供入住期間無微不至的頂級服務。腹地內除了有Spa之外，還有3座泳池及網球場，專為兒童設計的活動內容也十分豐富。

DATA

㊋峴港國際機場車程30分 ㊟Điện Dương, Huyện Điện Bàn ☎0510-3940000 ㊎1Bedroom Villa 1530萬VND～ 100棟 Ⓔ

飯店設施 Check!

☑泳池 ☑商店(1間)
☑Spa ☑餐廳(2間)
☑各種活動 ☑客房免費Wi-Fi
☑接送服務(付費)

1.可品嘗到正統印度菜的「The Restaurant」有露天座位，能夠一邊欣賞海灘景色一邊用餐

2.彷彿與天空融為一體的階梯式泳池　3.由2位芳療師施行指壓與巴里島式技術的The Nam Hai Jade Massage 443萬1000VND，療程選項豐富

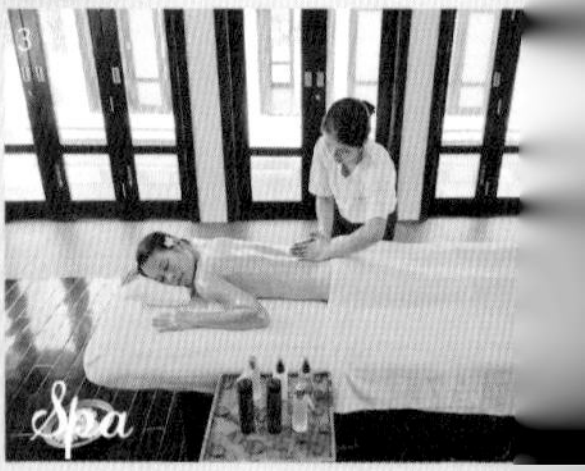

4.採越南傳統庭園式設計的客房

會安安塔拉度假村

Anantara Hoi An Resort

別冊 MAP P23D4

佇立河畔的殖民地風格飯店

位在舊市區郊外的秋盆河畔的精品飯店。殖民地式樣建築非常美麗，客房舒適整潔。逛完舊市區後，可到飯店內的「The Spa」接受身體按摩109萬VND消除疲勞。另外也有採預約制的越南菜教室及燈籠製作工坊等各種付費活動，可親身體驗當地文化。

DATA
㊂峴港國際機場車程45分 ㊟1 Phạm Hồng Thái
☎0510-3914555 ㊎Deluxe Balcony Room323萬5955VND～ 93室 Ⓔ

飯店設施 Check!
☑泳池
☑Spa
☑各種活動
☑接送服務(付費)
☑商店(1間)
☑餐廳(4間)
☑客房免費Wi-Fi

1.小船往來交錯的恬靜風光鋪展開來 2.可欣賞秋盆河風光的Premium River View Suite 3.餐廳「Lanterns」的越南菜及海鮮廣受好評

注目焦點！
距離舊市區很近，觀光散步十分便利。可在殖民地式樣建築的優雅氛圍中度過悠閒時光。

Almanity Hoi An

別冊 MAP P22B1

以大規模Spa為傲的都市型度假飯店

2014年於會安市區開幕。精巧舒適的客房分成附按摩浴缸或閣樓式等4種房型。擁有全越南規模最大的40個Spa療程室，寬廣的瑜珈空間及溫水游泳池等設施也非常齊全。

DATA
㊂峴港國際機場車程40分 ㊟326 Lý Thường Kiệt
☎0510-3666888 ㊎My Mind 403萬5000 VND～ 145室 Ⓔ

飯店設施 Check!
☑泳池
☑Spa
☑各種活動
☑接送服務(付費)
☑商店(1間)
☑餐廳(2間)
☑客房免費Wi-Fi

1.隔絕所有外界塵囂的寧靜中庭泳池 2.乾淨清爽，設計俐落的客房

注目焦點！
入住房客每天可免費享受一次90分的「Spa Journey」套裝服務，內容包含按摩、蒸氣Spa、瑜珈、太極拳。

3.使用原創品牌精油的身體療程Healing Body Rituals 60分70萬VND等，按摩種類豐富

順化

到古都旅遊可下榻於郊外型度假飯店。遙想古老歷史的同時，也讓身心徹底獲得釋放。

Vedana Lagoon Resort & Spa

入住潟湖上的別墅

位在被寂靜包圍的潟湖岸邊，是可以讓身心完全放空，度過奢華時光的度假型飯店。客房有Villa及平房等5種房型，特別推薦建造於水上的平房。前來這兒舉辦婚禮及度蜜月的新人很多，可以在水上平房享受療程的Spa非常地受到歡迎。

DATA
㊋順化市中心車程1小時10分　㊟Khu 2, Thị Trấn Phú Lộc　☎054-3819397　㊎Pool Honeymoon Villa 648萬VND～　29棟、34室　Ⓔ

飯店設施 Check!

- ☑泳池
- ☑Spa
- ☑各種活動
- ☑接送服務(付費)
- ☑商店（1間）
- ☑餐廳（1間）
- ☑客房免費Wi-Fi

Room

1. 床鋪四周的床簾增添浪漫氣氛

2. 在主要餐廳「The Horizon」用餐的同時，可以遠眺潟湖美景

3. The Vietnamese Body Treatment 114萬4000VND，可以享受使用以蔬菜及水果製成的有機護膚產品的療程

注目焦點!

這兒是越南首次引進的水上度假平房。每天清晨都會在面向大海的涼亭舉辦免費的瑜珈及太極拳課程。另外也可享受獨木舟及釣魚等許多戶外大自然活動。

在潟湖涼亭舉辦的早晨太極拳

1. 可感受到大自然的療癒空間　2. 可在「Junrei restaurant」享用豪華宮廷菜色　3. 提供豐富的Spa療程，如The Vietnamese Body Treatment 109萬8000VND

注目焦點!

度假飯店的裝潢使用木材與磚瓦等建材，充滿大自然的氣氛，營造出樸實又溫馨的寬廣空間。

別冊 MAP P20A1

The Pilgrimage Village

林木環繞的自然度假飯店

位於通往皇帝們長眠的皇陵路上，是一處綠意盎然的療癒型度假村。南洋植物環繞的占地內，多棟傳統順化式樣的建築分布其中，客房分成Villa與平房2種房型。

DATA

㊋順化市中心車程15分　㊟130 Minh Mạng
☎054-3885461　㊎Deluxe 327萬8000VND～
99室　Ⓔ

飯店設施 Check!

☑泳池　☑商店(2間)
☑Spa　☑餐廳(2間)
☑各種活動　☑客房免費Wi-Fi
☑接送服務(付費)

1. 以呈現食材原味的海鮮為傲。飯店也會舉辦料理教室

2. 與湛藍天空相互襯托的白沙灘

別冊 MAP P20B1

Ana Mandara Hue

在私人海灘度過古都假期

擁有約400m的私人海灘及大型游泳池之海灘度假飯店。2萬8000㎡的廣闊占地上分布著Deluxe、Beach Villa、Pool Villa 3種房型。規模雖不大，但如餐廳以及Spa等設施也都十分完善。

DATA

㊋順化市中心車程30分　㊟Thôn An Hải, Thị Trấn Thuận An, Huyện Phú Vang　☎054-3983333
㊎Deluxe 300萬VND～　78室
Ⓔ

飯店設施 Check!

☑泳池　☑商店(1間)
☑Spa　☑餐廳(2間)
☑各種活動　☑客房免費Wi-Fi
☑接送服務(付費)

3. 裝潢豪華的主要餐廳「Lagoon」

注目焦點!

順化唯一一家海灘度假飯店。想到順化觀光又想前往海灘的人選擇這裡最合適不過了。

4. 採用順化傳統色紫色裝潢，氛圍典雅的客房　5. 除了Body Massage 59萬VND外，也有阿育吠陀等多種Spa療程，選擇多樣豐富

芽莊

越南中南部最具代表性的度假勝地，低調又各自隱密充滿特色。

寧凡灣六善酒店

MAP P96A1

Six Senses Ninh Van Bay

佇立於遠離人煙海灣上的終極隱密之家

只有入住房客才能搭乘專用接駁船隻前往的隱密度假飯店，也是走大自然路線的度假飯店先驅。海灘、水面、波浪拍打的岩石、美麗的山腰等，彷彿與周圍環境融為一體的各色Villa林立於此，並附設有私人泳池。導入越南傳統療法的Spa也是飯店引以為傲之處。

注目焦點！

欲前往飯店得從芽莊郊外的棧橋搭乘專用船隻。Villa有配置專屬管家為房客提供各種服務。

1. 可直接進到大海享受浮潛樂趣的Water Pool Villa
2. 可感受到原木溫暖氛圍的客房
3. Vietnamese Massage 240萬VND～

DATA

㊇芽莊金蘭國際機場車程1小時，再搭接駁船約20分
㊟Vịnh Ninh Vân, Ninh Hòa ☎058-3728222
㊎Beachfront Pool Villa 1721萬2500VND～
59棟 Ⓔ

飯店設施 Check!

☑泳池	☑商店(1間)
☑Spa	☑餐廳(3間)
☑各種活動	☑客房免費Wi-Fi
☑接送服務(付費)	

Fusion Resort Nha Trang

MAP P96A2

距離機場很近的療癒系Spa度假飯店

只要是入住房客都能免費享受Spa及瑜珈課程，是一家十分講究療癒服務的新度假飯店。庭園式Villa每棟都佔地100㎡以上，吊床模樣的浴缸設計極具創意。

DATA ㊇芽莊金蘭國際機場車程9分 ㊟Nguyễn Tất Thành, Cam Hải Đông, Cam Lâm ☎058-3989777
㊎Chic Suite 1350萬VND～ 72室 Ⓔ

飯店設施 Check!

☑泳池	□商店
☑Spa	☑餐廳(1家)
☑各種活動	☑客房免費Wi-Fi
□接送服務(付費)	

1. 位在海灘入口處的Villa
2. Cham Veda Relaxing Massage以外，所有Spa療程皆免費

注目焦點！

2015年11月開幕。交通便利，從機場車程只需9分。入住房客一天可免費享受2次療程服務。

安娜曼達拉愛梵森酒店

MAP P96A2

Evason Ana Mandara

悠閒派與戶外派都能獲得滿足

芽莊具有代表性的悠久歷史度假飯店。位於市中心，無論觀光或購物都十分便利。潛水或近郊旅遊等活動也十分豐富，可依照喜好隨心所欲度過美好假期。

DATA ㊇芽莊金蘭國際機場車程40分
㊟Trần Phú, Nha Trang ☎058-3522222
㊎Garden View Room 477萬VND～ 74室 Ⓔ

飯店設施 Check!

☑泳池	☑商店(2間)
☑Spa	☑餐廳(2間)
☑各種活動	☑客房免費Wi-Fi
☑接送服務(付費)	

注目焦點！

芽莊唯一位於海灘入口的度假飯店。位處市中心，到市區散步遊逛也很方便。

1. 可在海灘享用正式餐點。有許多情侶在此舉辦海灘婚禮 2. 可感受到越南風情設計的客房讓人感覺自在又舒適

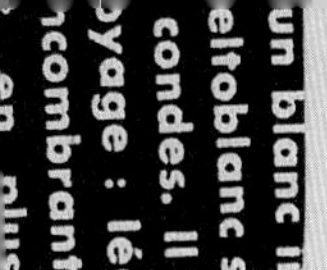

胡志明市

有「東方巴黎」之稱的胡志明市。

殖民地風格建築的洋房、越南法國麵包、

充滿知性的優雅雜貨…etc.

在洋溢著法國風情的街道遊逛。

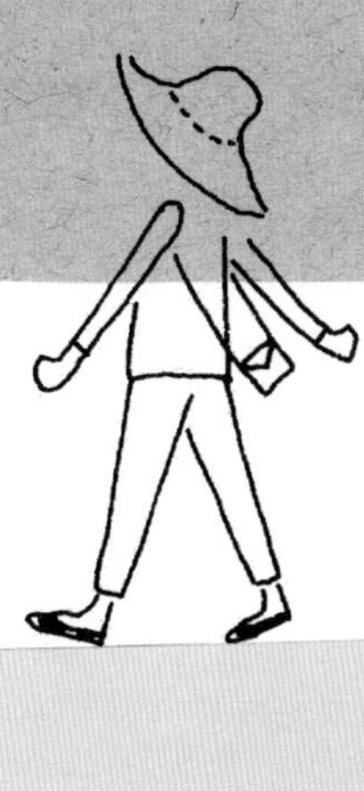

出發前check!

胡志明市區域Navi

主要的觀光景點與店家都集中在同起街徒步可到之處。起點是當地地標市民劇場。欲前往堤岸及2區等外圍區域的人，建議搭乘計程車前往為佳。

同起街 →P32、54

Đồng Khởi / 別冊 MAP ● P8B1～P9D3

胡志明市觀光據點

許多雜貨店及大型飯店林立的觀光大街。街道中央的市民劇場（→P26）、聖母大教堂（→P27）、胡志明市人民委員會大廳（→P26）等，有不少殖民地式樣建築觀光景點。

ACCESS 機場前往市民劇場車程30分

Pasteur街＆Tôn Thất Thiệp街

Pasteur & Tôn Thất Thiệp / 別冊MAP●P8B3、P9C3

品味高雅的購物景點

Pasteur街上有許多由日本人經營的品味高雅精品店，與之交叉的是總長不長，但聚集了多家個性化店鋪的Tôn Thất Thiệp街。

ACCESS 市民劇場步行5～10分

濱城市場周邊 →P26、28

Chợ Bến Thành / 別冊 MAP ● P8B4

已成為地標的巨大市場

以擠滿超過2000家店的濱城市場為中心，附近聚集了許多當地色彩濃厚的小吃店和商店。19時左右市場周邊會出現夜市攤販。

ACCESS 市民劇場步行15分

Phạm Ngũ Lão街＆Để Thám街

Phạm Ngũ Lão & Để Thám / 別冊 MAP ● P6B4

歐美背包客的聖地

許多平價旅館和旅行社集中在此，以歐美旅客為主客源的各國餐廳及咖啡廳、酒吧數量頗多。入夜後，高分貝撥放音樂的酒吧霓虹燈光輝閃爍。

ACCESS 市民劇場車程15分

堤岸

Chợ Lon / 別冊 MAP ● P4A4

熱鬧的中國城

從18世紀後半便有許多華僑聚集在此生活。平西市場周邊有不少中國寺院及中國餐廳。這裡範圍很大，建議搭乘計程車移動。

ACCESS 市民劇場車程25分

6 1區北部＆3區

Quận 1 & 3 / 別冊MAP ● P6B3～P7C1

同起街北側與緊鄰統一宮的騷壇公園西側一帶。內行人才知道的餐廳和咖啡廳分布於此。

ACCESS 市民劇場車程5～15分

7 2區

Quận 2 / 別冊MAP ● P4A1

位於西貢河對岸，許多歐美人士居住於此的高級住宅區，時髦的餐廳與店舖接二連三地開業。

ACCESS 市民劇場車程25分

郊外景點

● 美拖 Mỹ Tho →P60

座落於胡志明市西南方約75km處的港町，乃探訪湄公河三角洲村落的湄公河遊船之主要據點，很適合進行來回1日遊。

● 古芝 Cú Chi →P61

位在胡志明市西北方約70km。尚保有許多越戰時期的戰爭遺跡，觀光客多半跟團前往。

↑
胡志明市新山一
國際機場

⑦往2區→

西貢站

①同起街

Pasteur街&
Tôn Thất Thiệp街②

③
濱城市場周邊

西貢河

④

Phạm Ngũ Lão街
& Đề Thám街

往美拖
↙

從殖民地式樣建築到逛街購物全都齊聚在此

徹底網羅絕對不想錯過的胡志明市1Day Plan

胡志明市的主要觀光景點都集中在市中心。觀光、美食、購物、護膚美容等，在此介紹盡情玩樂一整天，絕不虛度的極致行程！

濱城市場

Chợ Bến Thành

→P28

步行10分

到市場大採購！

聚集了眾多店鋪的胡志明市最大市場。從亞洲雜貨到流行時尚、食品等琳瑯滿目，一面感受熱氣活力，一面採買喜愛的商品吧。

享受購物也享受殺價樂趣

正門的壁上裝飾是1898年建築當時由法國進口的

順便參觀

市民劇場

Nhà Hát Thành Phố/ 別冊MAP●P9C2

矗立在同起街上的巴洛克式樣建築。精緻裝飾的外觀十分美麗，讓人忍不住想起巴黎歌劇院。

DATA ㊟7 Lam Sơn Sq. ※不開放以觀光為目的入場

5座鐵製的拱型正門上是植物式樣的裝飾

絕佳的拍照紀念景點。可從對面馬路拍攝

胡志明市人民委員會大廳

U.B.N.D.T.P.

保存了舊西貢時代的樣貌

興建於1908年、以古羅馬建築式樣為範本的法國帝政時代建築物，特徵是左右對稱的設計及正面的大圓柱。

DATA ㊋市民劇場步行5分 ㊟86 Lê Thánh Tôn
※內部不開放參觀

別冊 MAP P8B1

PROPAGANDA

餐廳內巨大的壁畫令人印象深刻

可在此享用獨家特製的越南午餐。在巨大壁畫下的時尚空間用餐，特別受到歐美客人喜愛。

Propaganda Noddle
8萬5000VND

DATA ㊋市民劇場步行10分
㊟19-21 Hàn Thuyên
☎08-38229048 ㊐7時30分～22時30分 ㊡無休 Ⓔ Ⓔ

遊逛小建議

市區不大，行程內的景點幾乎都在徒步範圍內。不過要注意的是當地氣候炎熱潮濕，步行過久容易引起中暑等不適症狀，中途記得多休息，也可搭乘計程車移動。

胡志明市人民委員會大廳與市民劇場在日落後至深夜時分會進行點燈。絢爛的殖民地式樣建築在夜晚顯得特別美麗，也是當地人氣頗高的約會地點。

聖母大教堂

Nhà Thờ Đức Bà

步行2分

高57m的2座尖塔非常醒目

1883年建造的莊嚴天主教教堂，外牆的紅磚瓦以及彩繪玻璃等建材都是從法國運送過來的。教堂前矗立著聖母雕像，每逢週日會有許多信徒前來參加彌撒。

左右牆面及正門祭壇都有彩繪玻璃

幾何學圖案的通風口也是參觀重點

DATA ⊗市民劇場步行8分 ㊟1 Công Xã Paris ☎08-38294822 ㊋8～11時、15～16時、 ㊡無休 ㊎免費參觀

步行即到

中央郵局

Bưu Điện Thành Phố

拱形天花板與地板的磁磚都是亮點

由法國建築師Villedieu於1891年打造而成。擁有鋼骨拱頂造型的天花板，以及色彩鮮豔的磁磚地板，搭配著木製長椅，散發出一股濃厚古典風情。

DATA ⊗市民劇場步行8分 ㊟2 Công Xã Paris ☎08-38221677 ㊋7～19時(週六～18時，週日8～18時) ㊡無休 ㊎免費參觀

可在商店購買明信片2萬5000VND～、郵票6張4萬VND

被譽為美得有如歐洲車站

步行15分

精油按摩90分45萬VND，附熱石

6 別冊 MAP P9C4 miumiu2×2 spa 4號店

住在當地外國人最推薦的Spa

在當地外國人之間相當有人氣的Spa 4號店。內部乾淨整潔且價格合理，還會視客人調整力道，無微不至的服務深深抓住顧客的心。

DATA ⊗市民劇場步行9分 ㊟84 Ngô Đức Kế ☎08-22521166 ㊋9時30分～23時30分(最晚22時30分前入店) ㊡無休 Ⓔ Ⓔ

步行12分

Secret Garden

在綠意盎然的屋頂上享用家庭式晚餐

位在帶有法屬殖民地時代氣息的老公寓頂樓。地點雖然在市中心，不過眼前風景卻讓人感覺彷彿身處北越鄉村般的恬靜悠閒，是一家很受歡迎的越南家庭菜色餐廳。

DATA ⊗市民劇場步行7分 ㊟Tầng Thượng, 158 Pasteur ☎090-9904621 ㊋10～22時 ㊡無休 Ⓔ Ⓔ

用檸檬香茅包住的豬肉捲8萬5000VND

步行8分

有特製調酒如Caravelle Sunset 22萬VND

可俯瞰點燈後的市民劇場

8 別冊 MAP P9C2 Saigon Saigon Bar

在酒吧欣賞夜景的同時乾上一杯！

位在高級飯店上層的BAR＆LOUNGE。從露臺座位眺望出去的同起街周邊夜景美不勝收。每晚21時開始有現場演奏。

DATA ⊗市民劇場步行即到 ㊟ⒽCaravelle(→P59) 10F ☎08-38234999(總機) ㊋11時～翌日2時 ㊡無休 ㊎免費入場 Ⓔ Ⓔ

雜貨、食品，應有盡有！

利用半天時間 到濱城市場優哉購物

想要購買便宜又可愛的雜貨，就一定要前來這個胡志明市最大的市場。在熱氣和洶湧人潮中挖寶才算是玩出了醍醐味來。

1-3、5、6.各種商品琳瑯滿目。色彩繽紛的布料店還提供量身訂做的服務。不少店員懂英文，店鋪之間常出現拉客之戰！購買前要仔細注意價格和品質 4.眼前的圓環一整天都熱鬧非凡 7.水果攤販賣著一盒盒的波羅蜜與榴槤

濱城市場周邊 別冊MAP P8B4

濱城市場

Chợ Bến Thành

當地地標般的存在

幾乎位處胡志明市的正中央，達1萬㎡的占地內聚集了2000間以上的大小店鋪。從雜貨、流行服飾、加工食品等觀光客取向的伴手禮，到當地人所需的生鮮食品與水果，應有盡有。中午過後不僅變得更熱，且人潮也更洶湧，建議上午前往。

DATA

㊋市民劇場步行10分 ㊟47 Lê Lợi
☎視店鋪而異 ㊡6時左右～19時左右(視店鋪而異) ㊡無休

服裝與隨身物品

市場內沒有冷氣，可穿著涼快一點的衣服。市場內外都有不少扒手，建議包包斜背較安全，鞋子以舒適為主。市場內販賣的果汁大約2000VND，請記得隨時補充水分。

殺價

幾乎所有的店都需殺價，可從定價的1/3～1/2開始喊價。不少店鋪多買一點還會有折扣。店門口或店內若寫著「Fix Price（定價）」，就代表是不二價，不能殺價。

逛逛小建議

店鋪多半以棋盤排列方式來區分種類，每家店都有標示號碼，逛街時可以此為基準。另外要注意的是洗手間雖然不需付費，但不提供衛生紙，得自備或到入口處店鋪購買。

正門入口處聚集了許多拉客計程車及計程機車。
可選擇跳表計費的計程車公司Vinasun或 MaiLinh，不建議搭乘其他強迫拉客的計程車。

雜貨

食品

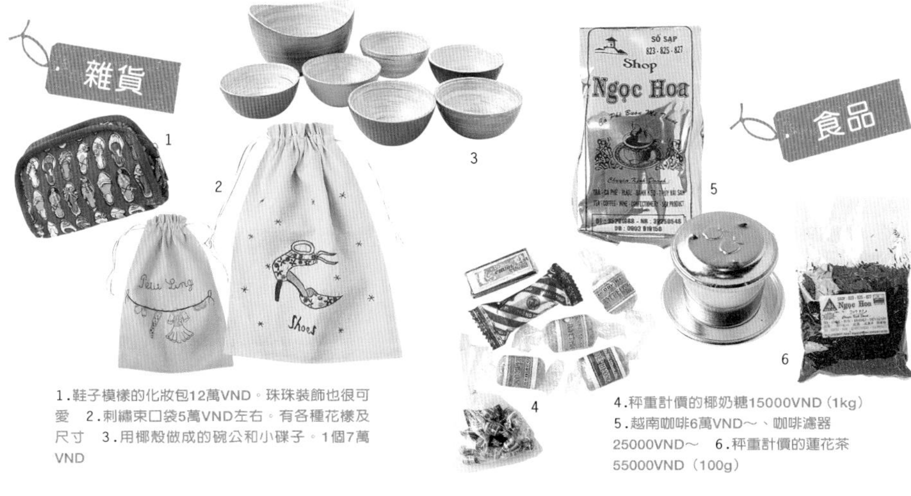

1.鞋子模樣的化妝包12萬VND。珠珠裝飾也很可愛　2.刺繡束口袋5萬VND左右。有各種花樣及尺寸　3.用椰殼做成的碗公和小碟子。1個7萬VND

4.秤重計價的椰奶糖15000VND（1kg）　5.越南咖啡6萬VND～、咖啡濾器25000VND～　6.秤重計價的蓮花茶55000VND（100g）

↑市場中央有餐飲區，販售種類齊全的越南菜，包含河粉及越南生春捲。歇腳時可來一杯冰紅豆Chè等甜品3萬VND

↑半訂製的涼鞋是濱城市場的特色商品，只要選好鞋面和鞋跟，當場就能為客人製作完成！

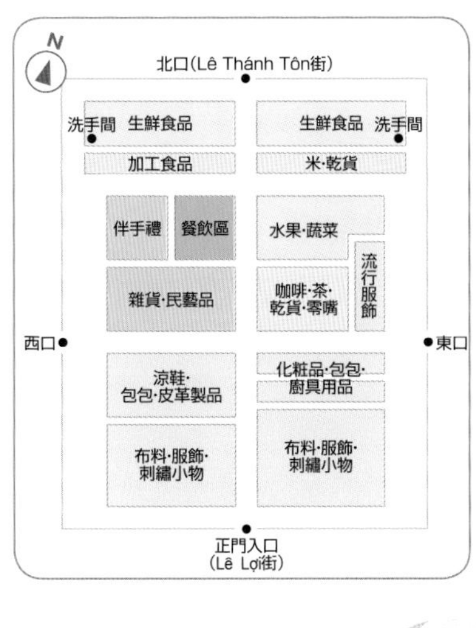

↑發現簡易美甲沙龍！到處都能聽到攬客叫聲，雙手約10萬VND

涼鞋&包包

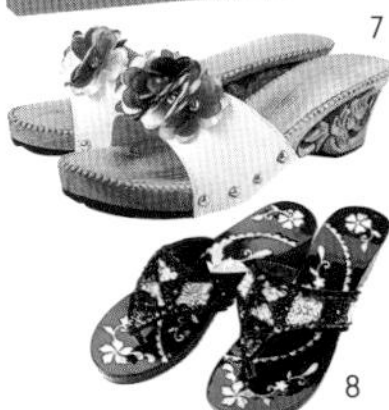

7.涼鞋20萬VND。鞋跟上刻有花朵圖樣！　8.華麗的螺鈿式樣涼鞋20萬VND　9.竹籐包45萬VND。東方風情的內襯十分醒目　10.竹籐把手布提包38萬VND

流行服飾

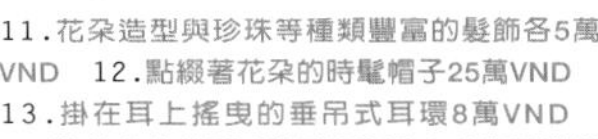

11.花朵造型與珍珠等種類豐富的髮飾各5萬VND　12.點綴著花朵的時髦帽子25萬VND　13.掛在耳上搖曳的垂吊式耳環8萬VND　14.胸前有亮片和小珠子閃閃發光的細肩帶洋裝20萬VND

到處都是能感受到手工製品溫暖的可愛商品

和讓人雀躍不已的商品相遇 融入日常生活的越南雜貨

女孩子出門旅行絕不可能錯過購物！只有來到越南的大都會胡志明市，
才到處都能找到這麼令人讚嘆的雜貨商店。目光會被美麗的刺繡和陶瓷器深深吸引。

小小知識　據說在胡志明市近郊的小鎮Sông Bé所製作的Sông Bé燒，是17世紀左右由中國福建省流傳過來的工藝，現在大部分的燒窯都已經關閉，販賣相關製品的商店也越來越少。陶製品十分脆弱容易損壞，想帶回國可得仔細打包。

1.內裏鋪上麻布的藤籃97萬VND～ Ⓙ　2.充滿南洋風情的鳳梨刺繡迷你靠枕49萬VND Ⓑ　3.頭戴越南編織竹笠的泰迪熊M Size 37萬4000VND～ Ⓔ　4.有著金銀線細緻刺繡的餐巾各13萬VND Ⓑ　5.唯有手工才能施以如此複雜刺繡的英文字母化妝包28萬VND Ⓗ　6.帆布材質筆袋13萬5000VND Ⓐ　7.顏色種類豐富的金字塔型小包45000VND Ⓑ　8.色彩鮮豔為其特徵的赫蒙族小包31萬5000VND Ⓕ　9.有著美麗花朵刺繡的隔熱手套14萬VND Ⓒ　10.內裏可以拿出來洗的塑膠材質托特包35萬VND Ⓚ　11.素雅簡樸的Sông Bé燒土色水壺5萬VND Ⓖ　12.色調溫暖與圓潤外型十分討喜的茶壺23萬VND Ⓘ　13.描繪著越南各觀光勝地的杯墊各31500VND Ⓗ　14.畫上巴茶燒傳統的大自然圖案之時髦筷墊各4萬VND Ⓘ　15.細緻弧形十分特別的「amai」餐具3萬VND～。質地輕薄卻很堅固 Ⓛ　16.鮮豔色彩的調味罐各27萬6000VND。共9種顏色 Ⓓ　17.以貝殼裝飾出水珠模樣的黑漆茶碗27萬6000VND Ⓓ　18.很有亞洲風情的色彩鮮豔竹編盤32萬5000VND Ⓛ　19.由中越會安的藝術集團「HAYHAY」製作的磁鐵4萬VND Ⓐ　20.水牛角製成的耳環8萬VND Ⓓ　21.幸運之花模樣的手環180萬VND，出自瑤族 Ⓕ

Ⓐ～Ⓛ的店鋪資訊
請參照P32-33

讓人心花怒放的越南雜貨就在同起街一帶！

可愛的雜貨商品
請看P30-31

P30-31所介紹的可愛雜貨全都可在同起街一帶的店鋪購得，
了解各店家地理位置後，就可以開始購物囉♪

●濱城市場周邊

A THE HOUSE OF SAIGON

別冊MAP●P8A3

位在濱城市場後面的法式風格洋房。3個樓層裡陳列著許多原創雜貨，以及高品質的手工小物。最頂樓還有咖啡廳。

DATA ㊋市民劇場步行15分 ㊟16-18-20 Thủ Khoa Huân ☎08-35208178 ㊕9～21時 ㊡無休 Ⓔ

●Pasteur街周邊

B M,G Decoration

別冊MAP●P8B3

由曾赴法國學習藝術的老闆兼設計師所經營之刺繡製品店。以越南傳統技法為主，融入現代風格。使用金銀線刺繡。

DATA ㊋市民劇場步行10分 ㊟92C5 Lê Thánh Tôn ☎08-38226003 ㊕9～18時 ㊡無休 Ⓔ

●Pasteur街周邊

C Thêu Thêu

別冊MAP●P8B3

日本老闆的卓越品味以及出自越南師傅之手的上等刺繡製品頗受好評。從化妝包到服飾、原創飾品等，細緻的設計風格魅力十足。

DATA ㊋市民劇場步行7分 ㊟136 Pasteur ☎08-38247570 ㊕9時30分～19時 ㊡無休 Ⓔ

●Tôn Thất Thiệp街

D Life Impression

別冊MAP●P9C3

店內琳瑯滿目都是在自家工房製成的漆器，以及水牛角做成的刀叉餐具。尤其是色彩亮麗的漆器更是受到觀光客的青睞。

DATA ㊋市民劇場步行8分 ㊟49 Tôn Thất Thiệp ☎08-38214521 ㊕9～20時 ㊡無休 Ⓔ

●同起街

E nagu

別冊MAP●P9C2

由在河內擁有工坊的日本設計師所經營的店鋪。帶有刺繡的服飾及包包、時尚設計小物等種類非常豐富。泰迪熊是熱銷商品。

DATA ㊋市民劇場步行1分 ㊟155 Đồng Khởi ☎08-38234001 ㊕8～22時 ㊡無休 Ⓔ

●同起街

F Mistere

別冊MAP●P9C2

這裡是北越少數民族製作的刺繡製品與銀飾專賣店。店內蒐羅有許多花樣獨特與細緻的手工藝品。

DATA ㊋市民劇場步行2分 ㊟141 Đồng Khởi ☎08-38239615 ㊕9～22時 ㊡無休 Ⓔ

●同起街

G Kito

別冊MAP●P9C3

店內商品全都是由日本老闆精挑細選，從食器到時尚單品等，有各式各樣可愛的越南雜貨。當中又以天然素材所製成的原創包包最受歡迎。

DATA ㊋市民劇場步行3分 ㊟78B Đồng Khởi ☎08-38296855 ㊕9～22時 ㊡無休 Ⓔ

●同起街

H TROPIC

別冊MAP●P9C3

適合買來當伴手禮的平價雜貨及服飾種類非常齊全。2F的服飾類是台灣人會喜歡的設計，而且穿起來舒適度沒話講！

DATA ㊋市民劇場步行4分 ㊟89 Đồng Khởi ☎08-38223714 ㊕8時～21時30分 ㊡無休 Ⓔ

小小資訊

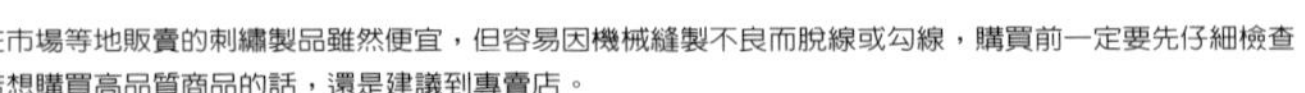

在市場等地販賣的刺繡製品雖然便宜，但容易因機械縫製不良而脫線或勾線，購買前一定要先仔細檢查。
若想購買高品質商品的話，還是建議到專賣店。

I ●同起街周邊 AUTHENTIQUE home

別冊MAP● P9C3

店内販售的都是由市内工坊製作的原創設計陶器製品，也有靠枕套等刺繡製品以及木製家具，品質上有一定的好評。

DATA ㊇市民劇場步行4分 ㊟71/1 Mạc Thị Bưởi ☎08-38238811 ㊓9～21時 ㊡無休 Ⓔ

K ●同起街周邊 Happers

別冊MAP● P9D1

塑膠繩編織的包包專賣店。由於在自家店鋪製造販賣，款式衆多且價格公道。也可指定設計訂做。

DATA ㊇市民劇場步行10分 ㊟15A/39 Lê Thánh Tôn ☎08-36020264 ㊓10～19時 ㊡無休 Ⓔ

J ●同起街周邊 Catherine Denoual Maison

別冊MAP● P9C1

由法國老闆親自設計的布製品很受歡迎， 埃及產的最頂級麻布點綴上刺繡等， 都是簡單且高雅的商品。

DATA ㊇市民劇場步行4分 ㊟74B Hai Bà Trưng ☎08-38239394 ㊓9～21時 ㊡無休 Ⓔ

L ●同起街周邊 Sadec District

別冊MAP● P9D1

精選包含越南等東南亞國家的設計款餐具及家具。紅到日本的越南餐具品牌「amai」的種類繁多，選擇相當豐富。

DATA ㊇市民劇場步行12分 ㊟3A Tôn Đức Thắng ☎08-39117547 ㊓9～20時 ㊡無休 Ⓔ

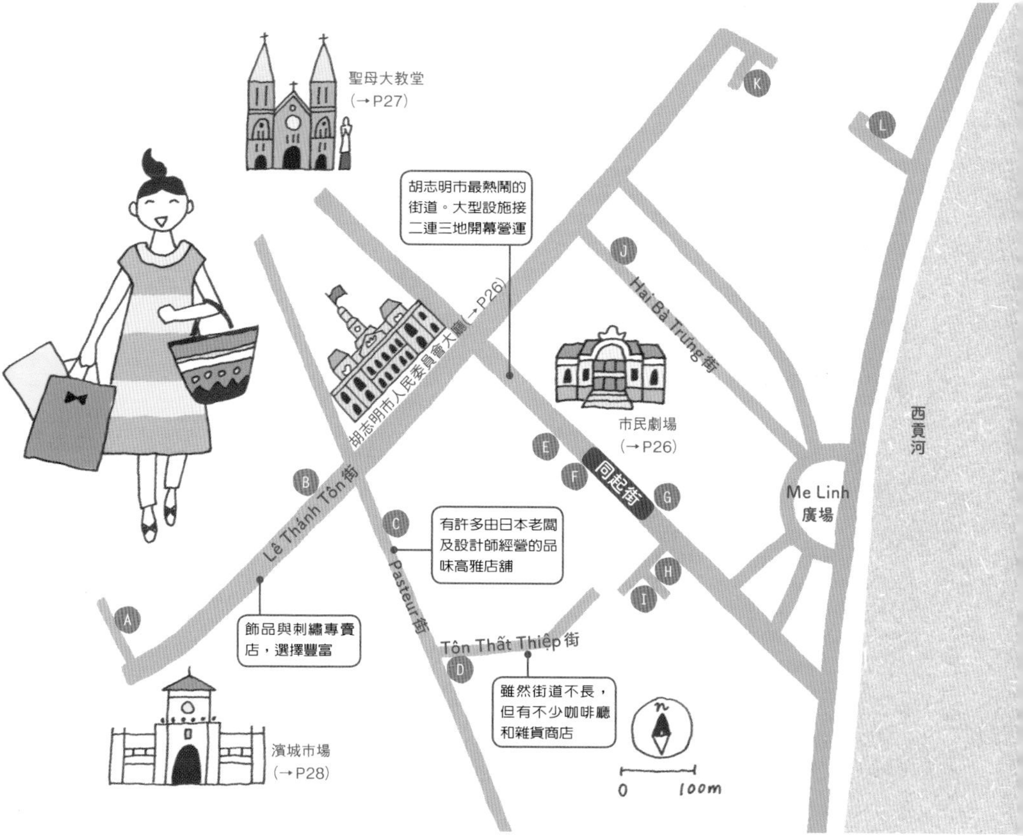

輕鬆簡單量身訂做

穿上越南長衫 變身為越南美女！

讓人好想試穿一次看看的越南國服長衫源自於中國的旗袍。
讓女孩子顯得更婀娜多姿的優美曲線讓人不禁屏息。基本上都是量身訂做，可到裁縫店詢問。

嘗試量身訂做！

1.決定樣式

參考樣本，選擇袖子長度及胸口剪裁。光是靠想像有點難選擇，建議實際試穿後再挑選。

2.量尺寸

包含肩寬約需丈量10處，也得製作長褲，所以需丈量腰部至腳踝的長度。若希望寬鬆一點可事先告知師傅。

3.選布料

約有100～150種布料，可實際觸摸後再決定。絲綢布料多用在正式場合，棉麻布料則是走休閒風格。

4.決定小細節

選擇裝飾用的鈕釦與刺繡。付費後拿到收據就算正式下單。一般多在隔天試穿，第3天完工。

完成！

通常都是採用有「中式衣領」之稱的立領樣式

上半身沿著曲線採合身剪裁

開至腰間的高叉非常性感，不僅方便走路，也十分涼快

下半身是被稱為「Quần」的長褲。基本上是白色，但近來也出現各式各樣的顏色

挑選施以刺子繡的骨董絲綢布料。價格視布料及刺繡模樣而定

Flame Tree by Zakka

許多知名人士造訪過的裁縫店

擁有許多高級質地的布料，如講究織線種類及染料的絲綢與稀有骨董布料等，細膩工法也是市內首屈一指。除了越南長衫外，也可訂做洋裝或包包。越南長衫的訂做價格為250萬VND～。

DATA
㊋市民劇場步行7分　㊟73 Pasteur
☎08-38245345　㊒10～20時
㊡無休
☑有諳英語的員工

添購小包包

也可訂做與越南長衫一樣布料的包包

→施以珠繡的束口袋。40萬VND

←綢緞質料的手提包。95萬VND

如想訂做連身洋裝或上衣，可以把中意的雜誌頁面帶去裁縫店有助溝通。

變裝照

Dzế Studio

Tôn Thất Thiệp街
別冊MAP●P9C3

裁縫店的老闆是日本人，除了提供為客人量身訂做越南長衫的服務之外，同時也是知名的藝術寫真館。92萬VND（2套、6張照片）～。

DATA ⊗市民劇場步行8分 ㊟49 Tôn Thất Thiệp ☎08-38214286 ㊐9～20時 ㊡無休 Ⓔ

創寫館

Soushakan

Phạm Ngũ Lão街周邊/別冊MAP●P5C3

由來自日本的攝影工作室所經營。除了越南長衫外，也有許多洋裝可供挑選。77萬VND（2套、6張照片）～。

DATA ⊗市民劇場車程15分 ㊟115B Trần Dinh Xu ☎08-39250355 ㊐9時30分～20時 ㊡無休 Ⓔ

到底什麼是越南長衫呢？

據傳是源自中國的旗袍，但也有一說是由受到西洋風格影響的男性官服改良而來的。會成為越南女性傳統服飾的理由之一，是20世紀前半曾將其做為女校制服的緣故。

傳統樣式

時尚風格

1.立領、連肩袖之傳統樣式。244萬VND　2.施以傳統蓮花刺繡。700萬VND　3.浮現美麗變形蟲紋樣的布料。220萬VND　4.亮片刺繡與少見的7分袖。396萬VND

5.無袖及胸口以下的接縫樣式非常前衛。330萬VND　6.也可以單穿的長版上衣風格。244萬VND

同起街周邊 別冊MAP P7D2

Miss Aodai

款式眾多可輕鬆挑選訂做

位在越南大型伴手禮店一角的裁縫店。寬闊的店面陳列著各種越南長衫，從傳統到現代設計風格應有盡有。絲綢及施以美麗刺繡的質地布料高達150種。量身訂做220萬VND～，工期約1天。

DATA
⊗市民劇場步行15分 ㊟21 Nguyễn Trung Ngạn ☎08-38222139
㊐8時30分～19時 ㊡無休
☑有諳英語的員工

添購涼鞋

最能搭配越南長衫的就是涼鞋。很多店都可以挑選鞋底和夾腳處款式。

→木製高跟涼鞋。37萬8000VND

←漆面與螺鈿圖案的涼鞋也很受歡迎。39萬6000VND

必買的分送用伴手禮

到超市一次買齊伴手禮

從越南菜不可欠缺的食材到餅乾點心，超市真是平價伴手禮的寶庫。
在旅途的最後一定要去逛一逛。

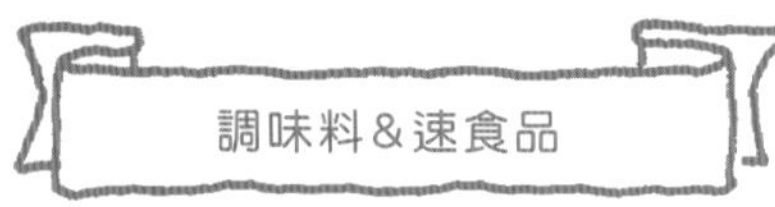

調味料&速食品

生春捲皮
17000VND
做越南春捲不可或缺的材料。大小、厚度種類繁多Ⓒ

豬肝醬
18200VND
可說是越南三明治的必加材料。也可搭配紅酒享用Ⓑ

高湯
3800VND
河粉用的雞高湯，只要加進熱水裡加熱即可Ⓑ

速食河粉
各5500VND
各式各樣的速食河粉，有袋裝也有碗裝Ⓑ

黑味噌
7000VND
河粉店桌上一定會擺放的甜黑味噌Ⓒ

萊姆胡椒鹽
6800VND
萊姆口味的胡椒鹽。最適合調味海鮮Ⓒ

魚露
13600VND
越南料理不可或缺的調味料。內含蒜頭、辣椒Ⓑ

越南煎餅粉
17500VND
用椰奶或水攪拌後，再與內餡一起煎即可Ⓐ

日用品&美妝

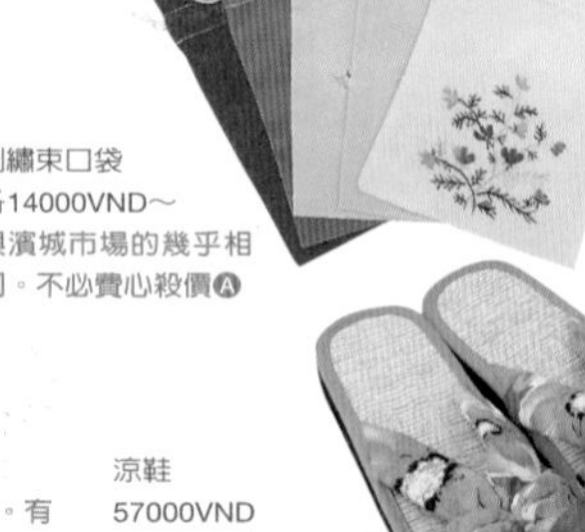

刺繡束口袋
各14000VND～
與濱城市場的幾乎相同。不必費心殺價Ⓐ

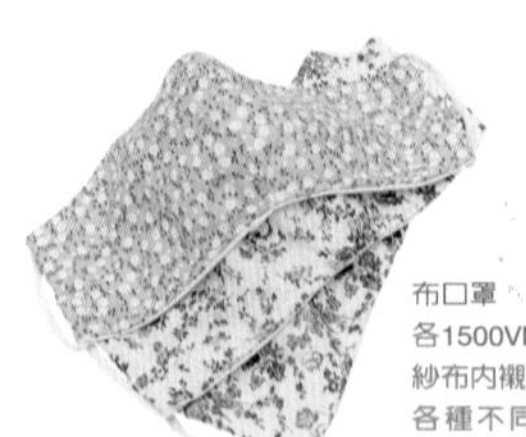

布口罩
各1500VND～
紗布內襯十分舒適。有各種不同的顏色．花樣．大小Ⓐ

涼鞋
57000VND
鞋面部分帶有肉桂香Ⓐ

含薑黃成分洗面乳
21000VND
越南女孩們首選中的首選。洗完非常清爽Ⓐ

小小資訊　市區隨處可見的24小時超商也值得一瞧。最具代表性的有當地品牌Shop & Go與OK便利超商（Circle K）。

貴婦們愛去的高級食材店

同起街周邊 別冊MAP P9C2

ANNAM GOURMET MARKET

主要販賣進口食材與有機蔬菜的店面，也有包裝時髦的獨創食品。2樓設有咖啡座。

DATA 交市民劇場步行3分 住16-18 Hai Bà Trưng ☎08-38229332 時7～21時(週六・日～21時30分) 休無休 E

1.越南產可可亞製成的MAROU巧克力10萬VND
2.柑橘香味之有機椰子油9萬VND

點心&飲料

煎焙蓮子
20萬8400VND
有安神及止瀉效果。另外也有加了砂糖的口味B

波羅蜜脆片
24700VND
酥脆口感讓人欲罷不能的南洋水果脆片B

薑片糖
45800VND
灑上砂糖的薑片乾，是相當健康的點心B

椰子糖
35400VND
風味濃厚的糖果，也有榴槤口味A

越南咖啡
47000VND～
種類非常豐富。圖為HIGHLANDS COFFEE（→P62）所販賣的商品A

蓮花茶
23900VND～
具有利尿及整腸效果。有茶包式和罐裝茶葉B

A Satra Mart

●同起街周邊

別冊MAP ● P9C3

日用雜貨一應俱全的人氣超市

位在同起街上，對觀光客而言十分便利。寬闊的店面之中，從食品到日用品，商品種類十分豐富。

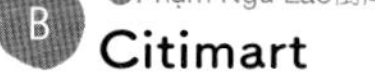

DATA 交市民劇場步行5分
住Lucky Plaza(→P55)2F
☎08-39144910
時9～22時 休無休 E

B Citimart

●Phạm Ngũ Lão街周邊

別冊MAP ● P6B4

與當地緊密結合的庶民大型超市

胡志明市20家店舖當中，就屬這家商品最齊全。每年會配合季節舉辦各種折扣拍賣，是非常受當地人喜愛的庶民超市。

DATA 交市民劇場車程12分
住230Nguyễn Trãi
☎08-39256768
時7～22時 休無休 E

C VinMart

●同起街周邊

別冊MAP ● P9C2

越南品牌的連鎖超市

在越南各地皆設有分店的超市。店面寬廣，可在此仔細挑選商品。餐飲區深受當地人喜愛。

DATA 交市民劇場步行2分
住Vincom Center(→P54)2・3F
☎08-39369550
時9時30分～22時 休無休 E

口味清爽的湯頭與滑溜的口感

最具代表性的越南美食 非嘗不可的道地河粉

河粉的原料為米碾成的米粉，是無論在餐廳還是餐飲區、小吃攤販等，到處都吃得到的國民小吃，機會難得就到專賣店品嘗一下道地的口味吧！

●3區

Phở Hòa

絕不外傳的湯頭廣受好評

歷經3代傳承下來的美味河粉專賣店。將牛骨熬煮上6小時的美味湯頭味道清淡又極富層次，作法從不外傳。從簽約農場進貨的牛肉肉質也十分軟嫩。

DATA ㊋市民劇場車程10分 ㊟260C Pasteur
☎08-38297943 ㊗5～24時 ㊡無休 E

●濱城市場

Phượng Cát Tường

河內風味的雞肉河粉

花一整天一次熬煮相當於250隻分量的雞翅，煮成的雞湯非常美味。盡可能不使用調味料，讓湯頭呈現原有的簡樸風味。

DATA ㊋市民劇場步行15分 ㊟63 Thủ Khoa Huân
☎08-38238679 ㊗5時～翌2時 ㊡無休 E
※預定遷移至別冊MAP●P8A3（日期未定）

餐廳提供的擦手巾通常要收費，入座後會遞上來，一旦使用就會計費。費用為2000～4000VND左右，收據上會寫著Khăn lạnh。

食用指南

通常會視喜好添加佐料用的香草及調味料。首先品嘗原味，之後再加入辣椒或萊姆汁增添辣味與酸度。視店家不同，香草的種類和數量也略有差異。

●香草＆蔬菜

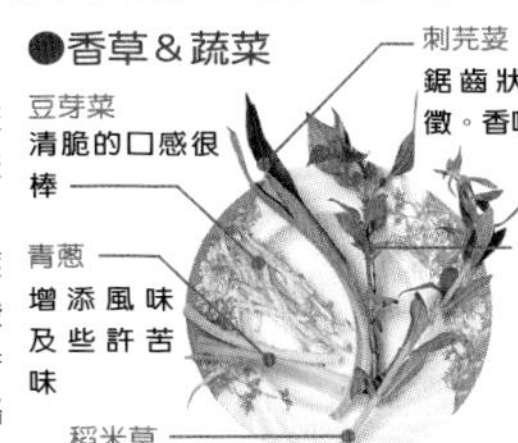

豆芽菜
清脆的口感很棒

青蔥
增添風味及些許苦味

稻米草
淡淡的苦澀味

刺芫荽
鋸齒狀葉子為其特徵。香味清淡

越南羅勒葉
微甜易入口的香草

●桌上調味料

❶黑味噌
口味濃郁的味噌。可加進湯裡，或盛進小盤子當成沾醬

❷辣椒醬
辣度尚可。吃法和黑味噌一樣

❸胡椒鹽
事先把鹽巴和胡椒混在一起

❹魚露
若想增加鮮味或鹹度可以加一些

雞肉河粉
Phở Ga　5萬VND
加了雞肉的河粉，多半是雞骨湯頭，口味比牛肉清爽 B

綜合牛肉河粉
Phở Đặc Biết đủ Thứ　6萬VND
加了牛肉片、肉丸、絞肉、內臟等配料的豪華版河粉 A

牛肉丸河粉
Phở Bở Vien　5萬VND
加入了很有嚼勁的牛肉丸，分量十足的河粉 D

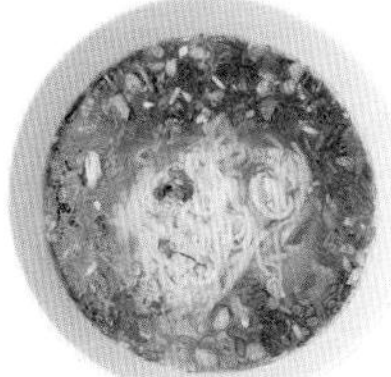

素食河粉
Phở Chay　2萬VND
完全不加肉，適合素食者品嘗的河粉。不過湯底是由牛骨和雞骨熬成的 D

燉牛肉河粉
Phở Bò Kho　6萬VND
在越南式燉牛肉Bò kho中加入河粉。吃起來口味比外觀清爽 C

C　別冊 MAP P6B4

●Phạm Ngũ Lão街

Phở　Quỳnh

24小時營業的河粉專賣店

湯頭特色是清爽不膩口，無論在當地人還是觀光客之間都很受歡迎。除了綜合牛肉河粉，把麵條加進越南式燉牛肉中的燉牛肉河粉也是招牌菜之一。

DATA 交市民劇場車程7分 住323 Phạm Ngũ Lão
☎08-38368515 時24小時 休無休 E E

D　別冊 MAP P6B1

●3區

Phở Bình

從1936年營業至今的知名老店

可品嘗到以傳統北越口味為基底的原創河粉。雞骨和牛骨熬煮而成的雙湯頭爽口而甘甜。

DATA 交市民劇場車程10分 住7 Lý Chính Thắng
☎08-38483775 時6～21時 休無休 E

越南風格就是什麼都可以捲起來吃

健康＆廣受大眾喜愛的越南生春捲

春捲是把蔬菜和肉類、海鮮用生春捲皮捲起來吃的越南招牌菜色。
生吃、炸、蒸等各種調理方式，搭配各種佐料可變化出許多不同口味。

從前越南生春捲被視為是點心，但現在已成為餐廳的基本美食。其實在當地最有人氣的是炸春捲呢。至於蒸春捲則是順化的名產。

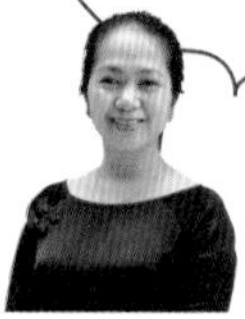

Nghi Xuân的員工

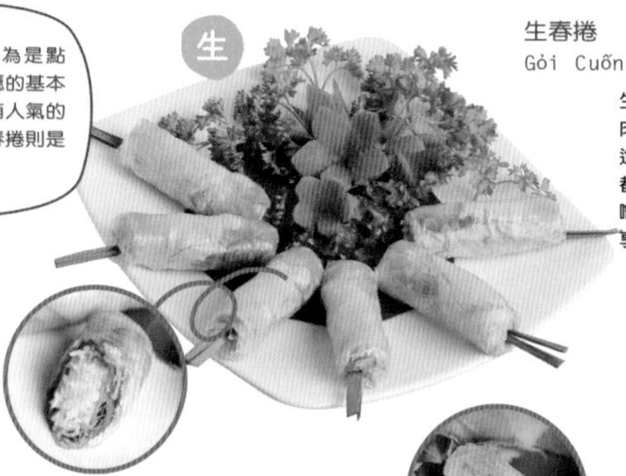

生

生春捲
Gỏi Cuốn　98000VND

生春捲是一種把鮮蝦、豬肉、萵苣、韭菜、米粉等包進生春捲皮裡的菜色。一般都是搭配香味濃郁的花生味噌醬和以魚露為基底的沾醬享用 Ⓐ

蒸春捲
Bánh Ướt　88000VND

用米粉皮把內餡包起來蒸成的春捲。彈牙的春捲皮裡頭有萵苣、九層塔、烤豬肉等，和濃郁的沾醬很搭 Ⓐ

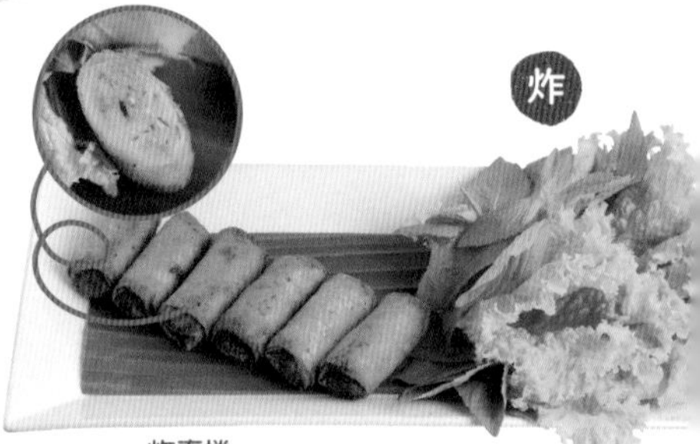

炸

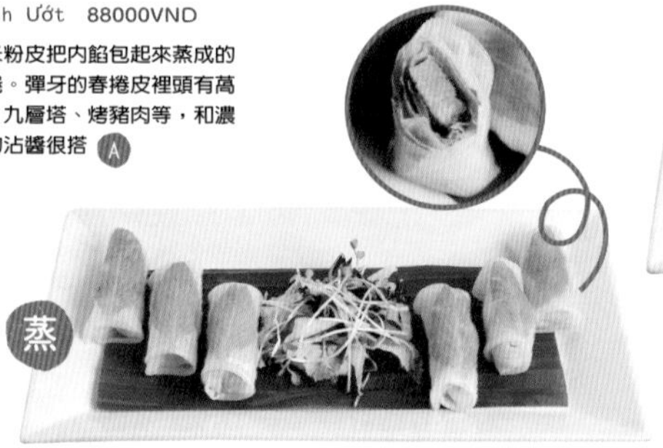

蒸

炸春捲
Chả Giò　11萬8000VND

用春捲皮包好後，經油炸而成的香噴噴春捲。可用香草及蔬菜包起來，搭配以魚露為基底的沾醬一起吃。內餡為鮮蝦與烤豬肉等 Ⓐ

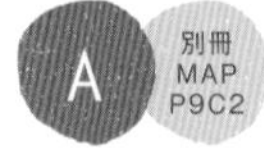

A　別冊 MAP P9C2

❶同起街周邊

Nghi Xuân

在奢華空間裡品嘗傳統順化菜

以黑色和金色為裝潢基調的餐廳，整體氛圍高雅沉穩。除了有中越名產蝦粿和順化米線等單點菜色外，也有可細細品味順化美食的全餐。

1. 典雅的裝潢風格讓人聯想到古都順化
2. 位在寧靜的巷子裡

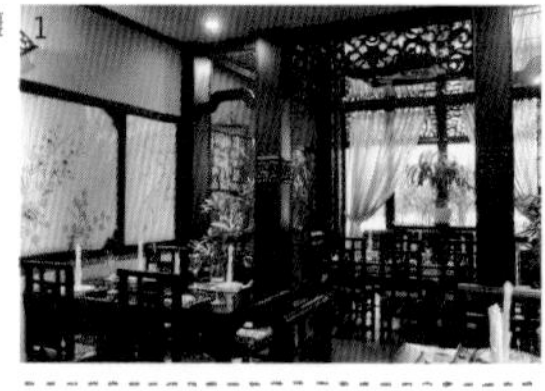

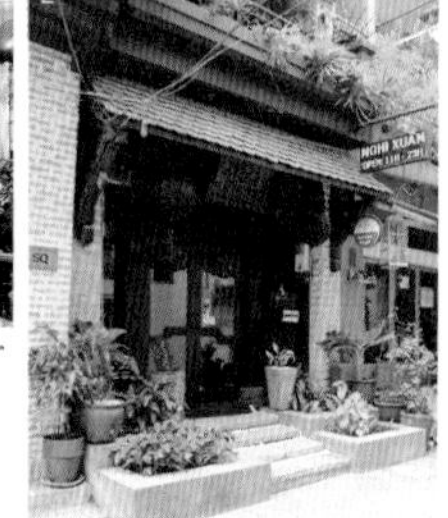

DATA ㊋市民劇場步行2分
㊟5/9 Nguyễn Siêu
☎08-38230699
㊓11～23時　㊡無休　Ⓔ Ⓔ

小小知識　如果想在自家做生春捲，建議買生春捲皮帶回去。超市（→P36）販賣各式各樣的生春捲皮，其中還有加入芝麻的。

＼從基本口味到特別口味／

春捲種類

蟹肉炸春捲
Chả Giò Cua Biển
12萬VND
裡頭包著滿滿的新鮮蟹肉，酥炸後香氣四溢 D

芝麻炸春捲
Chả Giò Bánh Tráng Mè
62000VND
加了黑芝麻，又硬又厚的生春捲皮包裹著蝦泥 B

牛肉芥菜捲
Cuốn Bò Xào
58000VND
用爽口的辣味芥子菜將牛肉捲起來，是一道創意菜色 B

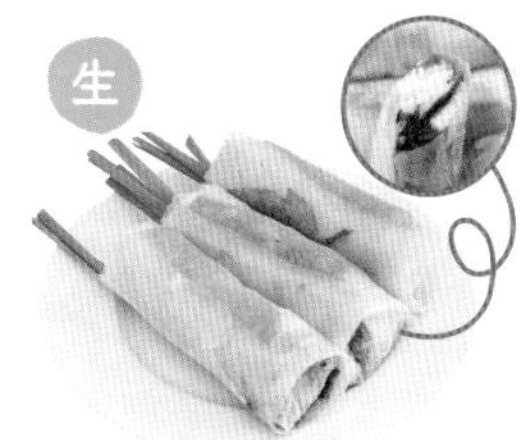

素食生春捲
Gỏi Cuốn Chay
35000VND
加了香草和米線，非常養生。可沾口味較重的沾醬一起吃 C

豬皮生春捲
Bì Cuốn
16000VND（1個）
內餡是剁碎的豬皮和豆芽菜。口感獨特 C

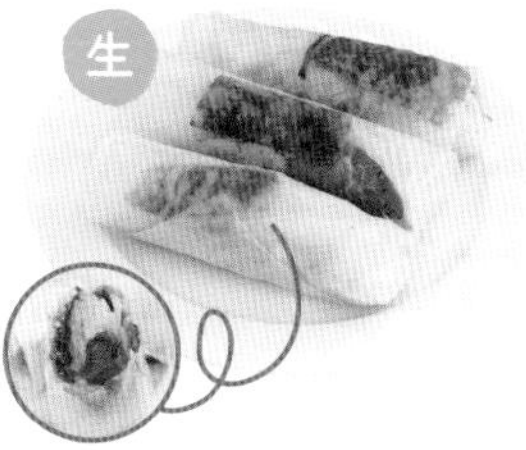

香腸生春捲
Bò Bía
38000VND
香腸與乾蝦米的組合很適合當下酒菜 C

●同起街周邊

Wrap & Roll

春捲連鎖專賣店

在胡志明市擁有6家分店，是可同時輕鬆地吃到各地不同口味春捲的人氣店家。春捲以外的單點菜色和甜點選擇也很豐富。

DATA 交市民劇場步行7分 住111 Nguyễn Huệ ☎08-38218971 時11時～22時30分 休無休 E E

●Pasteur街周邊

Nhà Hàng Ngon

攤販式的人氣餐廳

可在此品嘗到約200種越南的各地美食。在綠意盎然的空間，可以像路邊攤一樣，用手一指就能點餐。

DATA 交市民劇場步行7分 住160 Pasteur ☎08-38277131 時7時30分～22時30分 休無休 E E

●1區北部

Quán 94

平價的螃蟹餐點

當地十分有名的螃蟹餐點專賣店。除了軟殼蟹，可以平價品嘗到包含軟殼蟹在內等自越南近海捕獲的新鮮螃蟹。

DATA 交市民劇場車程10分 住94 Đinh Tiên Hoàng ☎08-38258633 時10～22時 休無休 E E

深入當地的各式各樣美食

把握機會品嘗看看！胡志明市的當地美食

除了胡志明市才能吃得到的當地美食外，還有受到當地人喜愛的各種菜色。
以下精選旅途中非嘗試看看不可的招牌 美食！

別冊 MAP P6B4

Bánh Xèo Mười Xiềm

達人研發的名產越南煎餅

這裡的招牌菜，是以得到國家認證的「人民達人」Xiềm女士的食譜所製成的越南煎餅。把食材放進用米粉和綠豆做成的餅皮後煎過，再用沙拉葉包起來吃，是一道南越的家常菜。

Bánh Xèo Mười Xiềm
7萬VND
香酥的外皮包著鮮蝦、花枝、豬肉、豆芽菜等食材

裏頭的配料分量十足。用筷子切成小塊，再包進蔬菜享用

DATA ㊋市民劇場車程8分
㊟204 Nguyễn Trãi
☎08-39253027
㊐10～22時
㊡無休 Ⓔ Ⓔ

以竹子裝飾的店內

副餐MENU

特製烤米丸
Bánh Khọt Mười Xiềm 7萬VND
米粉拌水後煎過，加上蟹肉、涼拌綠豆等，算是一道點心

椰子蒸蝦
Tôm Hấp Nước Dừa
21萬9000VND
以椰汁蒸活跳跳的鮮蝦，讓蝦肉更加鮮美，是南越知名美食

別冊 MAP P9C3

Vietnam House

越南具代表性的各地菜色應有盡有

位在交通便利的同起街上，是一家具有殖民地時代風情的餐廳。可嘗到來自越南各地具代表性的美食，擺盤裝飾也十分賞心悅目。也提供從世界各地蒐羅而來的各種葡萄酒。

副餐MENU

甘蔗蝦
Chạo Tôm 21萬9000VND
把蝦泥中的甘蔗拿掉後，與蔬菜及米粉可麗餅一起享用

DATA ㊋市民劇場步行3分
㊟93-95 Đồng Khởi
☎08-38291623
㊐10～23時 ㊡無休
Ⓔ Ⓔ

店內裝潢擺設充滿高級感

在如「Đồng Nhân Cơm Bà Cả」這類平價餐飲店，一般都是先到櫃檯點餐，吃完再於桌邊結帳。平價餐飲店及攤販只能付現，事先準備一點小額紙鈔較安心。

庶民派小吃店

別冊 MAP P9C3

Dống Nhân Cơm Bà Cả

平價餐飲店被稱為Com Binh Dan。可從約40種小菜中挑選自己想吃的。搭配白飯體驗一下越南的家庭口味。主菜、湯品各選一樣約4萬VND。

DATA ⊗市民劇場步行8分 ㊟11 Tôn Thất Thiệp
☎08-38225328 ⓑ10～20時 ㊡無休 Ⓔ

超下飯的豬肉與燉椰汁雞蛋3萬VND

蟹肉湯頭非常鮮美的瓜湯5000VND，口味清爽

別冊 MAP P7C1

Bánh Mì Tươi

提供美味現烤麵包的越南三明治專賣店

越南法國麵包三明治的專賣店。剛出爐的鬆軟麵包相當受好評，內用時將裝在盤中的食材夾進剛烤好的麵包裡享用。

DATA ⊗市民劇場車程10分
㊟62 Mạc Đĩnh Chi
☎08-38222498 ⓑ6～22時
㊡無休 Ⓔ Ⓔ

店裡的麵包也可外帶

綜合越南三明治
Bánh Mì Thập Cẩm
84000VND
內餡包含火腿、肉醬、蔥、香菜、小黃瓜等食材

這個也很受歡迎

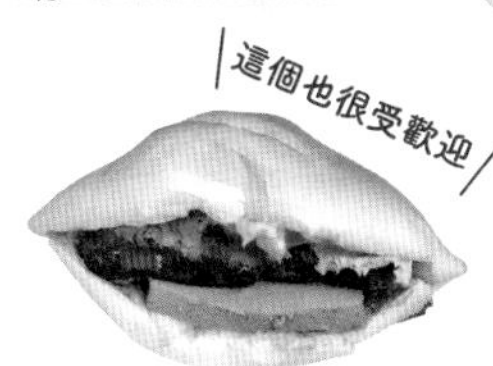
魚和肉醬的越南三明治
Bánh Mì Cá Mòi Patē
55000VND
風味濃郁的三明治，內夾了煮得甜甜辣辣的小魚和肉醬

別冊 MAP P6B3

Cơm Niêu Sài Gòn

必吃不可的名產「會飛的鍋巴飯」

已經成為餐廳代名詞的碳火鍋巴飯Cơm Đập，1天可以賣到200份以上。用來裝鍋巴飯的陶碗被敲破的表演也是一大看點。

DATA ⊗市民劇場車程10分 ㊟59 Hồ Xuân Hương
☎08-39302888
ⓑ10～22時 ㊡無休
Ⓔ Ⓔ

菜色種類豐富

碳火鍋巴飯
Cơm Đập
53000VND
用碳火煮好後再淋上蔥油及芝麻，風味十足的美味鍋巴飯

別冊 MAP P6B3

Song Ngư

想吃新鮮海產就來這裡！

連政府官員也是座上賓的知名海鮮餐廳。使用的都是新鮮海產，可以指定烹調方式。除了高級大蝦蛄和軟殼蟹外，也有許多平價菜色可供選擇。

DATA ⊗市民劇場車程10分 ㊟70 Sương Nguyệt Anh
☎08-38325017 ⓑ10～14時、17～22時 ㊡無休
Ⓔ Ⓔ

店內十分寬敞

軟殼蟹
Cua Lột Chiên Bơ
95000VND/1隻
使用鴨蛋做成的醬汁更增添了炸軟殼蟹的美味

休憩時刻不可或缺的甜點♡

越南風情十足！人氣甜點就在這裡

觀光和購物之間的休憩空檔，最不可或缺的就是甜點！
受到胡志明市女孩們喜愛的招牌甜點，每天嘗試不同的口味吧。

甜湯 Chè

煮好的甜豆或果凍等配料上加入碎冰和椰奶，可說是越南版八寶冰。也可做成溫的。

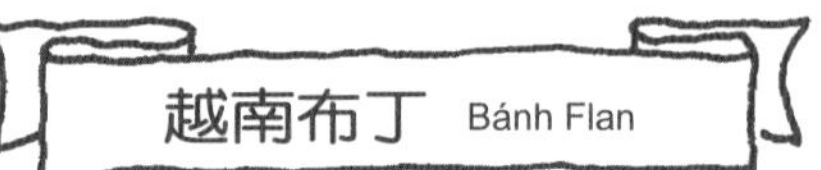

越南布丁 Bánh Flan

由於蒸烤的時間較久，口感比較紮實。部分店家會使用鴨蛋及煉乳製作。

綜合甜湯
Chè Thập Cẩm
16000VND
加了紅豆、白豆、果凍等各種配料的綜合甜湯。無論口感還是味道都是越南甜湯的首選 Ⓐ

紅石榴與寒天甜湯
Chè Sương Sa Hột Lựu
15000VND
加了紅石榴寒天、綠豆泥、粉圓，色彩鮮豔的甜湯 Ⓑ

香蕉甜湯
Chè Chuối 14000VND
烤過的香蕉淋上熱椰奶與花生，是一道溫的甜湯 Ⓐ

越南布丁
Bánh Flan
18000VND
只使用牧場直送的新鮮牛乳和雞蛋，加上砂糖製成簡樸又口味濃郁的布丁 Ⓕ

越南布丁佐百香果醬
Bánh Flan Nuóng 45000VND
口感濃郁的越南布丁和百香果醬的清爽酸味非常搭調 Ⓒ

●1區北部

Chè Nam Bộ

別冊 MAP ● P7C1

隨時備有將近40種類的越南甜湯專賣店。豆類和果凍等配料甜度都加以控制，保存原食材風味。暖呼呼的甜湯種類也非常豐富。

DATA ㊋市民劇場車程10分
㊟Số 8A Đinh Tiên Hoàng
☎08-22165410
㊐9時～22時30分
㊡無休 Ⓔ

Phạm Ngũ Lão街周邊

Xôi Chè Bùi Thị Xuân

別冊 MAP ● P6B4

從1977年開業以來，甜湯和鍋巴飯就是這裡的招牌。店家十分注重自製配料的美觀與色調，對食物帶來的視覺效果有所堅持。

DATA ㊋市民劇場車程8分
㊟111 Bùi Thị Xuân
☎08-38332748
㊐6時30分～22時
㊡無休 Ⓔ

●1區北部

Kim Thanh

別冊 MAP ● P7C2

百分百在地氛圍的牛奶咖啡廳。不論是優格或布丁，都是使用每天早上從簽約農場直送的鮮奶製成的，口味非常濃郁。

DATA ㊋市民劇場步行12分
㊟4 Lê Văn Hưu
☎08-38293926
㊐7～17時（週六‧日6時30分～13時）
㊡無休 Ⓔ

小小資訊　越南奶昔一般都是香蕉、百香果、芒果口味。除了專賣店外，也可以在飯店內的餐廳或攤販品嘗。飯店與咖啡廳多半標示為「Shake」、「Smoothie」。

冰淇淋 Kem

芒果、百香果，好多南洋水果口味冰淇淋任君選擇！

水果機器人1
Fruity Robo1
69000VND
在主角草莓上點綴以巧克力咖啡冰淇淋的苦味 D

椰子冰淇淋
Kem Trái Dừa
10萬VND
美味的椰子口味廣受好評。上頭放了荔枝和火龍果 E

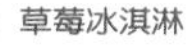

草莓冰淇淋
Kem Dâu Đà Lạt
85000VND
使用大叻產草莓做成，帶有水果酸味的美味冰淇淋 E

米奇 Mickeys
59000VND
濃濃的巧克力冰淇淋下面藏著南洋水果！ D

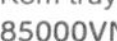

香蕉船
Kem truyền
85000VND
淋了巧克力醬的香蕉上頭有椰子、芋頭、香蘭葉冰淇淋 E

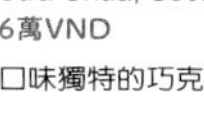

越南奶昔 Sinh Tố

把水果和蔬菜、煉乳、冰塊以果汁機一起攪拌而成的越南口味奶昔。

香蕉蘋果奶昔
Chuối, Táo Và Sữa Chua
6萬VND
加了優格，適合注重養生的人。蘋果的酸味十分清爽 F

巧克力越南奶昔
Sữa Chua, Sôcola Den Và Chuối
6萬VND
口味獨特的巧克力優格奶昔。微甜 F

紅蘿蔔奶昔
Cà Rốt 4萬VND
僅以煉乳與紅蘿蔔、冰塊做成的簡單口味奶昔 C

D Fanny

Tôn Thất Thiệp街

別冊 MAP P9C3

自製冰淇淋頗受好評。將近40種冰淇淋全都是以自然食材製成。動物造型冰淇淋獨特又有趣。

DATA ㊇市民劇場步行8分
㊟29-31 Tôn Thất Thiệp
☎08-38211633
㊋7～23時
㊡無休 E E

E Kem Bạch Đằng

Pasteur街

別冊 MAP P8B3

超過30年以來深受喜愛的冰淇淋店。自製冰淇淋口味濃郁，在觀光客之間也廣受好評。

DATA ㊇市民劇場步行7分
㊟26 Lê Lợi
☎08-38292707
㊋8～23時
㊡無休 E E

F Au Parc

同起街周邊

別冊 MAP P8B1

咖啡＆餐飲店，老闆是法國人。除了很受歡迎的優格奶昔，手工蛋糕與西式餐點的種類也非常豐富。

DATA ㊇市民劇場步行10分
㊟23 Hàn Thuyên
☎08-38292772
㊋7時30分～22時30分
㊡無休 E E

時尚咖啡廳急速增加中

一個人也完全OK！在溫馨的咖啡廳享用美食

小巷弄及住商大樓裡近年來增加許多風格時尚的咖啡廳。
不僅可以來杯飲料或甜點歇歇腳，正餐的水準也很高。

濱城市場周邊　別冊MAP P8A3

i.d cafe

既復古又時尚的隱密咖啡廳

雖然位在濱城市場旁，但卻是一間可以讓人遠離喧囂，優雅度過的咖啡廳。古老的收音機及打字機等裝飾品，搭配上水泥牆，融合出一股懷舊又摩登的時尚空間。餐點從西式餐點到越南菜都有，種類很豐富。

正餐

排骨與玉米鍋巴飯套餐
68000VND

DATA ㊋市民劇場步行15分
㊟34D Thủ Khoa Huân ☎08-38222910
㊋7時30分～23時 ㊡無休
☑有諳英語的員工 ☑有英文版菜單
☐需事先訂位

甜點

自製起司蛋糕
45000VND

飲料

自製豆奶抹茶飲品
6萬VND

飲料

盛滿綿密泡泡的卡布奇諾咖啡
75000VND

甜點

巧克力海棉蛋糕上鋪著奶油起司的Red Velvet
7萬VND

同起街　別冊MAP P9C2

L'usine

當地時髦女孩齊聚在此

位在殖民地建築風格的大樓裡，是一間以生活雜貨為主的店鋪附設咖啡廳。裝飾著黑白照片的店內氣氛給人的感覺彷彿來到歐洲咖啡廳。最有人氣的是隨時備有10種以上口味的美式可愛杯子蛋糕。

DATA ㊋市民劇場步行1分 ㊟1F,151/1 Đồng Khởi
☎08-66749556 ㊋9～21時 ㊡無休
☑有諳英語的員工 ☑有英文版菜單
☐需事先訂位

正餐

夾了肉丸和醃菜的越南豬肉三明治
11萬VND

小小知識　胡志明市許多餐廳和咖啡廳都提供早餐和午餐，且少有用餐時間限制，大部份的店一整天或到17時前都接受點餐。

1區北部 別冊MAP P7C1

Cục Gạch Café

菜色和店內氣氛都好得沒話說

由民宅改建，搭配骨董風格木桌及木椅的咖啡廳。可品嘗到耗時製作的高水準越南菜。老闆同時經營Cục Gạch Quán（→P48）。

DATA ㊋市民劇場車程10分 ㊟79 Phan Kế Bính
☎08-39110120 ㊐7～23時 ㊡無休
☑有諳英語的員工 ☐有英文版菜單
☐需事先訂位

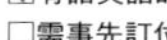

蓮子甜湯
2萬VND

甜點

正餐

雞肉粥
15萬VND

飲料

紅蘿蔔汁
8萬VND

3區 別冊MAP P6B1

Hideaway Cafe

殖民地風格的獨棟咖啡廳

由法式Villa改裝而成的溫馨風格咖啡廳。1樓採沙發座、2樓為椅座，每個房間的氛圍都不盡相同。餐點以蟹肉三明治及義大利麵等西式餐點為主。

DATA ㊋市民劇場車程10分
㊟41/1 Pham Ngoc Thach ☎08-38224222
㊐8～22時 ㊡無休
☑有諳英語的員工 ☑有英文版菜單 ☐需事先訂位

正餐

番茄肉醬義大利麵
15萬VND

甜點

椰子奶酪佐芒果
6萬VND

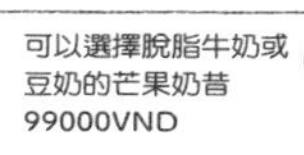

可以選擇脫脂牛奶或豆奶的芒果奶昔
99000VND

飲料

同起街周邊 別冊MAP P8B1

Crêperie & Café

推薦坐在開放的露天座

胡志明市第一家可麗餅咖啡廳。從傳統的甜點系列到正餐，可麗餅的種類非常多樣。露天座位眼前就是綠意盎然的公園，非常舒服。

DATA ㊋市民劇場步行8分 ㊟5 Hàn Thuyên
☎08-38299117 ㊐7～23時 ㊡無休
☑有諳英語的員工 ☑有英文版菜單
☐需事先訂位

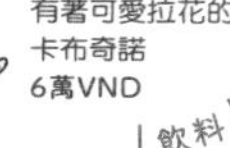

有著可愛拉花的卡布奇諾
6萬VND

飲料

甜點

微苦口味的提拉米蘇可麗餅
83000VND

正餐

番茄口味的鮭魚可麗餅
93000VND

在隱密餐廳享用高級越南美食

無論口味或氣氛都無從挑剔 令人嚮往的夢幻獨棟餐廳

在獨棟宅邸的特別空間裡，品嘗一道又一道賞心悅目的美味餐點。穿著休閒服也能進入用餐，不過既然要來就精心打扮一下吧！

1.餐廳內擺設著舊家具　2.椰汁蝦95000VND、蛤蠣湯9萬VND、炒榔瓜花 8萬VND　3.彷彿身處民宅

1區 北部　別冊 MAP P5C1

Cục Gạch Quán

讓人聯想到1940年代的農村

身兼建築家的老闆將法式Villa改建而成的餐廳。採舊家具裝潢，重現了南越農村的生活景象。以復古風格Sông Bé燒盛裝的是一般家庭都十分熟悉的純樸家常菜。布萊德彼特與安潔莉娜裘莉連袂造訪也讓餐廳名聲更加響亮。

DATA　㊋市民劇場車程15分
㊟10 Đặng Tất, Tân Định
☎08-38480144　㊐10～22時　㊡無休
☑有諳英語的員工　□有英文版菜單
☑需事先訂位

1.由溫室改建而成的明亮空間　2.彈牙的米粿上面加了蝦鬆和蔥花的蒸蝦粿16萬VND　3.磁磚裝飾非常美麗

1區 北部　別冊 MAP P7C1

An Viên

高雅小巷弄裡的知名餐廳

以骨董家具擺設裝飾，是一家氣氛沉穩的高級餐廳。這兒原本是1960年代建造的法國人宅邸，夜晚的朦朧燈光氛圍獨特，令人印象深刻。提供越南全國各地菜色，約有150種。

DATA　㊋市民劇場車程10分
㊟178A Hai Bà Trưng　☎08-38243877
㊐9～14時、17～22時　㊡無休
☑有諳英語的員工　☑有英文版菜單
□需事先訂位

小小知識

即便是在上面所介紹的高級餐廳，越南的飲食習慣都是一起分著吃。
不知該如何點菜的人，除了Cục Gạch Quán外也都另有套餐，建議可點套餐。

1.燈籠來自會安 2.蓮子炒飯23萬VND、烤鴨佐中華醬汁29萬7000VND 3.也可以在地下室的葡萄酒窖用餐

Mandarine

越南首屈一指的高級餐廳

不時有貴賓級客人造訪的高級越南菜餐廳。由法式Villa改建而成，以摩登風格演繹宮廷裝飾。不但網羅了世界各國的葡萄酒（1瓶98萬VND～），也包括法國的高等級陳年葡萄酒，務必搭配美食一起享用。

DATA ㊋市民劇場步行12分
㊟11A Naõ Văn Năm ☎08-38229783
㊗11時30分～14時、17時30分～22時30分 ㊡無休
☑有諳英語的員工 ☑有英文版菜單
☑需事先訂位

1.晚餐時段會有傳統音樂的現場演奏 2.葡萄柚鮮蝦沙拉19萬5000VND、會安風味炸春捲19萬8000VND 3.晚餐時段最好事先訂位

Hội An

中越的會安菜

店內以被登錄為世界遺產的古都會安菜為主，也能在此嘗到其他地方的美食。餐點十分講究，連調味料都是自製的，有如藝術般的擺盤也非常美麗。以舊民宅改裝而成的餐廳內部裝飾品全都來自會安。

DATA ㊋市民劇場步行12分
㊟11 Lê Thánh Tôn ☎08-38237694
㊗11時30分～14時、17時30分～22時45分 ㊡無休
☑有諳英語的員工 ☑有英文版菜單
☐需事先訂位

想讓身心都得到抒放，來這裡就對了

頂級Spa的極致招牌項目

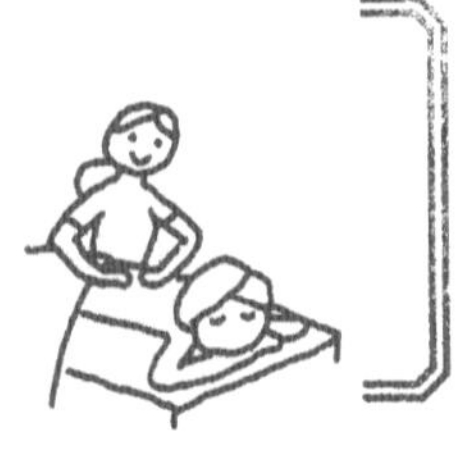

連最高等級的美容Spa療程都能以高貴不貴的價格享受，真是令人驚喜。
可在此奢華地度過優雅時光。

MENU
·Xuan Signature Muscle Release(60分，170萬VND)
·蒸氣
·水療
·全身按摩
·敷臉或身體去角質

1.敷臉與身體按摩套裝療程
2.進行療程的房間光線良好
3.加入優格與黑芝麻、燕麥片調製而成的原創敷臉膜

同起街周邊　別冊MAP P9C2

Xuan Spa

使用天然原料的獨家療程

位在5星級Ⓗ西貢柏悅酒店（→P58）3樓的高級Spa。45分與60分的短時間療程項目也很多，可輕鬆體驗一流大飯店的服務。也提供法式維琪浴以及印度式按摩阿育吠陀與滴油療法等服務。

DATA ㊂市民劇場步行即到 ㊟Ⓗ西貢柏悅酒店內
☎08-38241234 ㊕9～22時(最晚21時進入)
㊡無休 ※需另收15%服務稅
☑有諳英語的員工 ☑有英文版菜單
※建議事先預約

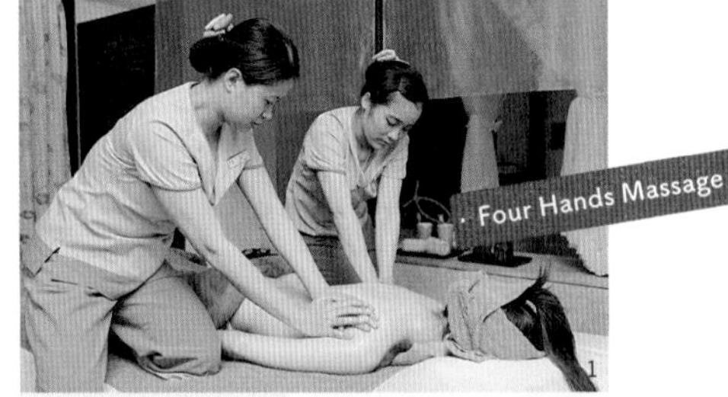

MENU
·Four Hands Massage (80分，148萬5000 VND)
·2人4手按摩
·三溫暖
·水療
·免費提供咖啡、茶、水

1.4隻手同時進行按摩 2.附專用的水療VIP房需外加50%費用 3.備有玫瑰與薰衣草等4種精油

同起街周邊　別冊MAP P9D2

Sen Spa

位在市中心交通方便

從同起街只需往前走一個路口即到，地理位置非常好，逛街途中也可以順道來按摩。各種身體按摩皆附贈20分的水療三溫暖。芳療師受過指壓訓練，很推薦喜歡強一點力道的人來這裡。

DATA ㊂市民劇場步行4分 ㊟26-28 Đông Du
☎08-38251250 ㊕9時～22時30分(最晚22時進入)
㊡無休 ※需另收10%服務稅
☑有諳英語的員工 ☑有英文版菜單
※建議事先預約

小小資訊　高級Spa很有人氣，總是聚集了許多喜愛Spa的女性。最好事先打電話或上網預約再前往，避免在現場等太久。

高級Spa的基本知識

攜帶物品

進行護理之前基本上都需要先卸妝。店內雖然也有卸妝用品，但建議素顏前往或攜帶自己的卸妝用品比較保險。

小費

高級Spa會另收服務稅，因此大部分的店都已內含小費，若想另外給，則可以在櫃檯結帳時一起付。

免費來回接送

若要前往進行護理，有些店家會在1區與3區的中心一帶提供專車來回接送的服務。預約的時候不妨順道問問。

MENU

·Seaweed Detox Wrap(90分，126萬5000VND)
·迎賓飲料
·去角質
·海藻護膚
·有機精油按摩
·淋浴

1.不但美肌也有瘦身的效果 2.在具有歷史的洋房裡接受療程 3.使用4種海鹽進行身體去角質（30分49萬5000VND）

La maison de L'Apothiquaire

利用法國傳統的藥草療法來美容肌膚

在優雅的白色外觀Villa接受護膚療程。服務人員會先為客人進行肌膚測試，然後針對膚質提出適合的療程建議。海藻護膚特別受歡迎。也有販賣含植物成分的原創保養品。

DATA ㊋市民劇場車程15分 ㊟64A Trương Định
☎08-39325181 ㊐9～20時(最晚19時進入)
㊡無休 ※需另收10%服務稅
☑有諳英語的員工 ☑有英文版菜單
☑需事先預約

MENU

·Four Hands Massage(45分，165萬VND)
·迎賓飲料
·2人4手按摩
·熱藥草球按摩
·藥草蒸氣三溫暖
·淋浴、泡澡
·室外游泳池

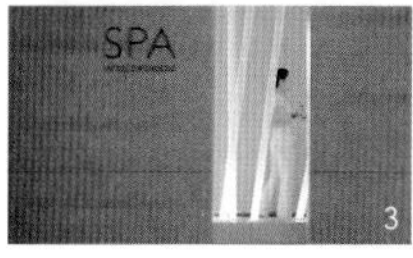

1.令人期待藥草效用的熱藥草球按摩 2.除了單人療程間之外，也有提供給情侶的療程間 3.位於飯店三樓的大木門相當醒目

SPA INTERCONTINENTAL

被藥草香氣環繞的幸福時光

位於5星級飯店內的Spa。使用天然成分的精油按摩療程很值得體驗。溫暖舒服的精油與藥草球按摩療法具有溫熱效果，能讓全身都放鬆，徹底得到療癒。

DATA ㊋市民劇場步行10分
㊟ⒽIntercontinental Asiana Saigon(→P59)3F
☎08-35209901 35209999
㊐8～22時(最晚20時30分前進入) ㊡無休
※需另收15%服務稅
☑有諳英語的員工 ☑有英文版菜單 ※建議事先預約

消除旅遊的疲憊

輕鬆又便宜 按摩＆美甲沙龍

胡志明市區有許多可花一點時間享受的便宜按摩店。
技術高超且價格平易近人的指甲彩繪更是不能錯過！

按摩 別冊MAP P9D3

●同起街周邊

Golden Lotus Traditional Foot Massage Club

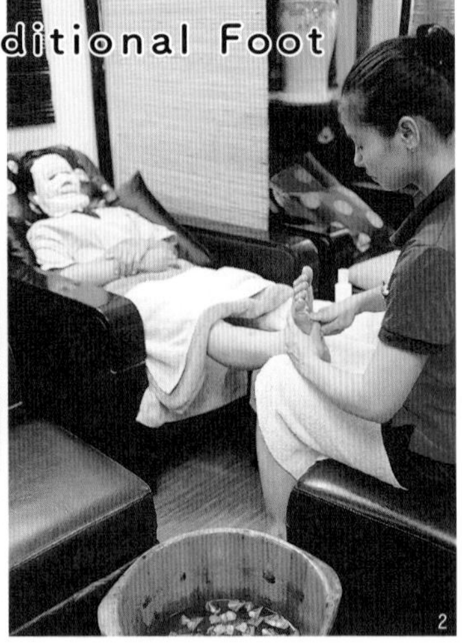

身體僵硬和疲勞 全都一掃而空

只要到傍晚或週末就得排隊的超人氣腳底按摩店。療程60分鐘起，90分鐘的療程還包括了手部、肩膀、頭部以及背部的熱石按摩。結束後會提供蓮花茶。

DATA ㊈市民劇場步行6分
㊟20 Hồ Huấn Nghiệp
☎08-38296400 ㊋10時～23時30分（最晚22時進入） ㊡無休 Ⓔ E

1. 店內採中越城市會安的風格
2. 刺激腳底的按摩又痛又舒服

MENU
・腳底按摩
Foot Massage
（90分、37萬5000VND）

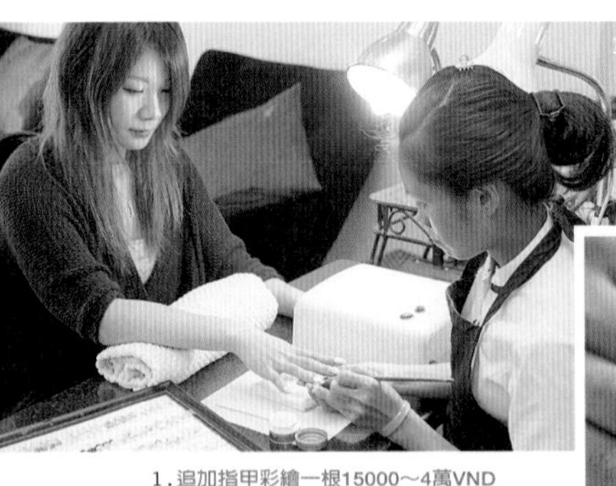

指甲彩繪 別冊MAP P9C3

●同起街

Đẹp Mãi

以平易價格享受日本技術

由日本老闆經營的美甲沙龍。當地多半採用硬式光療指甲彩繪，這裡則是使用較不傷真甲的軟式光療指甲技術，彩繪指甲樣本高達300種以上。另外也提供種睫毛與各種保養服務。

MENU
・凝膠上色
Gel Floater
（10根、65萬VND～）

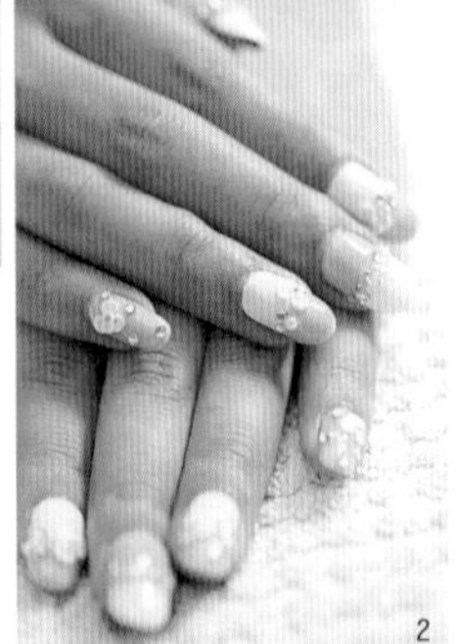

1. 追加指甲彩繪一根15000～4萬VND
2. 款式眾多，從簡單款到3D款都有
3. 交通方便

DATA ㊈市民劇場步行7分
㊟81 Đồng Khởi,3F ☎08-38251962
㊋9～19時（最晚入店時間視施術項目而定） ㊡無休 Ⓔ E

小小資訊 上述店鋪的費用除了Glow Spa外皆包含服務稅及小費。每家都是人氣店家，建議事先預約。

Check!

平價的按摩店也有許多當地該遵守的規定。
記住這些基本禮貌才能放鬆享受。

芳療師採指定制

若遇到技巧熟練的芳療師，記得確認名字與編號。下次光臨時，只要告知編號就能指定同一名芳療師。

有時需要付點小費

最近很多店的費用都已內含小費，不過有時還是會遇到得另付小費的店。腳底按摩的小費行情約5萬VND，身體按摩約10萬VND。

市場的彩繪指甲需特別當心

市場等路邊的指甲彩繪特別便宜，但機器衛生方面容易令人產生疑慮，建議還是到指甲彩繪專門店較安心。

按摩 別冊MAP P9C3

●Ton That Thiep街

健之家

Kien Chi Gia

在當地外國人間具有超人氣的沙龍

對自家技術很有信心的港式腳底按摩店。精準的穴道按摩結束後，可以感受到整個身體輕快許多，連居住當地的外國人也都很愛去。附送頭部及背部的簡單按摩。

DATA ⊗市民劇場步行8分
㊟44 Tôn Thất Thiệp ☎090-3316733
㊋10時30分～24時(最晚23時進入)
㊡無休 Ⓔ Ⓔ

MENU
・腳底按摩
Foot Massage
(70分，25萬VND)

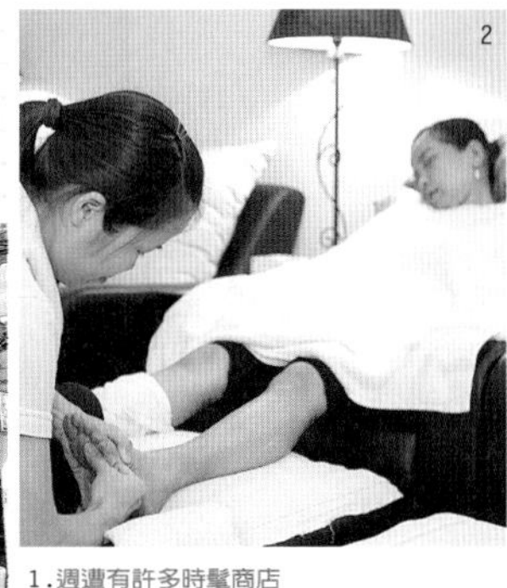

1.週遭有許多時髦商店
2.按摩中途睡著的客人也很多

護膚美容 別冊MAP P7D2

●1區北部

Rosa Blanca

專業的美容沙龍

導入最新美容儀器，提供專業療程的沙龍。各種按摩療程皆使用以玫瑰精油為基底加以調合而成的原創精油，人氣頗高。需事先預約。

MENU
・美顏芳療
Restorative Facial Therapy
(60分，99萬VND)

1.以白色為基調的整潔店面
2.藉由刺激頭部、胸口以減緩水腫和暗沉

DATA ⊗市民劇場步行15分 ㊟23C Tôn Đức Thắng
☎08-38233777 ㊋9時30分～19時(最晚入店時間視施術項目而定) ㊡週一 Ⓔ Ⓔ

頭部Spa 別冊MAP P9C3

●同起街周邊

Glow Spa

從頭部開始舒緩的隱密Spa

有足部及指甲保養，不過最值得推薦的還是頭髮與頭皮保養。頭部療程視髮質不同共分成5種。做完不僅頭皮清爽，連頭髮都變得很有光澤。

MENU
・米蛋白護髮
Rice Protein Nourishing
(75分，77萬VND)

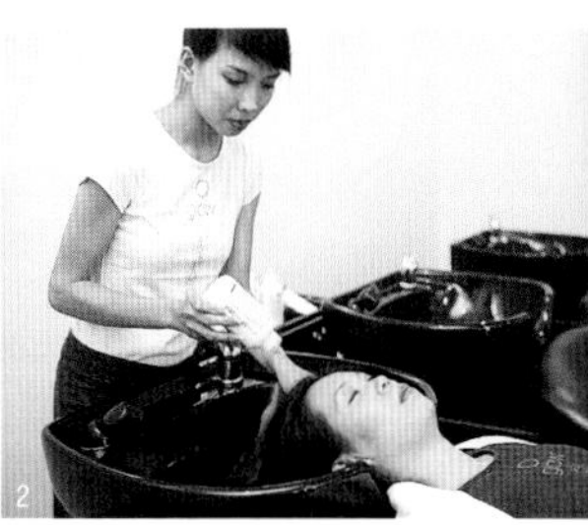

1.位在大馬路進來的巷子底
2.可修復乾燥受損的頭髮

DATA ⊗市民劇場步行5分 ㊟129A Nguyễn Huệ
☎08-38238368 ㊋10時30分～20時(最晚19時進入) ㊡無休 ※需另收10%服務稅 Ⓔ Ⓔ

觀光與美食齊聚一堂的繁華街道

同起街周邊的人氣店家介紹！

觀光景點和商店林立的同起街。有雜貨店及剛開幕的大型購物中心等，可說是魅力無窮。歷史悠久的殖民地風格飯店讓異國氛圍更加濃厚。

A 別冊MAP P9C2 Vincom Center

雙塔大樓

非常醒目的高級購物商城。7個樓層一共聚集了130間高級名牌店及餐飲店，當地人潮眾多，熱鬧非凡。

DATA ㊋市民劇場步行2分
㊟72 Lê Thánh Tôn
☎08-39369999(總機)
㊐9時30分～22時 ㊡無休

B3集結各國餐廳

B 別冊MAP P9C2 Parkson

越南數一數二的高級百貨公司

在越南各地都有分店的高級百貨公司，尤其是蘭蔻、倩碧等國外化妝品及名牌種類非常齊全。餐飲區也非常受歡迎。

DATA ㊋市民劇場步行1分
㊟35 Bis-45, Lê Thánh Tôn
☎08-38277636(總機)
㊐9時30分～22時 ㊡無休

來這裡就能一次買齊很多東西

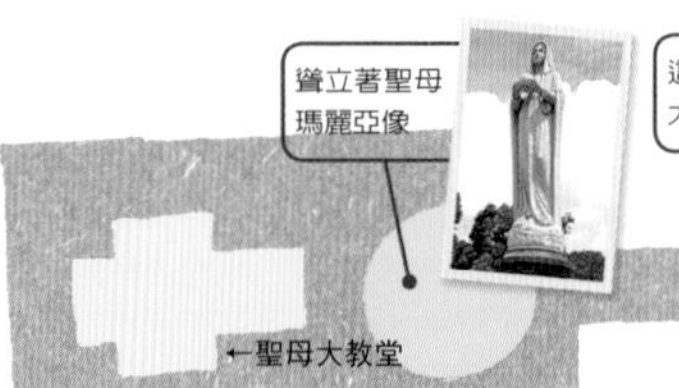
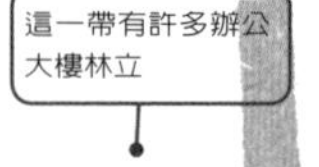

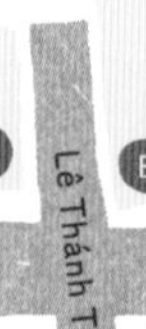
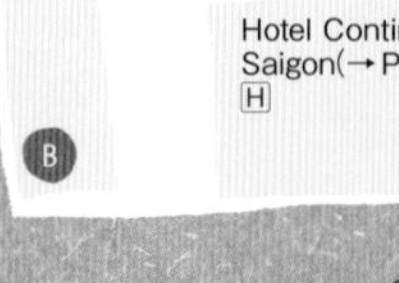

C 別冊MAP P8B2 Liti

有許多新舊法國設計商品

販售由日本老闆蒐集來的1950～60年代骨董商品與蕾絲、刺繡小物為主的店鋪。小東西都是原創設計。

DATA ㊋市民劇場步行6分
㊟40D Lý Tự Trọng ☎08-38247114
㊐10時～18時30分(週日～17時)
㊡無休 Ⓔ

各種英文字母的手工刺繡手帕12萬VND

D 別冊MAP P9C2 Union Square

白色外觀的大型購物中心

6個樓層裡進駐了將近150家店鋪，有各國高級＆休閒品牌及餐飲店等。還有超市與越南雜貨店，十分便利。

DATA ㊋市民劇場步行1分
㊟171 Đồng Khởi
☎08-38258855(總機)
㊐9～22時 ㊡無休

1. 有如飯店般的豪華外觀
2. 一整排都是高級名牌店

小小資訊 從聖母大教堂到西貢河約1km。街道上的店家一間一間逛過去也不會花太多時間。交錯的巷弄內也有品味出眾的店鋪，可以在此悠閒漫步。

Butterfly

蓮子、咖啡、腰果口味的餅乾組合17萬7600VND

食品區不容錯過！

1樓為流行服飾及雜貨、2樓則是刺繡商品與食品。販賣咖啡與甜點、調味料等商品的食品區有許多讓人心動的商品。

DATA ㊋市民劇場步行6分
㊟53 Đồng Khởi ☎08-62990988
㊐8～22時 ㊡無休 Ⓔ

Hoàng Yến

空心菜炒蝦14萬5000VND、芋頭湯13萬5000VND等

美味的越南家常菜

受到當地人喜愛的家庭菜色餐廳，菜色豐富且口味樸實，是台灣人也會喜歡的口味。當中最值得推薦的是各種海鮮美食。

DATA ㊋市民劇場步行7分
㊟7-9 Ngô Đức Kế ☎08-38231101
㊐10～22時 ㊡無休 Ⓔ Ⓔ

Unique

皮革製品充滿魅力

由越南設計師所製作的服飾及皮革製品店。有許多百看不厭的設計款，以及使用上等材質製成的各種商品。

DATA ㊋市民劇場步行6分
㊟49 Đồng Khởi ☎08-38223293
㊐8～22時 ㊡無休 Ⓔ

1.也可當成背包的皮革包164萬2800VND 2.簡單的剪裁設計是人氣重點

M Bar

欣賞西貢河夜景的好去處

位在歷史悠久飯店內的酒吧，從開放式露臺可眺望西貢河及對岸景色，視野開闊。每晚21時起有現場演奏。

DATA ㊋市民劇場步行8分
㊟ⒽHotel Majestic Saigon(→P58)新館8F ☎08-38295517 ㊐16時～翌1時 ㊡無休 ㊎不收入場費 Ⓔ Ⓔ

1.名人喜愛的調酒──Happy Saigon19萬5000VND等 2.可俯瞰西貢河

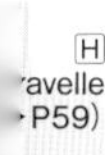

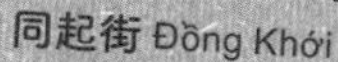

Mạc Thị Bưởi街

Bong Sen

Lucky Plaza

也可以購買日用品，非常方便

位在同起街的正中央！

座落在同起街正中央位置的小型購物中心。地上樓層除了有許多越南雜貨店，還有超市，非常便利。

DATA ㊋市民劇場步行5分
㊟69 Đồng Khởi
☎08-38271155(總機)
㊐9～22時 ㊡無休 Ⓔ

The Long @ Times Square

巷弄風格的人氣義大利餐廳

開放式的自製咖啡餐廳＆酒吧。32種類的義式冰淇淋與義大利製柴窯烤出來的正宗披薩廣受好評。

DATA ㊋市民劇場步行5分
㊟Level 1 Times Square, 22-36 Nguyễn Huệ & 57-69F Đồng Khởi
☎08-38236688 ㊐10～24時
㊡無休 Ⓔ Ⓔ

1.生火腿98000VND 2.瑪格麗特披薩S Size 12萬8000VND

觀光景點、美食……。還有好多好多！

到了胡志明市別錯過 人氣景點總整理

胡志明市是越南最熱鬧的大都市，有數不清的觀光景點。
在此為大家整理出最受注目的景點＆美食＆購物中心。

別冊 MAP P9C4

●同起街周邊

Saigon Skydeck

胡志明市最高的瞭望台

位在摩天大樓的49樓，高178m的瞭望台。可360度俯瞰胡志明市的街景。瞭望台上有商店，販賣一些摩天大樓模樣的原創商品，以及精選的伴手禮等。

DATA ㊇市民劇場步行15分 ㊟36 Hồ Tùng Mậu
☎08-39156156 ㊕9時30分～21時30分 ㊡無休
㊎20萬VND Ⓔ

大樓外觀設計仿蓮花花苞

日落前就能開始欣賞夜景

別冊 MAP P4A4

●堤岸

平西市場

Chợ Bình Tây

充滿地方特色的市場

胡志明市規模第2大的市場，幾乎網羅了所有日常生活用品，不過多屬批發商，想要單買的人可事先做確認。

DATA ㊇市民劇場車程30分
㊟57 Tháp Mười
☎視店鋪而異
㊕5～19時左右 ㊡無休

充滿在地風情

別冊 MAP P6B3

●1區北部

金龍水上木偶劇場

Nhà Hát Múa Rối Nước Rồng Vàng

在胡志明市欣賞北越傳統木偶劇

搭配現場演奏的傳統音樂與民謠，在水上舞台現場表演的木偶劇。木偶的動作令人會心一笑。

DATA ㊇市民劇場車程10分
㊟55B Nguyễn Thị Minh Khai
☎08-39302196
㊕17時～、18時30分～、19時45分～（1日3次公演，約需45分） ㊡無休 ㊎19萬VND

故事內容十分簡單

別冊 MAP P8A2

●1區北部

統一宮

Dinh Thống Nhất

舊南越總統官邸

除了總統辦公室，地下室裡戰時的司令室與通信室依舊保留著當時的模樣。

DATA ㊇市民劇場步行15分
㊟135 Nam Kỳ Khởi Nghĩa
☎08-38223652
㊕7時30分～11時、13～16時
㊡無休 ㊎3萬VND Ⓔ

地下室也開放參觀

別冊 MAP P9C3

●Tôn Thất Thiệp街

mh Craft

各種色彩鮮豔的漆器種類齊全

店內從餐具到蠟燭台座，各式各樣色彩繽紛的漆器琳瑯滿目。也有不少設計獨特的原創商品。

DATA ㊇市民劇場步行8分
㊟33 Tôn Thất Thiệp
☎08-38214459 ㊕8時～21時30分 ㊡無休 Ⓔ

水牛角製餐巾環1組6個
102萬9000VND

小小資訊

在「Le Jardin」可以品嘗到道地法國菜。有自製法式肉凍或肉醬等，值得推薦的有油封鴨肉19萬VND、牛排薯條17萬VND～。晚餐建議事先訂位。

夜景SPOT 逛完市場回去前來乾上一杯！

濱城市場周邊 別冊MAP P8A4

OMG!

濱城市場附近有許多可以俯瞰夜景的隱藏版屋頂酒吧。有多種使用大量水果製成的調酒以及美食，價格也很合理。逛完夜市後來上一杯也不錯。

DATA 交市民劇場步行15分 住8F, 14-16 Lê Lai ☎093 -7200222 時17時～翌1時 休無休 E E

1.位在濱城市場附近的飯店屋頂上，有舒適的沙發席　2.OMG莫吉托調酒16萬VND

別冊MAP P9C3 ●同起街

em em

有許多獨具魅力的伴手禮及雜貨

從刺繡製品到巴茶燒等，幾乎所有越南特色商品都齊聚在此。也有日本設計師的原創商品，品味沒話講。

DATA 交市民劇場步行5分 住81 Đồng Khởi ☎08-38273240 時8時～21時30分 休無休 E

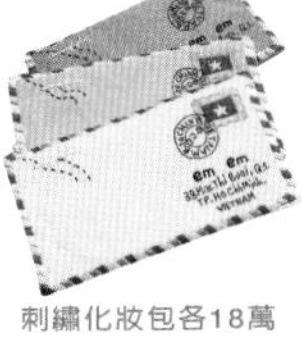

刺繡化妝包各18萬9000VND

別冊MAP P6B4 ●Phạm Ngũ Lão街

ABC Bakery & Café

種類豐富的超人氣麵包店

在胡志明市一共有27家分店的人氣店家。打著現烤出爐的招牌，推出多種不同口味的麵包。2樓另設有咖啡區。

DATA 交市民劇場車程10分 住223-225 Phạm Ngũ Lão ☎08-38364213 時6～22時 休無休 E

口味有如麵包捲的越式可頌麵包16000VND

別冊MAP P9C1 ●同起街周邊

Le Jardin

享受法國風情

位在法國文化交流會館中庭的餐廳。可品嘗到從甜點到簡餐的各種道地菜色。

DATA 交市民劇場步行10分 住31 Thái Văn Lung ☎08-38258465 時11～14時、18～21時 休週日 E E

尼斯風味沙拉13萬VND等

別冊MAP P9C3 ●Tôn Thất Thiệp街

Temple Club

老上海風獨棟餐廳

提供融合了中國與法國口味的獨創越南菜。另設有咖啡與酒吧區，也可做為歇腳處。

DATA 交市民劇場車程8分 住29-31 Tôn Thất Thiệp ☎08-38299244 時11時30分～24時 休無休 E E

豬肉佐桔醬20萬VND

別冊MAP P4B4 ●堤岸

大娘水餃

Sủi Cảo Đại Nương

具有彈牙口感的手桿水餃皮

招牌是1天最多能賣到1000顆的水餃。餡料包在手工擀成的Q彈餃子皮裡，有煎餃和水餃兩種。

DATA 交市民劇場車程25分 住964 Trần Hưng Đạo ☎0933-785258 時10～14時、14時30分～22時 休無休

水餃4萬5000VND、番茄湯麵5萬VND

別冊MAP P8B2 ●Pasteur街周邊

La Fenêtre Soleil

古典風格咖啡廳

由紅磚牆與復古沙發環繞的舒適咖啡廳。融合了越南風味的法式甜點非常美味，連藝人也會前來造訪。

DATA 交市民劇場步行6分 住44 Lý Tự Trọng ☎08-38245994 時9時30分～24時 休無休 E E

百香果可麗餅12萬VND等

以平實價格入住高級飯店

從殖民地風格飯店到平價的胡志明市人氣飯店

越南物價便宜，即便是高級飯店的住宿費也都十分平價。
從擁有悠久歷史的殖民地風格飯店到現代化的大型飯店，可以選擇的範圍很廣。

Hotel Majestic Saigon

歷史悠久的高雅飯店

1925年開幕，具有悠久歷史的殖民地風格飯店。大廳由圓柱與彩繪玻璃、水晶吊燈裝飾而成，飯店內部則是呈現出優雅的空間。越戰時期也因各國記者在此聚集而廣為人知。

DATA ㊋市民劇場步行8分 ㊟1 Đồng Khởi ☎08-38295517 ㊎Colonial Room 330萬VND～ 175室 E R P F

1.位在可望見西貢河之處 2.日本小說家開高健曾下榻於Colonial Saigon River Deluxe 3.裝飾藝術風格的螺旋梯 4.大廳的裝飾

西貢柏悅酒店
Park Hyatt Saigon

融合殖民地風格與現代風格

飯店內裝飾著來自當地藝術家之繪畫與舊照片，走的是優美的殖民地風格。使用新鮮食材入菜的越南＆西餐廳「SQUARE ONE」以及「Xuan Spa」（→P50）等，各種設施齊全。

DATA ㊋市民劇場步行即到 ㊟2 Lam Sơn Sq. ☎08-38241234 ㊎Park Twin 300萬VND～ 245室 E R P F

1.與綠色椰子樹相互輝映的白色建築 2.Executive Sweet

The Reverie Saigon

無論空間還是服務都是胡志明市首選

所有客房等級都在Deluxe Room以上，讓人彷彿置身於不同世界的奢華裝潢風格豪華大飯店。位在大樓的高樓層，從客房望去的景觀獨一無二，視野絕佳。

DATA ㊋市民劇場步行7分 ㊟22-36 Nguyễn Huệ & 57-69F Đồng Khởi ☎08-38236688 ㊎Deluxe Room 994萬5000VND～ 286室 E R P F

1.43㎡寬闊的Deluxe Room 2.不論是水晶吊燈或家具，全都豪華奪目

Liberty Central Saigon Riverside

坐落人氣的河畔地段

位在西貢河畔，樓高共25層的4星級飯店。擁有西貢河畔才能獨享的幽靜空間、良好的俯瞰視野、距離同起街只需步行2分鐘等優勢。

DATA ⓧ市民市場步行8分 ㊟17 Tôn Đức Thắng ☎08-38271717 ㊎Deluxe Room 200萬VND～

Intercontinental Asiana Saigon

機能齊全的5星級飯店

坐落中央郵局旁。擁有最新設備的客房所使用之床單及枕頭套組，皆是從殘障者支援團體購得。這裡的中國餐廳與Spa很受歡迎。

DATA ⓧ市民劇場步行10分 ㊟Cnr. Hai Bà Trưng & Lê Duẩn ☎08-35209999 ㊎Deluxe Room 520萬VND～ 305室

西貢日航酒店

Hotel Nikko Saigon

別冊 MAP P6A4 提岸周邊

提供日系飯店獨有的細心款待

所有客房都是40㎡～，其寬敞在胡志明市首屈一指。隨時有日本服務人員在此，為房客提供無微不至的服務。有4家餐廳、Spa、泳池等設施也十分完備。

DATA ⓧ市民劇場車程15分 ㊟235 Nguyễn Văn Cừ ☎08-39257777 ㊎Deluxe Room 440萬VND～ 334室

Caravelle

夜景非常迷人

座落在市民劇場旁的飯店，樓高24層。從City View Room可以俯瞰市中心的美麗夜景。大理石裝潢的大廳給人感覺華貴非常。

DATA ⓧ市民劇場即到 ㊟19 Lam Sơn Sq. ☎08-38234999 ㊎Deluxe City View 484萬VND～ 335室

Lotte Legend Hotel Saigon

坐落西貢河畔的日系飯店。除了提供道地日本料理的「吉野」以外，其他餐廳的水準也都頗高。

DATA ⓧ市民劇場步行10分 ㊟2A-4A Tôn Đức Thắng ☎08-38233333 ㊎Executive River Front 590萬VND～ 283室

E R P F

Sofitel Saigon Plaza

深受歐美旅客喜愛的高雅豪華飯店。附設專用酒廊的Club Room很受歡迎。有2家餐廳。

DATA ⓧ市民劇場步行15分 ㊟17 Lê Duẩn ☎08-38241555 ㊎Club Room 569萬8000VND～ 286室

E R P F

Grand Hotel Saigon

1930年開幕的老飯店。分成帶有歷史風情的Ancient Wing（舊館）及2012年落成的Luxury Wing。

DATA ⓧ市民劇場步行6分 ㊟8 Đồng Khởi ☎08-39155555 ㊎Luxury Wing Deluxe 308萬VND～ 226室

E R P F

Hotel Continental Saigon

於1880年開幕，是越南歷史最悠久的飯店。至今飯店仍然保留開幕當年的照片及家具，館內充滿濃厚古典氛圍。

DATA ⓧ市民劇場步行即到 ㊟132-134 Đồng Khởi ☎08-38299201 ㊎Superior Room 231萬VND～ 87室

西貢喜來登酒店

Sheraton Saigon Hotel & Towers

胡志明市數一數二的高級飯店。所有客房都備有3種類的枕頭，衛浴用品皆為喜來登獨創商品。

DATA ⓧ市民劇場步行2分 ㊟88 Đồng Khởi ☎08-38272828 ㊎Premium Deluxe 485萬VND～ 485室

E R P F

Hotel Equatorial

位在市中心與堤岸地區中間的飯店。飯店內有知名的海鮮餐廳「ORIENTICA」及Spa。

DATA ⓧ市民劇場車程16分 ㊟242 Trần Bình Trọng ☎08-38397777 ㊎Deluxe Room 221萬2500VND～ 333室

E R P F

從胡志明市稍微走遠一些 1 Day Tour ①

湄公河遊船與 河口之城、美拖觀光

湄公河全長約4000km，若想參觀其周遭的自然景觀，參加自選行程是最佳選擇。行程的據點就在位處湄公河三角洲河口處的港町美拖。搭上遊船出發去！

1.搭上做為島民移動工具的手划船，叢林遊船出發囉！ 2.在蜂蜜工廠，品嘗加了蜂蜜的蓮花茶小憩 3.泰山島的下船處有許多販賣布製品等伴手禮的攤販 4.遊船後可品嘗著名的象魚午餐 5.美拖一帶是南洋水果的知名產地，也提供試吃

淵遠流長的湄公河及美拖1日遊

Mỹ Tho, Sông Mê Kông　別冊 MAP ● P4A2

暢遊湄公河三角洲1日遊

美拖位在距離胡志明市約75km的西南方。來到這兒，可親身體驗生長在湄公河三角洲肥沃土地上的茂密熱帶叢林，以及當地居民的簡樸生活型態。旅遊行程首先前往位在湄公河沙洲的泰山島，參觀名產蜂蜜與椰子糖的工廠。接著開始主要行程湄公河叢林遊船，藉由搭乘小船穿越水椰林，體驗充滿原始風情的景色。

DATA
[出發·所需時間]8時30分左右(約7小時，附午餐)
[出團日]每天　[費用]US$55
[洽詢·報名]JTB越南　mybus desk(→P133)

行程內容

- 8:30　從胡志明市出發
- 10:30　抵達美拖、搭乘馬達動力船前往泰山島
- 11:00　在泰山島散步、參觀果園與試吃水果
- 11:45　搭上手划船開始叢林遊船之旅
- 12:00　改搭馬達動力船前往泊船處
- 12:30　午餐是美拖當地招牌菜
- 15:30　回到胡志明市

可參觀椰子糖的製造過程，以及椰子的工藝品製作

※行程僅供參考。視交通狀況會有所變動。

行程小小知識

- 造訪的觀光客很多，要小心扒手！
- 有些名產價格雖然便宜，不過基本上物價與胡志明市相差不大
- 搭乘遊船有時會被濺起的水花噴到，建議穿著濕了也沒關係的輕便服裝

若想要更有效率的旅遊，推薦可以參加把上述2個人氣觀光景點安排在1天的「古芝地道與美拖1日遊」行程。
[出發・所需時間]7時30分左右(約10小時，附午餐)[出團日]每天　[費用]US＄92～　[洽詢・報名]JTB越南 mybus desk(→P133)

從胡志明市稍微走遠一些 1 Day Tour ②

前往越戰遺跡 體驗潛入古芝地道

古芝是越戰時南越解放軍（Vietcong）設置作戰總部之處，若參加從胡志明市出發，提供接送的旅遊行程，就可以有效率地遊覽古芝。

參觀古芝地道

Củ Chi　別冊 MAP ● P4A1

親身體驗學習關於越戰的一切

古芝位在胡志明市西北方約70km，是越戰時期的作戰總部所在地。當地長達250m的地道現在有一部分開放參觀。參加旅遊團前往開放參觀的地道，鑽進當時等著伏擊美軍的地穴，或在狹窄的地道內行走，可以親身體驗戰爭當時人們的生活。

DATA
[出發·所需時間]8時左右(約4小時30分)
[出團日]每天　[費用]US$40
[洽詢·報名]JTB越南　mybus desk(→P133)

行程內容

8:00　從胡志明市出發

9:30　抵達古芝

會播放約10分鐘的越戰概要影片，藉由地道模型了解全貌

9:45　由導覽人員指引前往現場

參觀並聽取解放軍的炊事區與藏身洞穴、實際使用過的戰車、陷阱等說明

10:10　進入地道內部

10:15　試嘗戰時食物

主食芋頭沾以鹽巴、砂糖、花生混合而成的調味料食用

12:00　回到胡志明市內飯店

※行程僅供參考。視交通狀況會有所變動。

越南戰爭基本知識

越戰持續了十多年，直到1975年4月30日才結束。犧牲者光是越南人就高達200萬人以上，至今都還殘留著橙劑的後遺症。當時給支援南越的美軍造成嚴重威脅的就是古芝地道，是當時非常重要的軍事基地。

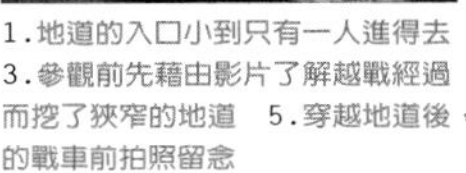

1.地道的入口小到只有一人進得去　2.參觀精心規劃的陷阱與炊事區　3.參觀前先藉由影片了解越戰經過　4.為了防止身材高大的美軍潛入，而挖了狹窄的地道　5.穿越地道後，試嘗戰時的食物　6.在置於森林裡的戰車前拍照留念

Column

濃郁口感與芳醇香氣

越南咖啡的品嘗方式

越南是繼巴西之後世界上第2大的咖啡產地。街上到處都可見到知名連鎖店或咖啡廳，甚至咖啡攤販也非常多，可說是與當地人息息相關的存在。

咖啡種類

咖啡有加牛奶的，不加牛奶的，又各分成熱的跟冰的，大致上可分為4種。

加糖黑咖啡
Cà Phê Đá

加了砂糖的冰黑咖啡。若不要糖可可另外告知店家「không đường」。

冰牛奶咖啡
Cà Phê Sữa Đá

以大量煉乳取代牛奶，加進咖啡做成的冰牛奶咖啡，濃郁的甜味令人驚艷。

熱咖啡
Cà Phê Nóng

以鋁製咖啡濾器沖泡出來的熱咖啡。因不加冰塊，苦味很重。

熱牛奶咖啡
Cà Phê Sữa Nóng

加了煉乳的熱牛奶咖啡，口味十分溫和。

咖啡豆

產地為中越高原之大叻與邦美蜀，多屬羅布斯塔咖啡。為了增添香氣及濃度，會與奶油等一起煎焙。

沖泡方式

在底部開了一個小洞的法式濾器內加入磨好的咖啡豆後，蓋上內蓋，注入熱水。把咖啡倒入加了冰塊的玻璃杯裡，就成了冰咖啡。

品嘗方式

越南咖啡苦味較重，所以會加入很多砂糖與煉乳。若與濾器一起送上來，可視喜好加入砂糖調整口味。冰咖啡可以在攪拌冰塊的同時飲用。

也可以到這裡喝咖啡！

Trung Nguyên

同起街周邊 / 別冊 MAP●P9C1

越南最具代表性的咖啡品牌咖啡廳。每種咖啡隨著編號不同，咖啡豆及混合比例也各不相同。若想品嘗純粹羅布斯塔咖啡的人可以選擇1號。

DATA 交市民劇場步行8分
住10B Thái Văn Lung
☎08-62990986
時7時～22時30分
休無休 E E

Highlands Coffee

同起街 / 別冊 MAP●P9C2

除了市民劇場後側，在市區各地也有開設分店的時尚風格連鎖咖啡廳。這裡的咖啡濾器不會一起上桌，不過甜點和輕食種類很豐富。

DATA 交市民劇場步行即到
住7 Công Trường Lam Sơn
☎08-38225017
時6～23時
休無休 E E

路邊攤販的簡易咖啡

人行道或建築物一旁擺上小椅子和桌子而成的簡易咖啡座，在這裡也能嘗到越南咖啡，不過要小心衛生方面的問題。

小小知識 只要在咖啡廳或超市、市場購買咖啡豆，就能在家品嘗越南風味咖啡。有些店會幫客人磨咖啡豆，有些會販賣附濾器的組合包，很適合買來當伴手禮。

中越

從台灣搭飛機加上轉機約6～8小時可到。

以聚集了許多高級度假勝地的峴港為主，

可稍微走遠一點，

前往世界遺產古都會安以及順化觀光。

出發前check!

中越 區域Navi

2016年12月起已有從台灣直飛峴港的航班，
無須從其他地方轉機。
位於中越的度假飯店相繼開幕，
再加上順化與會安的世界遺產，
現在中越已成為頗受矚目的海灘度假勝地。

如何前往中越各城市

峴港是越南中部的入口，欲前往順化、會安皆可在峴港國際機場轉機。要到芽莊的人則多半在河內或胡志明市轉機。

○從台灣前往峴港國際機場
僅有捷星航空每週三班從桃園機場直航峴港，所需時間2小時35分。

○從峴港國際機場前往各城市
⇒峴港市區（→P66）
可利用飯店的接送服務或搭乘計程車（所需時間約10分，約10萬VND）
⇒會安市區（→P76）
可利用飯店的接送服務或搭乘計程車（所需時間約45分，約35萬VND）
⇒順化市區（→P86）
可利用飯店的接送服務或搭乘計程車（所需時間約3小時，約120萬VND）

○從各城市前往芽莊金蘭國際機場
⇒從河內（內排國際機場）出發
1天約3航班，所需時間約1小時45分
⇒從胡志明市（新山一國際機場）出發
1天約4航班，所需時間約1小時5分

○從芽莊金蘭國際機場前往市區(→P96)
前往市區只能搭乘計程車（所需時間約45分，約35萬VND）

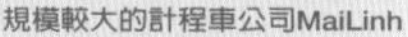

規模較大的計程車公司MaiLinh

中越建議旅遊方式

欲前往中越各城市多半都是搭飛機。只要以峴港為據點，就可用便利的陸路方式前往順化及會安觀光。順化有一座富牌國際機場，因此可以從河內或胡志明市、峴港搭飛機前往。若想要前往順化、峴港、會安3個城市觀光，建議先搭飛機進入順化，再走陸路前往峴港及會安，回程時，從峴港國際機場搭機離開是最有效率的。不過中越各城市之間的往來班機常有停飛或延遲的情形發生，所以行程安排最好不要太過緊湊。

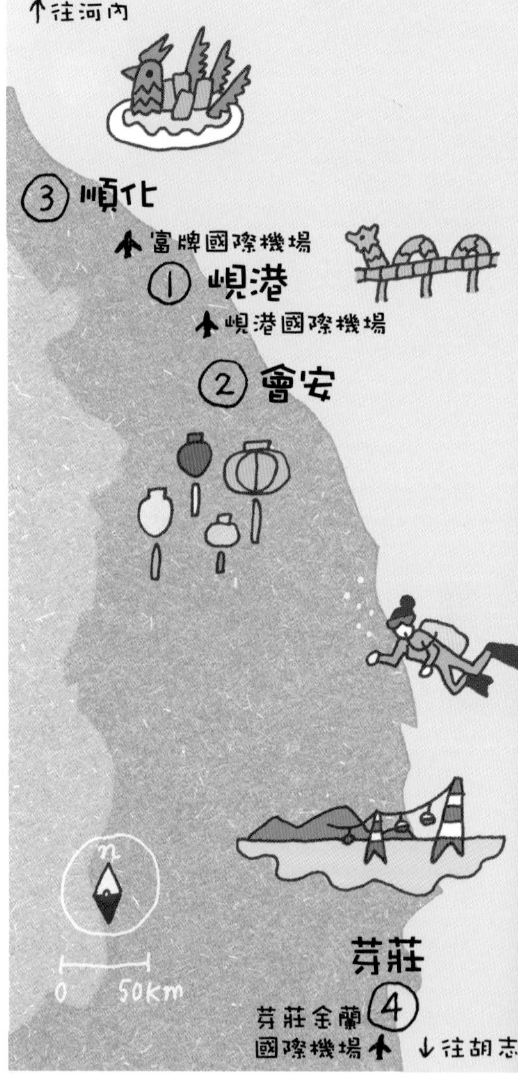

1 峴港 →P66
Đà Nẵng

開發快速的知名度假勝地

海灘沿岸到處都是大型度假飯店林立，是近來頗受矚目的觀光城市。汗江一帶的街區有許多時髦的商店，每到周末夜晚在龍橋還有特別表演（→P67），遊逛起來樂趣十足。

2 會安 →P76
Hội An

因海上貿易而興盛，充滿鄉愁的舊市區

已被登錄為世界遺產，還保留著18世紀古老街景，是個引發旅人鄉愁的小港都。結合了日本、中國、法國等各國建築式樣的老房子不容錯過。近郊的占婆王國遺址美山聖地（→P85）也是一大亮點。

3 順化 →P86
Huế

越南最後一個王朝都城所在地

順化是建國於1802年的阮氏王朝首都，至今仍保留著許多歷代皇朝的遺址，皇宮以及與阮朝相關的建築物群已被列為越南的第一座世界遺產。有宮廷舞蹈和宮廷菜色等許多讓人遙想過往繁華的迷人之處。

4 芽莊 →P96
Nha Trang

越南首屈一指的海灘度假勝地

早期就已開發為度假勝地的越南中南部城市。沿海一帶大型飯店林立，有完善的度假旅遊設施提供遊客享受。也有浮潛等各種水上活動可參加，很適合喜愛戶外活動的人。

飽覽中越地區 5天4夜經典行程

一次飽覽以峴港為主，並包括順化及會安共3座世界遺產的行程。中越的最佳旅遊季節是乾季的2～9月期間。10～11月為颱風季節，特別是會安有時還會有洪水，盡量避開較安全。至於芽莊則因與其他城市皆有段距離，建議可以和轉機地的河內或胡志明市一起規劃旅遊行程。

Day 1

18:55 從台灣搭乘飛機經轉機後抵達峴港國際機場

↓ 計程車10分

20:00 抵達峴港的海灘度假飯店辦理入住手續。下榻峴港

Day 2

8:30 從峴港前往美山聖地（→P85）

↓ 包車約1小時30分

10:00 參觀占婆王國聖地遺跡

↓ 包車約40分

12:00 會安舊市區觀光（→P78）體驗燈籠點綴下的夢幻古都氛圍。下榻峴港

Day 3

8:00 從峴港前往順化

↓ 包車約3小時

11:00 提早品嘗宮廷菜色（→P90）午餐。之後前往參觀阮朝皇宮（→P88）等世界遺產

↓ 包車約3小時

19:00 返回峴港的海灘度假飯店。下榻峴港

Day 4

9:00 在度假飯店睡到飽。到海灘及Spa度過悠閒時光

↓ 計程車20分

12:00 在峴港市區品嘗越南廣式麵等峴港名產（→P68）

↓ 計程車20分

19:30 在下榻飯店享受最後的豪華晚餐。下榻峴港

Day 5

8:00 前往峴港國際機場

↓ 計程車10分

8:30 抵達機場辦理登機手續

↓ 飛機約2小時30分

13:00 抵達台灣

峴港
Đà Nẵng

←推薦搭乘太陽之眼摩天輪（→P72）欣賞夜景

↑視野遼闊的峴港海灘

中越最大的商業都市

經過急速的經濟發展，峴港海灘沿岸陸續不斷地誕生許多大型度假區，成為中越備受矚目的觀光地。汗江一帶的市區有不少餐廳和咖啡廳，五行山及會安等近郊值得參觀的景點也非常多。

1.提到非吃不可的美食，不用說一定是「Bánh Xèo Bà Dưỡng」（→P69）　2.旅途中順便到「五行山」許願（→P74）
3.喜歡歷史的人可以到「峴港博物館」（→P72）

散步建議

峴港以汗江為界，東側為擁有沙灘的山茶半島，西側則是市區。主要觀光景點多半位在市區所在的西側。逛街時以橫跨汗江的汗江橋和龍橋兩座橋為標的開始遊逛吧。從龍橋步行到觀光重要據點汗江市場約10分。

Access

〈從機場到市區〉

峴港國際機場到市區很近，搭車只需10分左右。可利用計程車或飯店的接送服務。計程車按表計費約10萬VND。

〈市區交通〉

自行車出租1天約5萬VND，機車出租1天15萬VND等，部分飯店有提供出租服務。龍橋一帶有觀光人力三輪車，1小時約15萬VND。市區有許多隨處可攔的計程車，善加利用，可提高觀光效率。

〈計程車公司〉

Vinasun Taxi

有Vinasun或 MaiLinh、Tiên Sa等。起跳價0.8km 12000VND左右。郊外計程車數量很少，可透過飯店叫車。

親身體驗峴港的魅力

1日遊經典行程

峴港市區充滿活力，讓人不禁想要好好暢遊一番。從逛汗江市場到看龍橋的表演等，有各種體驗峴港樂趣的方法。走在汗江沿岸的步道上，舒服的河風徐徐吹來，是非常適合散步的好地方。

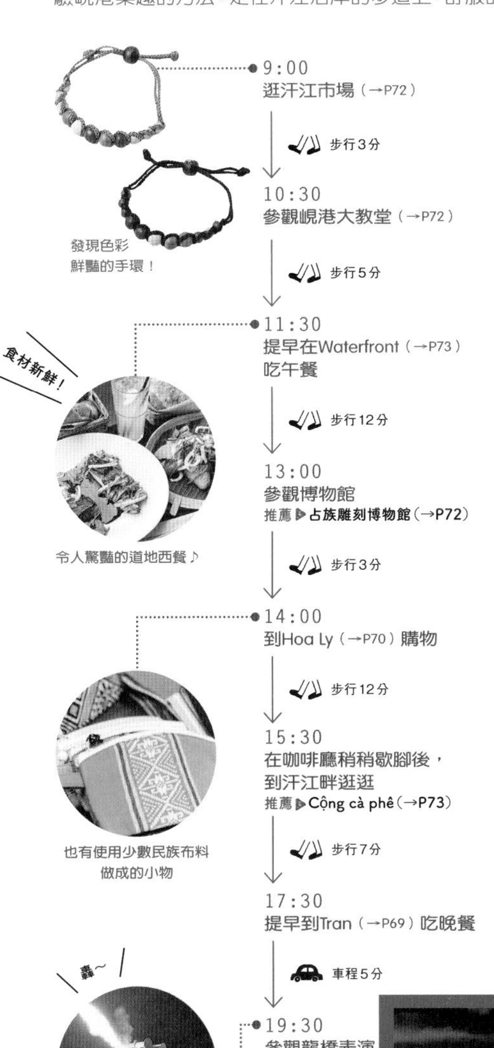

發現色彩鮮豔的手環！

食材新鮮！

令人驚豔的道地西餐♪

也有使用少數民族布料做成的小物

轟～

龍橋噴火秀精彩萬分！

9:00
逛汗江市場（→P72）

步行3分

10:30
參觀峴港大教堂（→P72）

步行5分

11:30
提早在Waterfront（→P73）吃午餐

步行12分

13:00
參觀博物館
推薦▶**占族雕刻博物館（→P72）**

步行3分

14:00
到Hoa Ly（→P70）購物

步行12分

15:30
在咖啡廳稍稍歇腳後，到汗江畔逛逛
推薦▶**Cộng cà phê（→P73）**

步行7分

17:30
提早到Tran（→P69）吃晚餐

車程5分

19:30
參觀龍橋表演

1.許多在地人聚集於此，熱鬧滾滾的「汗江市場」 2.擁有可愛外觀的「峴港大教堂」 3.一窺原住民文化的「占族雕刻博物館」 4.在「Mì Quảng 1A」品嘗在地口味的麵食 5.復古＆時尚的「Cộng cà phê」

龍橋點燈秀

呈現龍形的龍橋（別冊MAP●P21D2）在每晚18時左右便會打上美麗的燈光。尤其是長度約10分鐘，於每週六與週日21時起的龍頭噴火或噴冰表演更是一大亮點。記住龍頭是位在汗江東側，小心別跑錯地方囉。

找出自己最喜愛的吃法！

廣受在地人喜愛的峴港知名美食

峴港的海產種類十分豐富，許多知名美食都以鮮蝦和鮮魚入菜。
海產及肉類、蔬菜等，無論哪一種都是配料滿滿，營養均衡，健康又養生。

Mì Quảng
越南廣式麵
25000VND

峴港知名的乾麵美食。口感彈牙的黃麵為其特色，與配料一起和酸甜的醬汁攪拌過後享用。

放進剝碎的米餅後，加點辣椒醬增添風味

市中心 別冊MAP P21D2

Mì Quảng 1A

傳承了3代的當地麵食老店

自從1975年開幕以來便受到當地人喜愛的越南廣式麵專賣店。菜單僅有鮮蝦口味、雞肉口味，鮮蝦、豬肉、雞肉、蛋綜合口味等3種。粗麵條為其特色，和加入番茄和鮮蝦熬煮的湯頭非常對味。附贈的炸米餅5000VND可另外加點。

歡迎來品嘗峴港的傳統口味

麵店員工泰茵

DATA ㊰汗江市場步行13分 ㊓1A Hải Phòng ☎0511- 3827936 ㊕6～21時 ㊡無休

市中心 別冊MAP P21D2

Bún Chả Bà Phiến

港都的早餐是鮮魚餐點

由第2代老闆經營的人氣餐廳。雖然是當地的餐廳，但店面乾淨，可安心進入用餐。人氣菜色是峴港最常見的早餐「魚湯米線」，是一道在魚湯裡加入油炸魚漿塊等各種配料的麵食。另外也有燉魚等其他菜色。

Bún Chả Cá
魚湯米線
25000VND

可嘗到來自海洋恩澤的米線餐點。加進醃漬蔬菜或辣椒醬等各種不同口味是當地的吃法。

DATA ㊰汗江市場步行12分 ㊓63B Lê Hồng Phong ☎090-5102047 ㊕6～22時 ㊡無休 Ⓔ

很多外國觀光客也都來嘗鮮喔！

餐廳員工庫因

加了胡椒等的4種油炸魚漿塊

小小資訊 許多當地餐廳客源多為當地人，因此只提供越南語菜單。語言不通時可以看著菜單照片點菜。

別冊 MAP P21D2

Tran

以合理價格大啖知名美食

峴港市內一共有3間分店的越南菜餐廳。峴港菜種類豐富，相較之下價格較低，可以吃得很滿足。店裡的開放式空間採舊民宅風格，十分寬敞，不過一到用餐時段還是常常客滿，建議最好提早前往。早餐預算3萬VND～，中午及晚上約9萬VND～。

若不知道吃法可以隨時問我喔！

DATA ⊗汗江市場步行8分 ㊟4 Lê Duẩn ☎0511-3849022 ㊌8時～22時30分 ㊡無休 Ⓔ Ⓔ

餐廳員工荷亞

Bánh Tráng Cuốn Thịt Heo

豬肉米皮捲

10萬9000VND

用生春捲皮把豬肉包起來享用的人氣菜色。屬於肉類餐點，不過也包進很多蔬菜，健康養生。對喜歡吃蔬菜的人是非常值得推薦的一道美食。

How to eat

①生春捲皮上面鋪一層較溼潤柔軟的生春捲皮

②放入蒸豬肉，以及豆芽菜、魚腥草等蔬菜

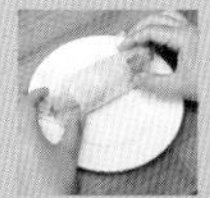

③將皮捲起來就大功告成

④搭配甜辣醬一起享用

別冊 MAP P21D3

Bánh Xèo Bà Dưỡng

男女老少都喜愛的人氣餐廳

位在小巷弄底端的隱密餐廳，招牌菜是「越南煎餅」。中越的越南煎餅較小，約一個手掌大，可用生春捲皮將蔬菜捲起來一併享用。烤肉米線22000VND也很受好評。

DATA ⊗汗江市場車程4分 ㊟K280/23 Hoàng Diệu ☎0511-3873168 ㊌9～21時 ㊡無休

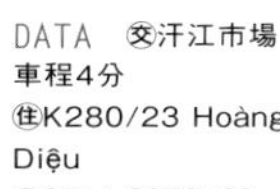

我們的沾醬可是祖傳秘方喔！

餐廳員工溫

How to eat

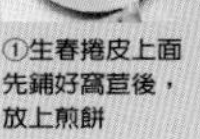

①生春捲皮上面先鋪好萵苣後，放上煎餅

②擺上青木瓜絲與紅蘿蔔絲等蔬菜

③取下棍子，把多汁的豬肉丸一起包進去捲起來

④沾肉醬或加了花生的甜辣醬一起吃

烤得香噴噴的豬肉丸串 1支5000VND

Bánh xèo

越南煎餅

1萬VND（1個）

用米餅皮把鮮蝦及豬肉包起來後油炸的菜色。可另外點豬肉丸串加進去一起捲起來吃。

峴港 知名美食

有好多可愛商品♥

在峴港挖寶！精選伴手禮

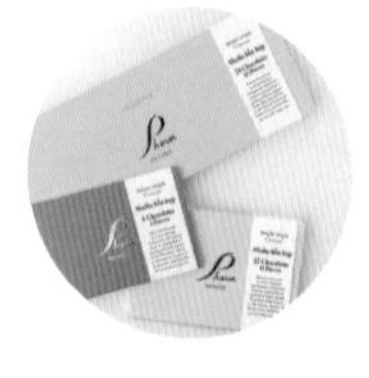

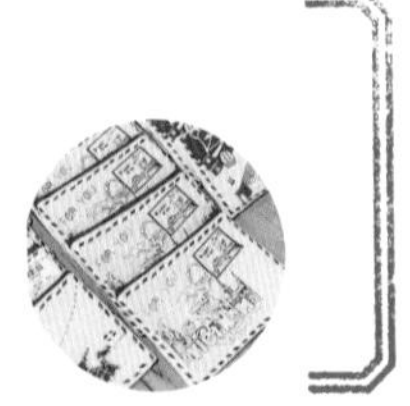

從必備的傳統點心，到令人眼睛為之一亮的優質雜貨，可盡情挑選中意的商品。
也別忘了只有這裡才買得到的當地伴手禮喔！

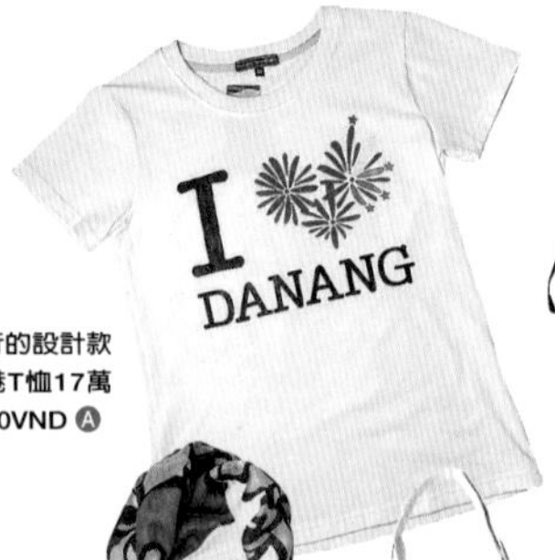

流行的設計款
峴港T恤17萬
5000VND Ⓐ

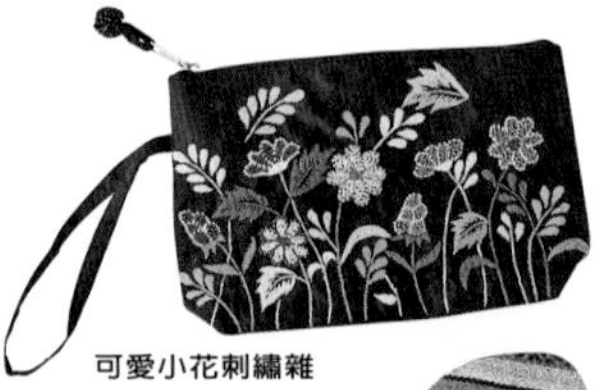

可愛小花刺繡雜
物包24萬VND Ⓐ

布料厚實
非常耐穿！

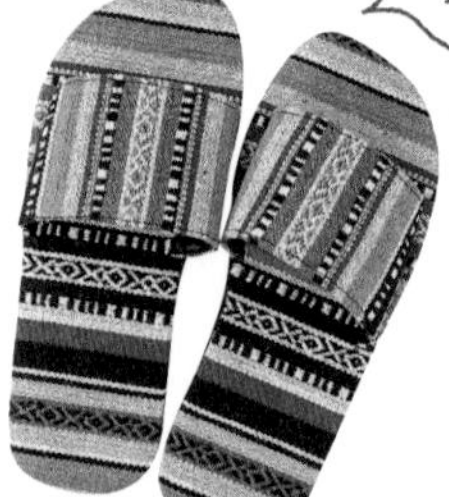

民族風拖鞋
18萬VND Ⓐ

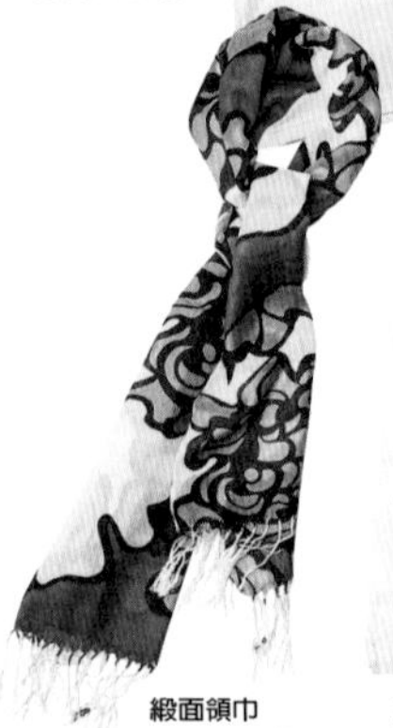

緞面領巾
22萬VND Ⓐ

人氣商品！

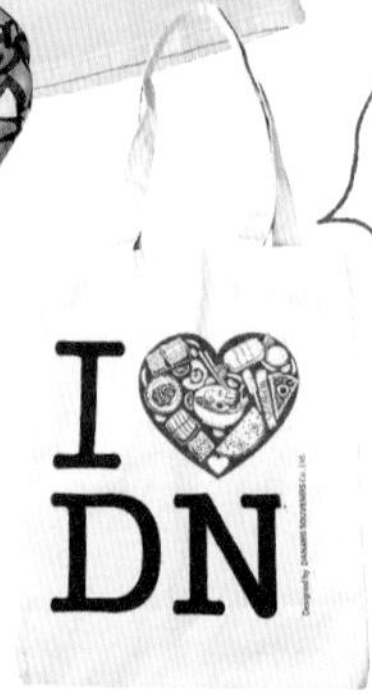

原創托特包
12萬VND Ⓑ

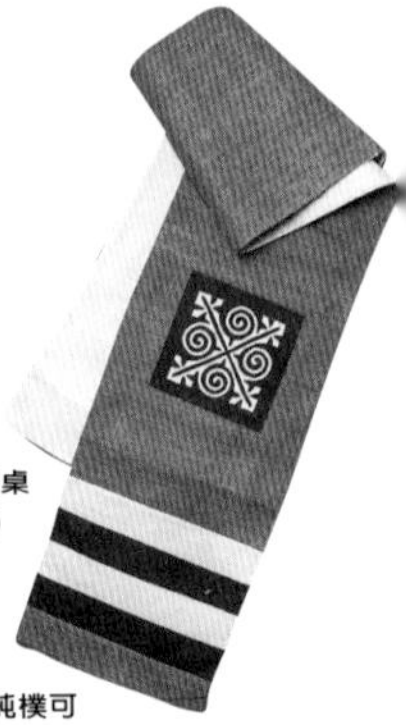

有著泰族刺繡的桌
巾112萬VND Ⓐ

出自小朋友們之手，純樸可
愛的刺繡手帕8萬VND Ⓐ

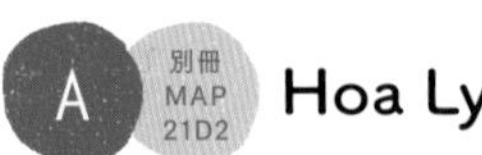

Ⓐ 別冊MAP 21D2 Hoa Ly

頗受日本客人喜愛的商品種類齊全

從全越南的時尚雜貨、小物到點心等，商品種類多樣豐富，都是日本員工精選採購來的。

DATA ㊋汗江市場步行9分
㊟262 Trần Phú
☎0511-3565068
㊐8時30分～19時
㊡無休 Ⓔ

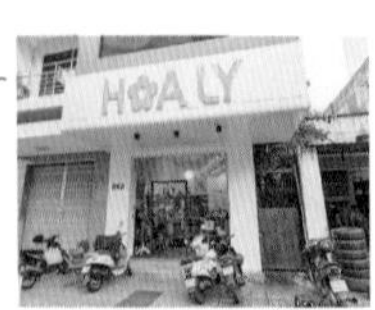

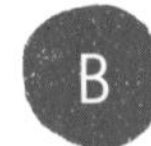

Ⓑ 別冊MAP 21D2 Danang Souvenirs & Cafe

想購買當地伴手禮就要來這裡

附設咖啡廳，也可當成歇腳處。店家的特色是販售許多帶有濃厚中越與峴港風味的食品及雜貨。

DATA ㊋汗江市場車程3分
㊟34 Bạch Đằng
☎0511-3827999
㊐7時～22時30分
㊡無休 Ⓔ

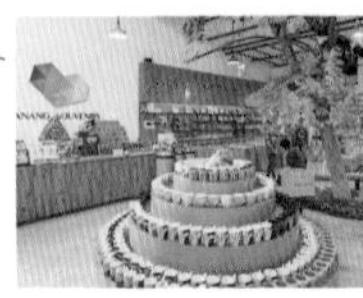

小小資訊 中越產的啤酒種類很多，如1909年在峴港誕生的LARUE等，外觀都很可愛，想不想蒐集看看呢？

這裡也要Check!! 買美味巧克力回去當伴手禮

市中心 別冊MAP P21D2 Pheva Chocolate

發源於峴港的堅守品質巧克力專賣店

引入法國製作方式，以及堅持使用越南國產原料，做出店家自豪的巧克力。共有18種成人的口味如黑胡椒等。

6個入5萬VND（6種）、12個入8萬VND（12種）、也有可挑選口味的組合包裝

DATA ㊰汗江市場步行8分 ㊟239 Trần Phú ☎0511-3566030 ㊕8～19 時 ㊡無休 Ⓔ

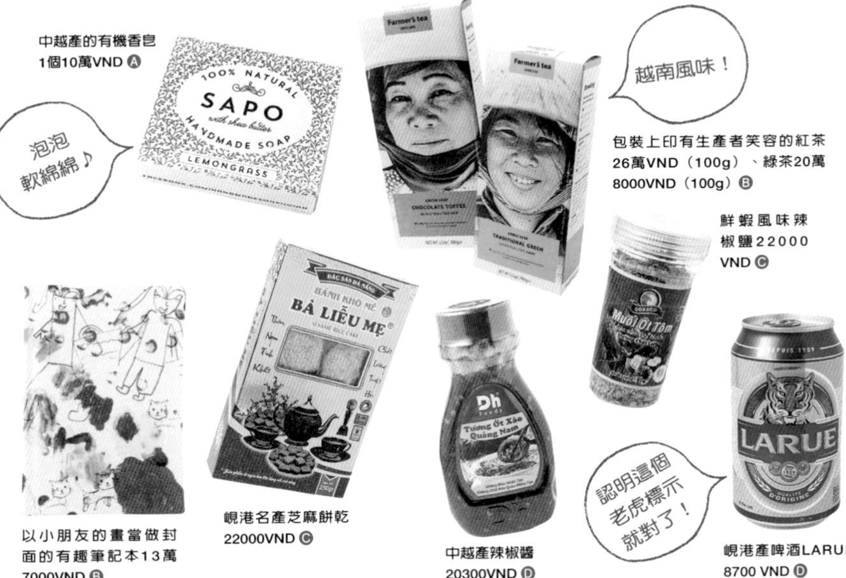

中越產的有機香皂 1個10萬VND Ⓐ

包裝上印有生產者笑容的紅茶26萬VND（100g）、綠茶20萬8000VND（100g）Ⓑ

鮮蝦風味辣椒鹽22000 VND Ⓒ

以小朋友的畫當做封面的有趣筆記本13萬7000VND Ⓑ

峴港名產芝麻餅乾 22000VND Ⓒ

中越產辣椒醬 20300VND Ⓓ

峴港產啤酒LARUE 8700 VND Ⓓ

C 別冊MAP P21D2 Đặc Sản 128

要挑經典伴手禮就交給這家店！

位在汗江市場正對面的伴手禮老店。中越名產加工食品與傳統餅乾點心等商品非常受歡迎。

DATA ㊰汗江市場步行1分
㊟130 Trần Phú
☎090-5551866
㊕7～22時 ㊡無休 Ⓔ

D 別冊MAP P21D2 Big C Đà Nẵng

來這裡購買當地出產的食品！

購物熱鬧滾滾的大型超市，在地人也經常前往。2樓食品樓層餅乾點心種類也不少，最適合買來分送給親友。

DATA ㊰汗江市場步行15分
㊟255-257 Hùng Vương
☎0511-3666000
㊕7時30分～22時 ㊡無休
Ⓔ

沿著河川一路逛過去

到了峴港別錯過 人氣景點總整理

可一窺庶民生活景象的市場，以及汗江附近的時尚咖啡廳與餐廳。也有可療癒疲憊身心的Spa。峴港到處都有充滿吸引力的觀光景點，你想去哪裡呢？

汗江市場

Chợ Hàn

可當成逛街時的地標

位在汗江旁，地點便利適合觀光客前往。有咖啡、茶葉等可買來當伴手禮的食品，以及雜貨、飾品等商品可供選擇。

DATA ㊋峴港國際機場車程10分 ㊟Trần Phú ☎視店鋪而異 ㊓6～19時左右 ㊡無休

Chợ Cồn市場

Chợ Cồn

熱鬧氣氛蔓延到戶外的大型市場

峴港規模最大的市場，網羅所有商品，包括食品、服飾等。外圍也是市集，當地居民人來人往，好不熱鬧。

DATA ㊋汗江市場步行13分 ㊟Hùng Vương ☎視店鋪而異 ㊓6～19時左右 ㊡無休

峴港博物館

Bảo Tàng Đà Nẵng

想了解峴港就要來這裡！

展示峴港等中越地區的資料。1樓是文化與歷史，2樓為戰爭相關，3樓則是生活等，按照不同主題做介紹。

DATA ㊋汗江市場步行13分 ㊟24 Trần Phú ☎0511-3886236 ㊓7時30分～11時30分、13時30分～16時30分 ㊡週一 ㊎2萬VND

占族雕刻博物館

Bảo Tàng Chăm

了解擁有悠久歷史的占婆王國

介紹許多在美山聖地（→P85）發現的石像與雕刻，也展示著曾經身為占婆王國人民的占族民族服飾。

DATA ㊋汗江市場步行12分 ㊟2 Đường 2/9 ☎0511-3574801 ㊓7～17時 ㊡無休 ㊎4萬VND

峴港大教堂

Nhà Thờ Đà Nẵng

粉紅色外牆顏色非常可愛

法屬殖民地時代1923年所建的天主教教堂。除了週日以外內部開放參觀，早晚都會舉辦彌撒。

DATA ㊋汗江市場步行3分 ㊟156 Trần Phú ☎0511-3825285 ㊓4～21時、彌撒:(週一～週六)5時～、17時～、(週日)5時15分～、7時30分～、15時～、17時～ ㊡週日 ㊎免費

太陽之眼摩天輪

Sun Wheel

將峴港夜景之美盡收眼底

位在部分開放營業的主題樂園「亞洲公園文化村」內的摩天輪，是日本滋賀縣移過來的，高115m，繞一圈約20分鐘。

DATA ㊋汗江市場車程5分 ㊟1 Phan Đăng Lưu ☎0511-3681666 ㊓16～23時 ㊡無休 ㊎10萬VND(含門票)

除了上面介紹的以外，汗江沿岸還有很多其他的咖啡廳和餐廳，擁有露臺座位可以眺望汗江的餐廳也不少，可好好地挑選中意的店家。

Waterfront

來一場感受河風吹拂的午餐饗宴

這是一間位在汗江旁，可享用多國菜色的餐廳&酒吧。由美國主廚展現手藝，使用大叻產蔬菜等講究食材的菜色讓人讚不絕口。推薦2樓的露臺座位。預算早、午餐20萬VND～、晚餐30萬VND～。

DATA ㊋汗江市場步行4分 ㊟150-152 Bạch Đằng ☎0511-3843373 ㊎9～23時(餐廳～22時) ㊡無休 Ⓔ🄴

煎鮭魚佐醬油及芥末醬33萬VND、柚子與海鮮沙拉13萬VND

Indochina Food Court

可輕鬆品嘗到多樣化餐點

面對汗江的餐飲區，有越南菜及日本料理等餐廳進駐。得先在入口櫃檯購買儲值餐卡，以餐卡支付費用，沒用完的錢可以退款。預算為早、中、晚8萬VND～

DATA ㊋汗江市場步行4分 ㊟2F Indochina Riverside Towers, 74 Bạch Đằng ☎0511-3849444 ㊎9～22時 ㊡無休 Ⓔ🄴

燉魚附白飯75000VND，也有雞飯79000VND

Inbalance Spa

有可遠眺汗江美景的Spa房！

位在5星級飯店內的Spa，一共有14間療程房，豪華寬敞的舒適空間頗受好評。以越南式及瑞典式按摩為主，身體療程60分85萬VND～。

DATA ㊋汗江市場步行13分 ㊟6F Novotel Danang Premier Han River, 36 Bạch Đằng ☎0511-3929999 ㊎9～22時 ㊡無休 Ⓔ

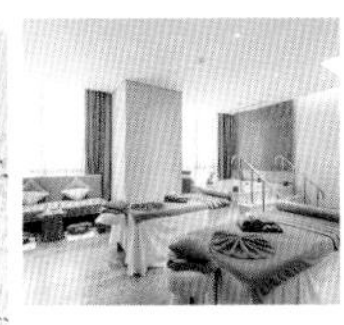

情侶房內備有按摩浴缸

Cộng Cà Phê

在懷舊空間稍事休息

充滿越南舊時風情的咖啡廳。低調裝飾著的宣傳畫及琺瑯餐具也讓店面顯得十分可愛。

DATA ㊋汗江市場步行3分 ㊟96-98 Bạch Đằng ☎0511-6553644 ㊎7時～23時30分 ㊡無休 Ⓔ🄴

Sense SPA

可輕鬆進入的溫馨Spa

當地人也經常造訪的平價Spa。腳底按摩60分25萬VND～，逛街走累了可以順道來按摩。

DATA ㊋汗江市場步行6分 ㊟197-199 Trần Phú ☎0511-6298989 ㊎9～23時 ㊡無休 Ⓔ

從峴港稍微走遠一些

大理石山!? 神聖的五行山

五行山聳立於峴港與會安之間，當中最有人氣的又屬水山（Thủy Sơn）。
就讓我們前往顏色鮮豔的寺院與佛像座落的聖地，好好體驗一趟神聖之旅吧。

華嚴洞入口。佈滿青苔的石門帶有一股神聖氣息

別冊 MAP P20B4

五行山
Ngũ Hành Sơn

前往風水寶地祈求好運

所謂五行山是5座大理石山的總稱，又有大理石山之稱。各座山分別以陰陽五行說之金、木、水、火、土來命名，自古以來便是重要的信仰所在。主要的觀光景點是標高108m的水山。景點約有15處，由於分布範圍太廣，建議可參觀位於本書推薦路線上的主要景點即可。有從山腳下直達半山腰的電梯15000VND（單趟），不妨前往搭乘看看。

DATA
㊋汗江市場車程15分 ㊟81 Huyền Trân Công Chúa
☎0511-3836355 ㊐7～17時 ㊡無休 ㊎1萬5000VND

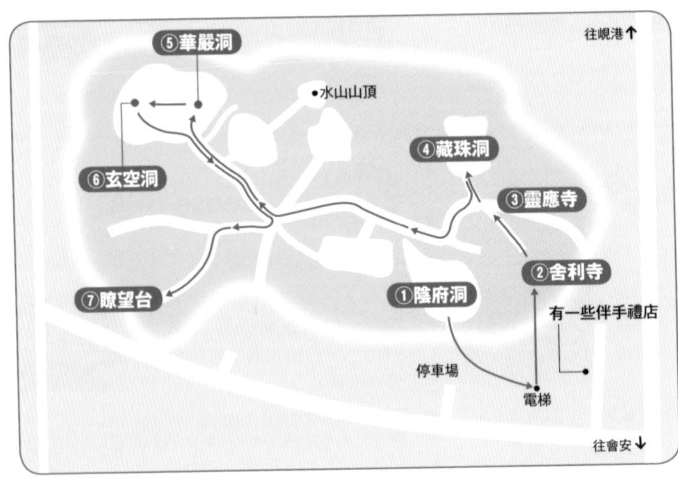

五行山觀光的注意事項

- 日曬強烈，記得要小心防曬。
- 洞窟內會滑，也有不少較陡的斜坡，建議穿好走的鞋子前往。
- 因為洞窟內有些昏暗，想看仔細的人可以準備手電筒，比較方便。
- 即便快速參觀也需花上1小時30分，所以建議時間上可以安排得充裕一些。

小小資訊 沿著休憩處深處的長石階往上走約10分就是水山山頂。
雖然坡度很陡，走起來並不輕鬆，不過開展在眼前的大片白沙灘美景與湛藍大海堪稱絕景！

1 陰府洞
Động Âm Phủ

位在山腳下的停車場前，這裡就是起點。巨大的洞窟呈現狹長型，裡頭除了祭祀著佛像與觀音像，深處還有一處以地獄為主題的空間，據說是教誨人們向善的洞窟。〔需20分〕

㊕7時～17時30分　㊡無休　㊎15000VND

可搭電梯到半山腰！

步行5分(搭乘電梯)

高達28m

2 舍利寺
Tháp Xá Lợi

下了電梯立刻映入眼簾的中國風6角7層石塔。塔內設有祭壇及釋迦摩尼佛像。

〔需5分〕

步行2分

3 靈應寺
Chùa Linh Ứng

聳立著一座巨大白色觀音像的美麗中國寺院。這裡有許多虔誠的當地信徒，不論是工作還是健康狀況，所有與安穩日常生活相關的瑣事都會來這裡祈求護佑。

〔需10分〕

現存的建築物乃1825年重建的

步行2分

4 藏珠洞
Động Tàng Chơn

祠堂建造於1825年

位在靈應寺右後方，有不少占婆式樣的雕刻與釋迦摩尼佛像、會安老式民房風格神社等景點。洞窟裡頭供奉著曾經是道教最高階神明的三清尊神像。

〔約10分〕

步行5分

5 華嚴洞
Động Hoa Nghiêm

穿越被樹木環繞的石造門後，迎面而來的是在五行山也是數一數二的美麗觀音像。

〔約5分〕

別錯過站姿優美的莊嚴觀音像

步行1分

6 玄空洞
Động Huyền Không

位在華嚴洞深處，五行山最神秘的地方。因越戰爆炸攻擊形成的天井洞口灑落下來的陽光閃閃動人，帶著一股夢幻的神秘感。洞窟內有一座小小的會安式樣神社，許多求子或祈求順產的女性們會前來造訪。

〔約15分〕

洞窟內涼爽舒適

步行3分

最佳視野！

7 瞭望台
Vọng Giang Đài

可遠眺五行山其他的山，也是登山時十分便利的休憩場所。可使用望遠鏡1次5000VND。〔需10分〕

海風徐徐吹來，最適合登山時小憩一番

Check 可獲得護佑！？伴手禮in五行山

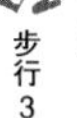

山腳下伴手禮店一家接著一家，販賣著用大理石做成的小物及擺飾。

1.老闆大力推薦！可保佑身體健康的手鍊10萬VND　2.錢幣模樣的手鍊可提升財運！10萬VND

買來當旅遊紀念品如何？

燈籠點綴著會安的街道

會安
Hội An

燈籠妝點著懷舊小港都

約16世紀起便作為海上貿易要地而繁盛，會安街上色彩繽紛的燈籠不禁引發旅人們的鄉愁。秋盆河沿岸一帶的舊市區從前曾是日本人居住的地區。融合了日本、中國、法國等各國建築式樣的街道已在1999年被指定為世界遺產。

1.小船往來交錯的秋盆河　2.販賣著一些如陶笛等簡樸的伴手禮　3.一到晚上舊市區（→P78）的燈籠便會點上

旅遊建議

舊市區範圍不大，只需1天便能逛完所有景點。Trần Phú街與Bạch Đằng街之間的地段是主要觀光區，以來遠橋（→P78）做為起點進行遊覽較為便利。中午過後氣溫升高，建議上午及傍晚出門逛街較涼爽。

〈從機場到市區〉

從峴港國際機場到會安市區車程約45分，可利用計程車或下榻飯店的接送服務較安心。計程車採按表計費，約35萬VND。

〈市區交通〉

舊市區內禁止車輛通行，只能步行或租自行車移動。飯店及街上都有提供自行車出租服務，1天約5萬VND。至於計程車因數量不多，若要到郊外，建議請飯店代叫計程車。

〈觀光人力三輪車〉

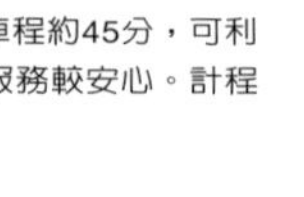

舊市區西側的Trần Phú街與Châu Thượng Văn街角落有觀光人力三輪車候客。逛舊市區一圈30分1人約20萬VND。時間充裕的人也可在途中的觀光景點下車。

玩遍舊市區

1日遊經典行程

會安不僅觀光景點引人入勝，也有很多魅力十足的店鋪和餐廳。
白天盡情逛街購物後，晚上再到點滿夢幻燈籠的會安夜市為一天做美好的結束。

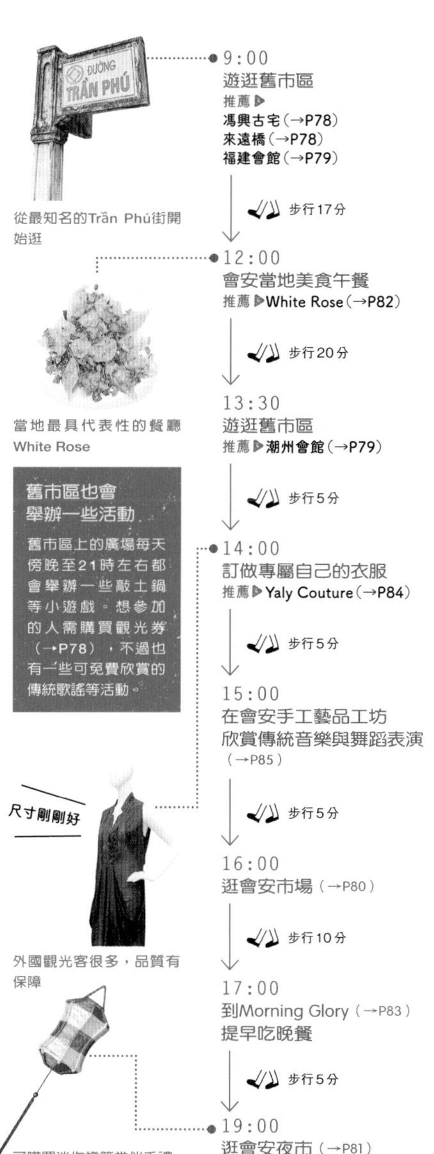

從最知名的Trần Phú街開始逛

當地最具代表性的餐廳White Rose

外國觀光客很多，品質有保障

可購買迷你燈籠當伴手禮

9:00
遊逛舊市區
推薦▶
馮興古宅（→P78）
來遠橋（→P78）
福建會館（→P79）

↓ 步行17分

12:00
會安當地美食午餐
推薦▶White Rose（→P82）

↓ 步行20分

13:30
遊逛舊市區
推薦▶潮州會館（→P79）

↓ 步行5分

14:00
訂做專屬自己的衣服
推薦▶Yaly Couture（→P84）

↓ 步行5分

15:00
在會安手工藝品工坊
欣賞傳統音樂與舞蹈表演
（→P85）

↓ 步行5分

16:00
逛會安市場（→P80）

↓ 步行10分

17:00
到Morning Glory（→P83）
提早吃晚餐

↓ 步行5分

19:00
逛會安夜市（→P81）

舊市區也會舉辦一些活動

舊市區上的廣場每天傍晚至21時左右都會舉辦一些敲土鍋等小遊戲。想參加的人需購買觀光券（→P78），不過也有一些可免費欣賞的傳統歌謠等活動。

1.充滿鄉愁的舊市區　2.到「Yaly Couture」訂做便宜的衣服　3.也有迷你燈籠　4.可接觸越南傳統工藝的「會安手工藝品工坊」5.在舊市區舉辦各種小遊戲

徵求參加者！

6.「Morning Glory」3大知名美食之一炸餛飩
7.想買伴手禮可到會安夜市

遇見美好的古老歷史

世界遺產街道 遊逛會安舊市區

會安舊市區散布著許多老民宅，規模不大，約半天便可徒步逛完。
這裡曾做為國際貿易都市而興盛，可一邊感受懷舊的街景與歷史，一邊悠閒漫步。

悠閒的風景中，依舊保有過往面貌的來遠橋

遊逛重點

想要進入舊市區上的觀光景點就必須購買觀光券。舊市區共9處販售地點可買到觀光券，1本5張12萬VND，包含古宅與博物館等特別指定的22處地點，可利用觀光卷選擇5處進入參觀。首先從觀光券所指定的景點開始參觀吧！

A 別冊MAP P22A4

馮興古宅

Nhà Cổ Phùng Hưng

融合了越中日式樣的建築物

由貿易商人所興建的古宅。日式屋頂等結合了3個國家的建築式樣之美，在舊市區也屬首屈一指。

DATA ⊗來遠橋步行1分 ㊟4 Nguyễn Thị Minh Khai ☎0510-3861280 ㊋7～18時 ㊡無休 ㊎需觀光券

B 別冊MAP P22A4

來遠橋

Cầu Lai Viễn

夜間點燈不容錯過

據傳是由日本人在1953年所興建的橋梁。當中有一座小寺院可供參拜。

DATA ⊗會安觀光起點──峴港國際機場車程45分 ㊟Trần Phú ☎無 ㊋7～18時（24小時開放通行） ㊡無休 ㊎需觀光券（過橋免費）

C 別冊MAP P22B4

Cargo Club

約25種蛋糕，廣受好評

由法國師傅直傳的甜點相當有人氣，32000VND～。推薦可眺望河川的2F座位。

DATA ⊗來遠橋步行3分 ㊟107-109 Nguyễn Thái Học ☎0510-3911227 ㊋8～23時 ㊡無休 Ⓔ Ⓔ

小小資訊 也有一些景點不需要觀光券。可在購買觀光券時詢問售票人員，或者在售票處索取舊市區地圖自行確認。不過售票處和指定入口常常變更，需小心留意。

Ⓐ 被古老家具環繞的古宅至今仍與人們的生活緊緊相扣 Ⓒ 大量使用南洋水果作成的綜合水果杏仁蛋糕52000VND Ⓓ 千萬別錯過梁柱與家具上的螺鈿工藝 Ⓔ 色彩亮麗的建築物，是會安所有會館中首屈一指的美麗 Ⓕ 位在舊市區外，館內時光靜靜地流淌

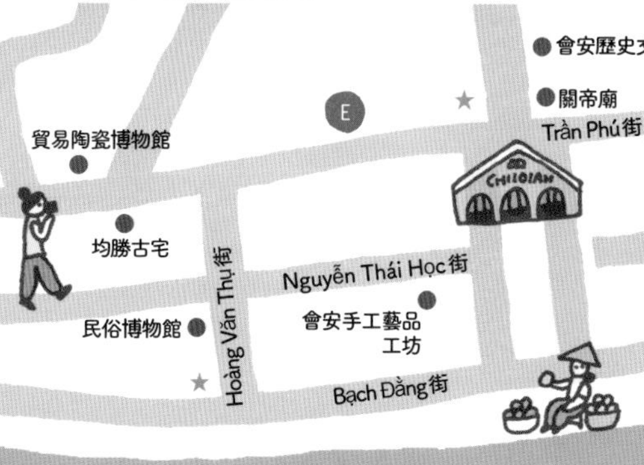

D 別冊MAP P22B4

進記古宅

Nhà Cổ Tấn Ký

別錯過中國式樣裝飾

會安最早被認定為文化遺產的古宅。裡頭的各種精細雕刻美得令人驚嘆。

DATA ㊋來遠橋步行4分 ㊟101 Nguyễn Thái Học ☎0510-3861474 ㊎8～12時、13時30分～17時30分 ㊡無休 ㊎需觀光券

E 別冊MAP P23C4

福建會館

Hội Quán Phúc Kiến

會安規模最大的集會場所

這裡是福建省出身的華僑們的集會場所。祭祀著航海守護神媽祖等。

DATA ㊋來遠橋步行6分 ㊟46 Trần Phú ☎0510-3861252 ㊎7～17時 ㊡無休 ㊎需觀光券

F 別冊MAP P23C4

潮州會館

Hội Quán Triều Châu

時光靜靜流淌的集會場所

由中國潮州出身者所興建的會館。館內梁柱與門扉上的華麗雕刻是不可錯過的焦點。

DATA ㊋來遠橋步行10分 ㊟362 Nguyễn Duy Hiệu ☎0510-3914853 ㊎8～11時、13時30分～17時 ㊡無休 ㊎需觀光券

說不定能找到讓你一見鍾情的商品!?

白天晚上都超好玩 會安2大傳統市場

當地人齊聚的熱鬧市場和夜市，一整天都充滿活力。所有商品幾乎都可殺價，
享受傳統市場殺價樂趣的同時，也順便尋找小吃和伴手禮吧！

會安市場

Chợ Hội An

會安市民的廚房

這裡不僅有雜貨與加工食品等觀光客取向的伴手禮，同時也販售以當地人為主客的生鮮食品，商品種類豐富齊全，是會安最大的市場。市場北側有一些可品嘗當地口味的小吃店，市場外沿著河岸則有許多蔬菜和海鮮類的露天攤販。無論什麼時段總是人潮洶湧，十分熱鬧。

DATA ㊇來遠橋步行8分 ㊓Trần Phú ☎視店鋪而異 ㊐6～19時左右(視店鋪而異) ㊡無休

1.從早到晚當地人絡繹不絕，熱鬧滾滾
2.有許多顏色鮮豔的當季水果
3.市場附近也有許多伴手禮店

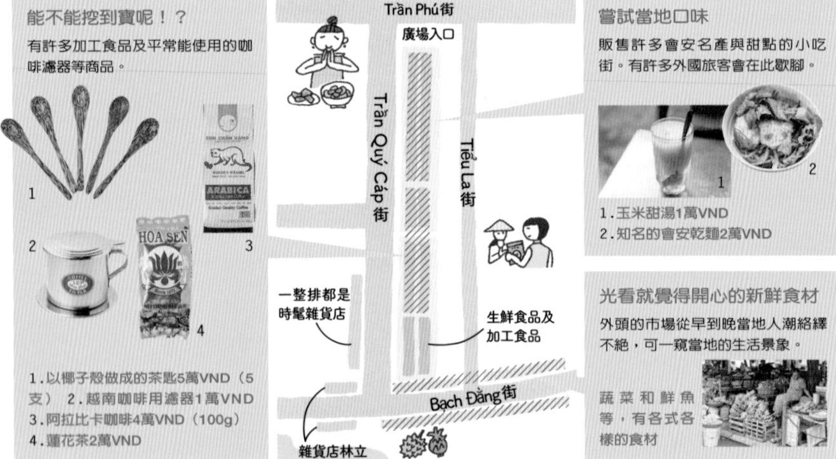

能不能挖到寶呢！？

有許多加工食品及平常能使用的咖啡濾器等商品。

1.以椰子殼做成的茶匙5萬VND（5支） 2.越南咖啡用濾器1萬VND 3.阿拉比卡咖啡4萬VND（100g） 4.蓮花茶2萬VND

嘗試當地口味

販售許多會安名產與甜點的小吃街。有許多外國旅客會在此歇腳。

1.玉米甜湯1萬VND
2.知名的會安乾麵2萬VND

光看就覺得開心的新鮮食材

外頭的市場從早到晚當地人潮絡繹不絕，可一窺當地的生活景象。

蔬菜和鮮魚等，有各式各樣的食材

在會安可以坐小船去放水燈。從會安橋旁上船，30分約10萬VND（1人）。先進行10分鐘左右的船遊後，再將旅客帶到最適合放水燈的地點。

想買燈籠可到這裡來

花樣及種類非常豐富，也有小燈籠與檯燈，最適合買來當伴手禮。

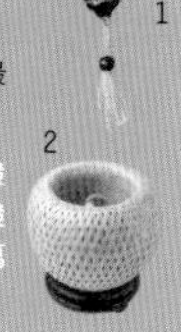

1.絲綢材質的迷你燈籠1萬VND（不附燈泡） 2.竹製檯燈11萬VND

挑戰放水燈！

一到夜晚，秋盆河上就會舉行放水燈。燈籠可向街上兜售的人購買。

1.燈籠1個約3萬VND
2.許下心願後，從河岸邊放下去順水流

發現超便宜飾品！

讓女孩子看了心癢癢，色彩鮮豔的飾品種類齊全。耳環使用前記得要先消毒。

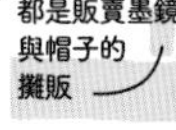

1.貝殼耳環5萬VND
2.花造型耳環8萬VND
3.手鍊各3萬VND

招牌傳統工藝品

使用天然材料做成的家飾雜貨與餐具都可用平易近人的價格購買

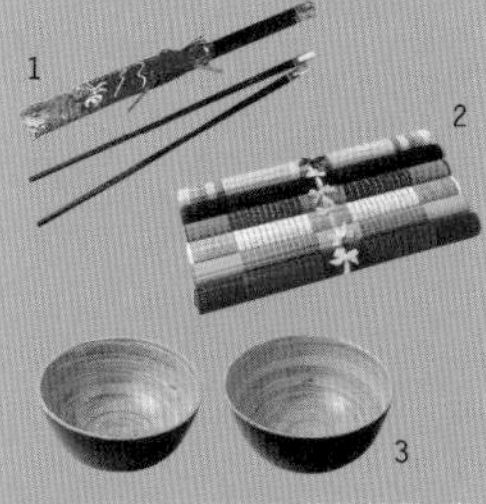

1.施有細緻螺鈿工藝的筷子4萬VND（1雙） 2.用竹籤作成的餐墊10萬VND（6個） 3.多種顏色的竹碗5萬VND（1個）

種類豐富的時尚雜貨

使用越南少數民族的布料做成的化妝包和各種包包。華麗的刺繡充滿越南風情。

1.小包包25000VND
2.有著赫蒙族刺繡的化妝包7萬VND（大）

Night

An Hội島 別冊MAP P22A4

會安夜市

Chợ Đêm Hội An

在色彩繽紛的攤販體驗夜晚

在燈籠裝飾下的夜市，瀰漫著夢幻又浪漫的氣氛。從An Hội橋端到Ngô Quyền街，一路上都是各式各樣的燈籠和雜貨攤販。每晚營業，附近也有不少越南菜，餐廳及路邊咖啡廳。

DATA 交來遠橋步行3分 ☎視店鋪而異
時18～22時左右 休無休

1.越南少數民族刺繡化妝包2萬VND～
2.買越多殺價空間越大
3.入口處就有好多燈籠店

無論多少都吃得下!?

沒有吃到絕對會後悔 會安3大知名美食

只要來到會安，就絕對不能錯過這3大美食，其特色都是口味溫和易入口。
這些都是其他地方吃不到的好滋味，來到這兒一定要嘗嘗看。

Bánh Hoa Hồng Trắng

白玫瑰

7萬VND

用米粉製成的皮包入蝦泥，捏成花瓣狀後蒸熟而成的美食。彈牙口感讓人欲罷不能。可沾魚露一起吃。

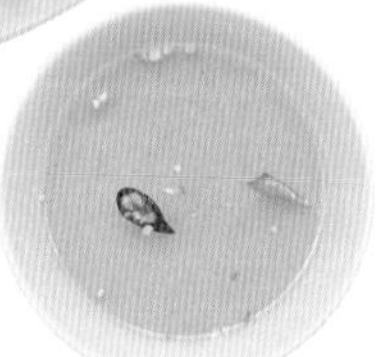

作法

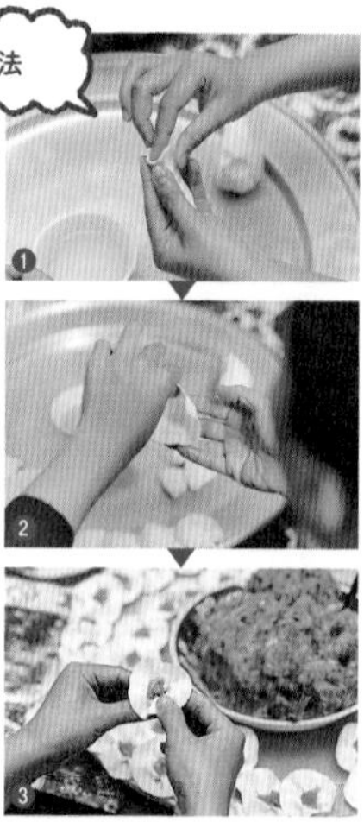

❶把米粉糰擀成如銅板大的圓形❷用手壓薄後捏成花瓣狀❸包入蝦泥成型

舊市區北部 別冊MAP P22A1

White Rose

創業超過100年的祖傳美食

這家歷史悠久的老店同時也是白玫瑰的製造大盤商，1天至少以手工製作4000個以上，再批發給市區各家餐廳。1人10萬VND（附餐點）可實際體驗製作白玫瑰。菜單只有2種，分量十足的炸餛飩10萬VND也相當受歡迎。

DATA ㊝來遠橋步行11分 ㊟533 Hai Bà Trưng
☎0510-3862784 ㊕7時～20時30分 ㊡無休 Ⓔ Ⓔ

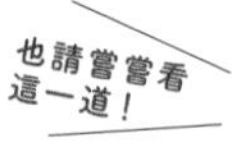

分量十足的炸餛飩
10萬VND

小小資訊

3大美食是會安市區餐廳和攤販的必備菜色，不過調味方式和配菜依店家而異。若在此停留數日的話，可挑幾家比較看看口味也非常有趣。

舊市區 別冊MAP P22B4 Trung Bắc

好好品嘗傳承了3代的美食

這是一家代代傳承製作會安乾麵的老店，廣受觀光客的喜愛。位在舊市區最熱鬧的Trần Phú街上，地點方便，能夠輕鬆前往也是其魅力所在。由超過100年以上的古民宅改裝而成，店內別有一番味道。

DATA ⊗來遠橋步行5分 ㊟87 Trần Phú ☎0510-3864622
㊐8時30分～21時 ㊡無休 Ⓔ Ⓔ

也請嘗嘗看這一道！

把蝦泥裹在甘蔗上油炸的甘蔗蝦12萬5000VND（大）、5萬VND（小）

Cao Lầu

會安乾麵（高樓麵）

3萬VND～

會安當地的麵食，據說是源自日本的伊勢烏龍麵。彈牙的粗麵條吃起來非常過癮，上頭會添加一些炸得酥脆的豬皮及豬肉片、香草等，與甜辣醬汁攪拌均勻後就能大快朵頤。

Hoành Thánh Chiên

炸餛飩

85000VND

餛飩皮包入豬絞肉與青蔥後，下油鍋炸得酥酥脆脆。淋上加了番茄與青蔥的辣醬，讓人不禁食指大動。

舊市區 別冊MAP P22B4 Morning Glory

時尚的當地美食

這家餐廳以越南家常菜聞名，除了知名的炸餛飩外，也提供不少會安的鄉土菜色可供選擇。採開放式廚房設計，看得到師傅烹調的樣子這點也十分有趣。

DATA ⊗來遠橋步行3分 ㊟106 Nguyễn Thái Học
☎0510-2241555 ㊐8時30分～22時 ㊡無休 Ⓔ Ⓔ

也請嘗嘗看這一道！

花枝鮮蝦豬肉捲16萬5000VND，是家庭必備菜

這裡也吃得到

舊市區 別冊MAP P23C4 Miss Ly

氣氛輕鬆，即便1個人也能安心進入

頗受觀光客喜愛的店家。可一次嘗到3大美食與烤豬肉的划算套餐17萬VND。

DATA ⊗來遠橋步行10分 ㊟22 Nguyễn Huệ
☎0510-3861603 ㊐10～22時 ㊡無休 Ⓔ Ⓔ

舊市區 別冊MAP P22B4 Secret Garden

能嘗到越南、西式菜色，頗受台灣旅客喜愛的餐廳。會不定期在19時30分左右進行吉他與鋼琴的演奏。用餐預算約15萬VND～。

DATA ⊗來遠橋步行4分
㊟60 Lê Lợi ☎0510-3911112
㊐10～22時 ㊡無休
Ⓔ Ⓔ

位在小巷弄底位置相當隱密

小小貪心的女孩們也能大大的滿足！

到了會安別錯過 人氣景點總整理

從可量身訂做衣服的平價裁縫店，到能輕鬆進入的舒適咖啡廳。
在此介紹會安最受歡迎的觀光景點。也可以到世界遺產美山聖地去走走。

別冊MAP P23C3 Bà Buội

傳承了2代的雞飯老店

這家小店常常坐滿當地人及觀光客，十分熱鬧。除了有可嘗到雞肉美味的雞飯Cơm GÀ，也有蒸雞肉38萬VND等菜色。

DATA ㊋來遠橋步行10分 ㊟22 Phan Chu Trinh
☎0510-3861151 ㊐10～20時 ㊡無休 Ⓔ

1.客滿時可到正對面的姐妹咖啡廳用餐 2.招牌菜是雞飯35000VND

別冊MAP P23D3 Yaly Couture

量身訂做符合自己喜好的衣裳

在會安市區一共有3家分店的精品店。無論男女服飾都能量身訂做，連身洋裝90萬VND～。經驗豐富的店員會細心為客人提供建議。

DATA ㊋來遠橋步行15分
㊟358 Nguyễn Duy Hiệu
☎0510-3914995 ㊐8～21時
㊡無休 Ⓔ

1.無袖上衣145萬6000VND
2.雪紡裙56萬VND
3.2F是製作服裝的空間

別冊MAP P23D4 Tông

生產原創皮革製品

以平易近人的價位購入各款皮革商品。店家也會參考照片，根據款式來為客人推薦適合的材質。提供免費宅配服務。

DATA ㊋來遠橋步行15分 ㊟26 Phan Bội Châu
☎0510-3915686 ㊐9～20時 ㊡無休 Ⓔ

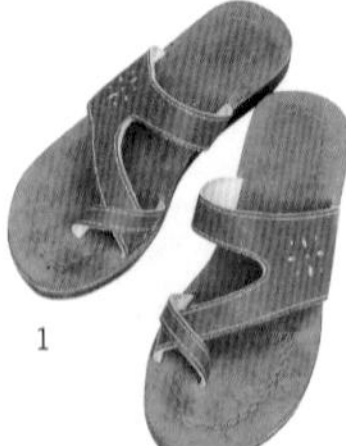

1.涼鞋60萬VND～所需時間約半天，鞋子112萬VND～所需時間約1天 2.也可購買店內的成品

別冊MAP P22B4 Cocobox

提供店家引以為豪的天然菜色

以有機食材的手工甜點吸引許多顧客上門的咖啡廳＆商店。另販賣由越南各地精選而來的有機食品及美容相關產品。

DATA ㊋來遠橋步行5分 ㊟94 Lê Lợi
☎0510- 3862000 ㊐10～21時 ㊡週日 Ⓔ Ⓔ

1.附冰淇淋的黑巧克力蛋糕6萬VND。另外也有提供三明治等輕食 2.採開放式空間的時髦餐廳

小小資訊 店家通常會提供寄送訂做商品到飯店的服務，但建議自取，因為若是尺寸或縫製有疑問，可以當場要求修改。

別冊MAP P22B4

Metis

Metiseko最新商品齊聚一堂

「Metiseko」是由法國設計師在會安自創的服飾品牌。會安一共有3家分店，這裡是有販售絲綢製品的旗艦店。

DATA ㊋來遠橋步行4分 ㊟142 Trần Phú ☎0510-3929278 ㊕8時30分～21時30分 ㊡無休 Ⓔ

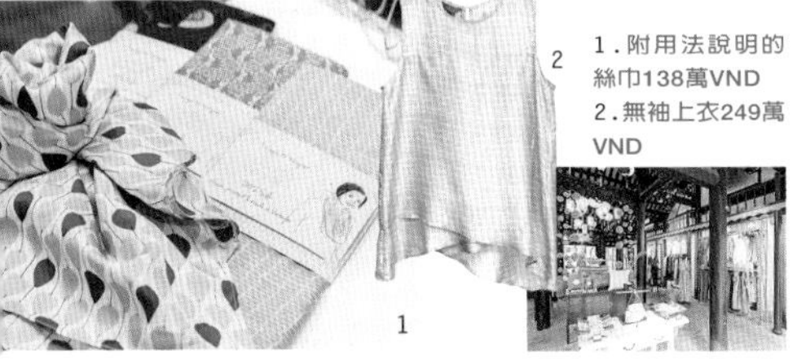

1.附用法說明的絲巾138萬VND
2.無袖上衣249萬VND

別冊MAP P23C4

會安手工藝品工坊

Hoi An Handicraft Workshop

欣賞傳統工藝品和舞蹈

在200年前建築的木造房舍欣賞越南傳統音樂與手工藝品。裡頭的2層樓建築展示並販賣工匠們製作的陶器與家飾雜貨等商品。

DATA ㊋來遠橋步行8分 ㊟9 Nguyễn Thái Học ☎0510-3910216 ㊕8～21時 ㊡無休 ㊎需觀光券(→P78) Ⓔ

音樂＆舞蹈秀1天分別在10時15分及15時15分表演2次。所需時間25分

別冊MAP P22B4

Reaching Out Teahouse

讓人忘卻時間流逝的療癒空間

可在幽靜的店內品嘗茶品或咖啡。這裡是由聽障人士支援團體所經營的餐廳，點餐時寫在桌子的紙張上即可。

DATA ㊋來遠橋步行3分 ㊟131 Trần Phú ☎0510-3910168 ㊕9時～20時30分 ㊡無休 ⒺⒺ

越南茶套餐11萬VND

別冊MAP P22B4

Vinh Hung 1

感覺好像穿越時光回到過去!?

原封不動的使用了位在舊市區裡的舊民宅，是間可以體驗往昔會安美好的飯店。下榻旅客可以免費享受20分鐘的腳底或肩部按摩服務。

DATA ㊋來遠橋步行2分 ㊟143 Trần Phú ☎0510-3861621 ㊎Sweet Room160萬VND～ 6室 ⒺⓇ

擁有200年以上歷史的中式民宅充滿懷舊氛圍

稍微走遠一些

1.千萬不能錯過的美麗雕刻！ 2.印度教濕婆神石像
3.廣大土地上林立著赤褐色的塔寺

別冊MAP P20A4

美山聖地

Thánh Địa Mỹ Sơn

2～17世紀繁盛非常的占婆王國聖地。1999年被登錄為世界遺產，不使用黏著劑建造而成的塔寺與女神浮雕非常多。可參加當地旅遊團前往參觀。

DATA ㊋會安舊市區車程約60分 ㊕6～17時 ㊡無休 ㊎10萬VND [當地旅遊行程報名處]TNK&APT Travel Japan：旅遊代理店。美山聖地半日遊105萬9000 VND。㊋來遠橋步行7分 ㊟42 Phan Chu Trinh ☎0121-7608731 ㊕8～20時 ㊡無休 Ⓔ (MAP)別冊MAP●P22B3

順化
Huế

午門是阮朝王宮的代表性建築（→P88）

留有越南王朝歷史的古都

順化位於越南中北部，是直到1945年滅亡前，興盛了145年的越南最後一個王朝──阮朝的首都所在地。皇宮與歷代皇帝陵寢所在的郊外皇陵等歷史建築群都已被指定為世界遺產，來到這裡一定要好好地參觀一下。

1.裝潢豪華的宮廷菜色餐廳「Royal」（→P90）　2.皇陵當中很有人氣的「啓定皇陵」（→P95）　3.知名的蒸蝦粿「Hàng Me」

旅遊建議

市區以香江為界，分為皇宮所在地的北側舊市區以及南側的新市區。遊逛時的地標是錢場橋（別冊MAP●P25C2）。直到皇宮附近都在徒步範圍內，不過皇陵與寺院位在郊外，可搭乘計程車前往較有效率。

〈從機場到市區〉

從富牌國際機場到新市區車程約20分。計程車跳表價約25萬VND。另有配合來自國內各城市航班抵達時間，推出不定期接駁巴士5萬VND，可前往市中心的河內古街。

〈市區交通〉

自行車出租1天約5萬VND，機車出租1天約10萬VND。兩者皆可到觀光客聚集的Lê Lợi街（別冊MAP●P25C3）一帶出租店租借。觀光用人力三輪車1小時15萬VND左右。

〈計程車公司〉

MaiLinh Taxi、Vang Taxi等，有多家計程車公司。基本起跳價0.5km約6000VND。

有4人座和7人座

參觀歷史悠久的古都

1日遊經典行程

從阮朝皇宮、舊市區到新市區，遊逛的中心都是以河風涼爽的香江沿岸一帶為主。無論是觀光還是美食，所有可以感受到順化傳統的景點，不論哪裡都十分引人入勝。

皇宮內裝飾著象徵皇帝的龍

9:00
參觀阮朝皇宮（→P88）

步行5分

11:30
參觀博物館
推薦▶順化宮廷骨董博物館（→P89）

車程10分

讓人食指大動的辣麵

12:30
午餐品嘗順化知名美食
推薦▶Bún Bò Huế（→P92）

步行10分

精巧的商品

有許多工匠費盡心血製作的工藝品

13:30
購買當地伴手禮
推薦▶Trung Tâm Văn Hóa Phương Nam（→P93）

步行8分

15:30
到甜點店小憩一番
推薦▶Chè Hẻm（→P94）

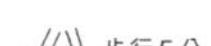
步行5分

閃閃動人♪

夜晚點燈的錢場橋，美麗奪目

17:00
到錢場橋一帶的香江沿岸散步

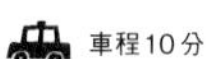
車程10分

18:30
晚餐享用宮廷美食
推薦▶Ancient Hue（→P90）

車程10分

20:00
夜市
（別冊MAP●P25C2）

錢場橋的點燈時間平日、假日並不相同，週一～五19～20時左右，週六～日至22時左右。不要忘了以燦爛的7色彩虹橋為背景拍下紀念照片。

1

1. 保存著皇帝御座的阮朝皇宮「太和殿」
2. 越南裝飾品「Trung Tâm Văn Hóa Phương Nam」

2

也有蓮子口味

3

3. 來一碗甜湯心頭暖洋洋「Chè Hẻm」
4. 外觀也非常華麗的「Ancient Hue」宮廷菜色

4

錢場橋的新市區一側每晚18時到22時都有夜市。除了有各式各樣具代表性的順化風情伴手禮可供挑選以外，也會舉辦一些活動。欣賞錢場橋夜間點燈美景的同時，也能也好好享受一番順化的美好夜晚。

越南第一座聯合國教科文組織世界遺產

深得歷代皇帝青睞的阮朝皇宮

從1802年持續到1945年的阮朝是越南最後一個統一王朝。
歷代皇帝們居住之處就是阮朝皇宮，此處與郊外的皇陵已於1993年一起被登錄為世界遺產。

阮朝皇宮

Đại Nội

緬懷最後王朝風華

高達超過6m的城牆守護著廣大的腹地，城牆外圍還有護城河環繞。想要全部仔細參觀需要2小時以上的時間，時間不夠的人可以在太和殿返回，一樣能充分感受到歷史氣息。

DATA
㊋錢場橋車程4分 ㊟Trung Tâm Bảo Tồn Di Tích Cố Đô ☎054- 3523237
㊍7～18時 ㊡無休 ㊎15萬VND(與順化宮廷骨董博物館共用)

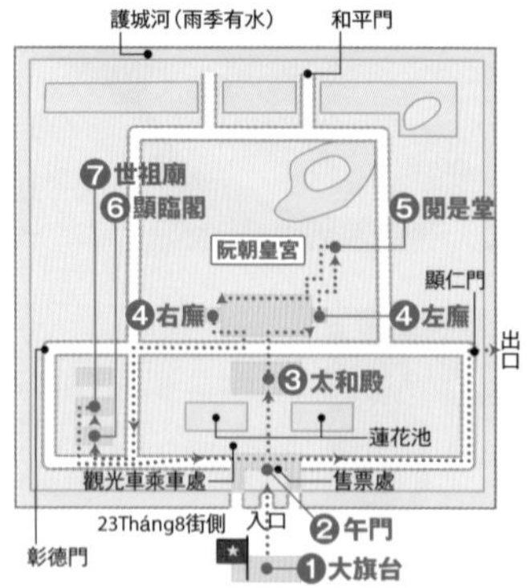

1 大旗台

Kỳ Đài

彷彿皇宮守護神般的存在

從前的瞭望台。至旗頂約有30m高，由3層基壇組成。已遭逢好幾次戰爭與天災的破壞，每次都重新修復，現存的大旗台是於1948年重建而成的。

從香江對岸的新市區也能看到高高掛起的越南國旗

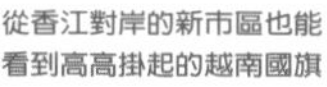

2 午門

Ngọ Môn

以北京紫禁城為藍本打造而成

中央午門只有皇帝才能通行，大臣們得從側門進出。這兒也是閱兵儀式等宮廷活動用的舞台，從2樓露臺可以看見太和殿。

細緻而華麗的裝飾妝點午門上的樓閣

皇宮內有提供觀光車服務。皇宮佔地廣大，較遠的景點可以搭乘觀光車。行情價1人1小時15萬VND。

這裡也要Check

安定宮
Cung An Định
別冊 MAP ● P25D4

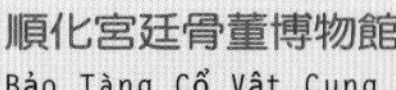

宅邸內外的美麗裝飾也值得一看

保大帝曾居住過的殖民地風格建築宅邸。內部公開展示歷史資料，以及當時的家具。

DATA ㊋錢場橋車程4分 ㊟97 Phan Đình Phùng ☎054-3588527 ㊐7～17時 ㊡週一 ㊎3萬VND

順化宮廷骨董博物館
Bảo Tàng Cổ Vật Cung Đình Huế
別冊 MAP ● 25C2

展示著穿過的禮服及象牙印等各種當時阮朝皇宮的日用品骨董。1923年建造的這棟建築物本身也被看做越南僅存的木造建築當中的傑作。

DATA ㊋錢場橋車程4分 ㊟3 Lê Trực ☎054-3524429 ㊐7時～17時30分 ㊡週一 ㊎15萬VND(與阮朝皇宮共用)

可在幽靜的館內仔細欣賞

3 太和殿
Điện Thái Hòa

安放著御座的皇宮重要建築

越戰時曾遭受到破壞，現已修復。皇帝御座位在描繪著象徵皇帝的龍紋朱紅大柱後方。皇帝登基大典等儀式都在這裡舉行。

1.由嘉隆帝創建
2.飛簷等處也都可見龍的造型雕飾

4 右廡、左廡
Hữu Vu / Tả Vu

拍攝宮廷相片留念

這裡原本是官吏辦公的地方。右廡是可穿著宮廷衣裳拍攝紀念照片的景點，左廡則成為皇宮時代生活用品的展示室。

衣裳出租與攝影1次44000VND～（價格視衣裳款式而定）。可坐在御座複製品上拍照

5 閱是堂
Duyệt Thị Đường

有舞蹈和獅子舞

經過修復的越南最古老劇場

由明命帝於1826年所興建，是從前皇族們欣賞傳統表演的戲樓，現在展示著當時的衣裳與資料。可欣賞到已被登錄為世界無形文化遺產的宮廷傳統藝術表演。

1.宮廷藝術表演1天2次，10時與15時各上演約40分鐘。觀賞費用1人需另收20萬VND　2.一旁展示的各種資料也十分引人入勝

6 顯臨閣
Hiển Lâm Các

千萬別錯過祭器與銅鼎

位在世祖廟的前閣，建築物後方有9座象徵皇帝權勢的大銅鼎。銅鼎表面所刻畫的細緻皇宮景象與動植物裝飾不容錯過。

1.明命帝下令製作的銅鼎
2.代代守護著先祖的莊嚴建築

7 世祖廟
Thế Tổ Miếu

供奉阮朝的歷代皇帝

橫向建築物內部供奉著歷代皇帝的祠堂，左右則是服侍歷代皇帝的功臣們的祠堂。

13位皇帝中有10位的祠堂供奉在此

高水準刀工與講究的食材

看了賞心悅目、吃了回味無窮 阮朝美食

宮廷菜色是為了皇帝而生的，無論食材、擺盤裝飾都極度講究且無比華麗。
大部分的餐廳都提供全餐，並且需要預訂，建議事先確認後再前往。

照片都是2人以上的全餐菜色擺盤例

享用宮廷菜色！

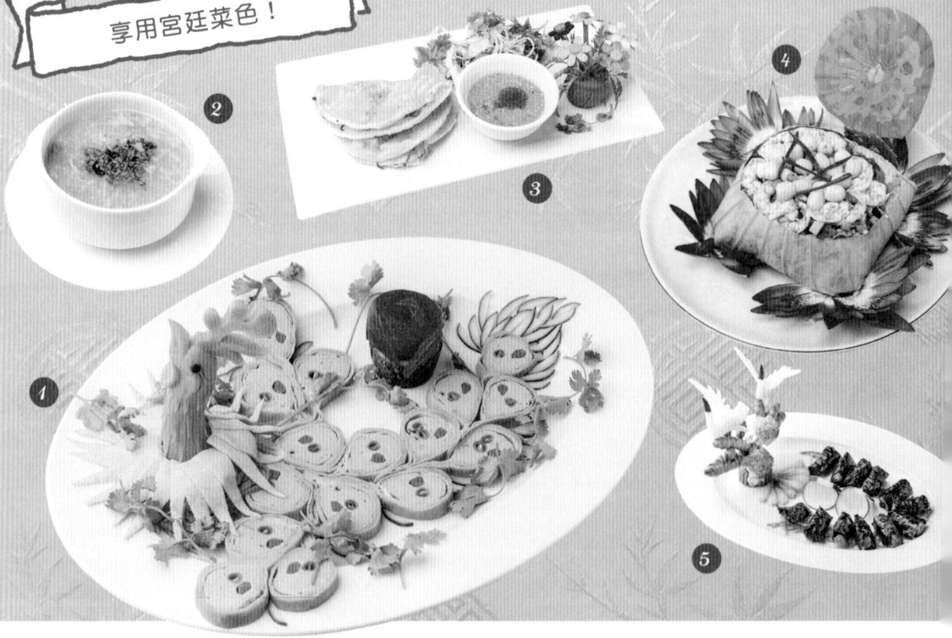

1 2 3 4 5

●舊市區

Ancient Hue

在雅緻的空間大啖美味豐盛的菜色

餐廳本身重現了順化的古老建築，並且以復古裝潢醞釀出一股典雅氣氛。以當地食材入菜製成的豐盛宮廷菜色種類眾多。宮廷菜色全餐2人112萬5000VND～。

DATA ㊋錢場橋車程9分 ㊟104/47 Kim Long ☎054-3590902 ㊐8時～22時30分 ㊡無休 Ⓔ🄴

●新市區

Royal

在老牌餐廳品嘗正統宮廷菜色

創業於1975年，從餐廳可以望見香江。宮廷菜色需事先預訂，2人112萬5000VND～。附傳統音樂演奏、皇族服飾2人260萬VND。

DATA ㊋錢場橋步行12分 ㊟1F, Hương Giang Hotel Resort & Spa, 51 Lê Lợi ☎054-3822122 ㊐6～22時 ㊡無休 Ⓔ🄴 需事先訂位

宮廷菜色種類非常豐富。每家餐廳的菜色種類及裝潢都各不相同，能夠品嘗到各種不同的講究菜色也是其魅力所在。分量越多，菜色的擺盤也就越華麗，最好多人一同前往用餐。

Menu

1 鳳凰開胃菜
Phượng Hoàng Khai Vị
最基本的開胃菜。以薄蛋包包裹火腿，表現出鳳凰翅膀，身體則以雕刻白蘿蔔及紅蘿蔔來呈現。▶ A B C D

2 蓮子雞湯
Súp Gà Hạt Sen
以雞骨湯為基底並加入蓮子的清爽湯品。雞湯與微甜的蓮子非常搭配。▶ A B D

3 蔬菜煎餅
Bánh Khoái
順化風味煎餅。把豬肉和豆芽菜等蔬菜放進米粉餅皮，再以生春捲皮捲起來吃。▶ A B C D

4 蓮葉飯
Cơm Sen
加入大量蓮子，並以蓮葉包裹米飯的美味菜色。蓮葉的淡淡清香非常優雅。▶ A B C D

5 烤洛葉牛肉捲
Bò Nướng Lá Lốt
用一種叫洛葉的香草把碎牛肉捲起來燒烤的一道配菜。香噴噴的牛肉與香草的美味在嘴裡擴散開來。▶ A B

6 甘蔗蝦
Chạo Tôm Lụi Mía
把蝦泥裹在甘蔗上燒烤，用生春捲皮包起生菜一起吃。▶ A B

7 炸春捲
Chả Giò Cung Dinh
用網狀生春捲皮做成的順化風味炸春捲。前衛的擺盤造型獨具創意。▶ A B C D

8 綠豆糕點
Bánh Trái Cây
想當做壓軸的微甜綠豆糕。做成色彩鮮豔的水果形狀，光是外觀就很討喜。▶ A C

9 皇宮炒飯
Cơm Hoàng Cung
加了火腿和紅蘿蔔等各種配料的綜合炒飯。多半以代表長壽的烏龜造型出現。▶ A B C D

10 宮廷茶
Trà Cung Đình
據說是從前的皇帝也曾品嘗過的茶品。帶有助眠及美容等功效。▶ A B C D

C Y Thao Garden

別冊 MAP P24A2 ●舊市區

在大自然環繞下輕鬆自在享用宮廷菜色

由獨棟房子改裝而成的庭園餐廳，提供將現代風格融入傳統口味的菜色。餐廳內另外展示了順化的古老陶器與繪畫。宮廷菜色全餐2人220萬VND～

DATA 交錢場橋車程8分 住3 Thạch Hãn
☎054-3523018 時8～22時 休無休 E E

D Mộc Viên

別冊 MAP P20A1 ●順化郊外

方便參觀皇陵的庭園餐廳

腹地內有池塘，是家綠意盎然的庭園餐廳。位在嗣德陵附近。越南菜色種類豐富，觀光途中很適合來此小憩喝茶。宮廷菜色全餐2人120萬VND～

DATA 交錢場橋車程15分 住2E Hoài Thanh, Thủy Xuân
☎054-3932090 時10～22時 休無休 E E
需事先訂位

米食菜色大集合！

順化的當地美食

順化菜不僅擁有多變化的米食菜色，而且也充分展現食材原味。
從辣麵到蒸米粉等菜色，好好大快朵頤一番吧！

Bún Bò Huế的
順化米線
Bún Bò Huế
35000 VND A

辣味湯汁裡頭搭配稍粗的米線，上頭放了牛肉與蟹肉球。可視個人喜好加入萵苣及香蕉花碎片、辣味噌等。滑溜溜的米線口感為其特色。

Hàng Me的
蒸蝦粿
Bánh Bèo
5萬VND C

蒸好的米粿上頭灑一些乾蝦仁與炸過的脆豬皮等，加入魚露和辣椒醬後用湯匙挖起來吃，是一道有如點心般的簡單菜色

可當餐後甜點

用樹薯粉包起來的甜點綠豆粿（Bánh Ít Lá Gai）1個5000VND Ⓐ

Quán Chị Nhỏ的
蛤蜊飯
Cơm Hến
1萬VND B

米飯上有蛤蜊及香草，加進熱騰騰的蛤蜊汁享用。添點醃漬鮮蝦而成的調味料蝦醬後，口味又有不同變化。像茶泡飯一樣，三兩下就吃光光

●新市區

Bún Bò Huế

別冊 MAP ● P25D4

30年歷史的辣味麵

1986年開幕的老店，在當地擁有超高人氣。除了順化最具代表性的順化米線外，也有很快就賣完的傳統甜點綠豆餡麻糬Bánh Ít Lá Gai。

DATA ㊯錢場橋步行12分
㊟17 Lý Thường Kiệt ☎054-3826460
㊛6～20時
㊡無休

●新市區

Quán Chị Nhỏ

別冊 MAP ● P25C3

滿滿蛤蜊的蛤蜊飯

只有上午營業，一大早就有很多當地的客人。濃縮了蛤蜊美味的蛤蜊飯是必吃美食。另外也有蛤蜊米線Bún Hến。

DATA ㊯錢場橋步行9分
㊟28 Phạm Hồng Thái
☎098- 2593320 ㊛6時30分～11時
㊡無休

●新市區

Hàng Me

別冊 MAP ● P25D2

想吃蒸煮米食就要來這裡！

這裡是米粉蒸煮料理專賣店，例如蒸蝦粿，以及用樹薯粉包裹鮮蝦做成的水晶餃Bánh Bột Lọc等。可嘗試、比較看看以米做成的各種不同口味米食。

DATA ㊯錢場橋步行12分
㊟12 Võ Thị Sáu ☎054- 3837341
㊛8～22時
㊡無休
Ⓔ

小小資訊

「Quán Chị Nhỏ」提供蛤蜊飯，不過另外也有用速食麵取代白飯的做法，口味特殊，相當受到當地年輕人喜愛。要不要嘗試看看呢？

買個獨一無二的商品犒賞自己

順化的簡樸手工藝品

從飾品到餐具全都是以巧妙手工製成的工藝品。
挑選伴手禮也得靠緣分。來順化尋找令人心動的優質手工藝品吧。

以細絹絲反覆折疊做成的絲綢流蘇項鍊360萬VND Ⓔ

以月亮為造型構想的耳環270萬VND Ⓔ

簡樸風格的竹籠12萬VND（小）、17萬5000VND（大）Ⓓ

讓人想裝飾在房間的迷你越南斗笠（Nón lá）15000VND（1個）Ⓓ

不對稱星型耳環15萬VND Ⓕ

繪有大花圖樣的湯碗50萬VND Ⓕ

在順化郊外的Thanh Tiên村所製作的紙蓮花11萬9000VND Ⓓ

●新市區

Trung Tâm Văn Hóa Phương Nam

別冊 MAP ● P25C3

順化特產大集合！

以「能輕鬆欣賞傳統工藝」為目的而誕生的文化設施。館內大量陳列的順化特產刺繡畫與竹子工藝等都附上說明。附設咖啡廳。

DATA ㊋錢場橋步行7分 ㊟15 Lê Lợi ☎054-3946766 ㊍7時30分～21時30分 ㊡無休 Ⓔ

●新市區

Phuhiep

別冊 MAP ● P24B4

在順化製作的飾品

為了協助住在順化近郊的女性獨立而成立的公平貿易品牌。品牌主要概念為「跟穿的人融合與越南風格」。耳環40萬VND～。

DATA ㊋錢場橋車程4分 ㊟Ⓗ La Residence Hue Hotel & Spa內 ☎097-5743506 ㊍7～11時、13～17時 ㊡無休 Ⓔ

●舊市區

Pháp Lam Thái Hưng

別冊 MAP ● P25C1

工匠技術精湛的工坊

在青銅等金屬器上施以釉藥彩繪而成的越南七寶燒Pháp Lam畫廊兼商店。另外還可以在附設的工坊裡參觀Pháp Lam的製作過程。

DATA ㊋錢場橋車程3分 ㊟66 Chi Lăng ☎054-3546005 ㊍7～11時、13～17時 ㊡週日 Ⓔ

感受古都風情之旅

到了順化別錯過 人氣景點總整理

從阮朝皇宮歷代皇帝沉眠的陵寢，到街頭忍不住想前往品嘗的超人氣當地甜點、化妝品等。在此介紹的是建議有時間一定要前去參觀的各個精選景點。

別冊 MAP P25D2

Tropical Garden

溫馨的南洋風情餐廳

在茂密的椰子樹庭園裡品嘗傳統的順化家常菜。盡量避免加入化學調味料的菜色讓食材本身好味道顯現出來，很合台灣人的口味。每晚19時開始有傳統音樂表演。

DATA 交錢場橋車程8分 住27 Chu Văn An ☎054-3847143 時9～22時 休無休 E E

加了鮮蝦與豬肉的炒麵8萬VND、熱帶炒飯9萬VND等。價位合理，令人開心

別冊 MAP P25D3

Chè Hẻm

讓人感覺樸實溫暖的簡單好味道

位在大馬路旁的小巷弄裡的甜湯專賣店。綜合水果與蓮子等共有8種口味可供選擇。1杯1萬VND～。

DATA 交錢場橋步行6分 住29 Hùng Vương ☎0165-3212692 時9～21時 休無休

別冊 MAP P25C1

Thiên Hương

提到順化點心就想到這個

1940年創業的傳統甜點老店，是Mè Xửng芝麻餅38000VND的製造商，另外也有販售宮廷茶等商品。

DATA 交錢場橋車程3分 住20 Chi Lăng ☎054-3511246 時7～22時 休無休 E

別冊 MAP P25C1

Phấn Nụ Bà Tùng

你也能成為順化美女!?

過去皇族們也愛不釋手的化妝品流傳至今。中藥方粉餅7萬VND～、化妝水8萬VND～。

DATA 交錢場橋車程4分 住 34 Tô Hiến Thành ☎054-2229426 時8～18時 休無休 E

別冊 MAP P25D3

Cherish Spa

可輕鬆前往的溫馨Spa

藥草按摩廣受好評。腳底按摩60分42萬5000VND～，最適合逛完街來消除疲勞。

DATA 交錢場橋步行8分 住2F Cherish Hotel, 57～59 Bến Nghé ☎054-3943943 時10～22時 休無休 E

小小資訊 順化龍舟遊船在乘船處附近會有個人業者直接兜售船票，有時會變相加價，建議還是到指定售票處購買較安心。

啟定陵

別冊MAP P20A1

Lăng Khải Định

融合越法風格的華麗陵寢

愛好法國，崇尚華麗的第12代啟定帝陵墓。輝煌的內部裝飾也令人震撼萬分。

DATA ㊋錢場橋車程20分 ㊟Xã Thủy Bằng, Thị Xã Hương Thủy ☎054-3523237 ㊐7時～17時30分（11～3月為7時30分～17時）㊡無休 ㊎10萬VND

Check

順化龍舟遊船

Nghe Ca Huế Trên Sông Hương / 別冊MAP●P25D2

啦啦啦～♪

坐上龍型的船隻，欣賞香江夜景及順化傳統民謠Ca Huế。每天出航兩次，分別為19時與20時30分，所需時間約1小時。船票1人10萬VND。

DATA ［當地旅遊行程報名處］Tourist Lê Vinh ㊋錢場橋步行3分 ㊟Kiosk 6, Công Viên 3/2, Lê Lợi ☎093- 5010669 ㊐9～21時 ㊡無休 Ⓔ

嗣德陵

別冊MAP P20A1

Lăng Tự Đức

「詩人」皇帝所建的療癒名園

祭祀喜愛詩詞與哲學的第4代皇帝嗣德帝。綠意盎然的陵寢中配置著一座蓮花池與釣魚殿，美麗如畫的造景為其特色，這裡也是皇帝晚年的隱居之處。

DATA ㊋錢場橋車程15分 ㊟Phường Thủy Xuân ☎054-3523237 ㊐7時～17時30分（11～3月為7時30分～17時） ㊡無休 ㊎10萬VND

1.一進門就是一座大蓮花池　2.供皇帝乘涼的釣魚殿

福緣塔各層皆安放著佛像

天姥寺

別冊MAP P20A1

Chùa Thiên Mụ

至今被無數詩詞讚詠的優美塔寺

傳說是出於一位天女的旨意而在1601年興建的佛寺。7層的8角中式福緣塔以及寺內重達2t的大鐘是最值得一看的。從佛寺遠眺出去的香江景色也非常迷人。

DATA ㊋錢場橋車程12分 ㊟Xã Hương Long ㊐自由參觀 ㊡無休 ㊎免費

La Residence Hue Hotel & Spa

別冊MAP P24B4

在市區豪宅享受度假氛圍

由20世紀初的前法國總督官邸改建而成的飯店。採裝飾藝術風格的時尚客房是最適合度過奢華時光的地方。位於香江沿岸，綠意盎然的佔地裡也有泳池。

DATA ㊋錢場橋車程4分 ㊟5 Lê Lợi ☎054-3837475 ㊎Superior Garden Room445萬5000VND～ 122室 ⒺⓇⓅⒻ

客房內擺放著骨董家具

芽莊
Nha Trang

地標Sea Flower↑

1.到處可見海灘傘的芽莊海灘　2.連接芽莊與珍珠島的海上纜車　3.芽莊大教堂的彩繪玻璃　4.可一家同樂的珍珠島度假村遊樂園

越南首屈一指的海邊度假勝地

芽莊是越南數一數二的海邊度假勝地。從平價旅館到高級飯店，各式各樣的飯店都有，可搭配預算來選擇下榻處，享受度假時光。海上活動也非常多樣，尤其是芽莊外海那一大片美麗的珊瑚礁，正好成為潛水好去處。

Access

〈從機場到市區〉

從金蘭國際機場到市區車程約45分。計程車採固定價約35萬VND。另有配合來自國內各城市航班抵達時間推出不定期接駁巴士，從機場到市中心1人約65000VND。

〈市區交通〉

自行車出租1天約5萬VND、機車出租1天約15萬VND。可到一部分飯店或商店租借。計程車數量衆多，可到丹市場或芽莊大教堂搭乘計程車。

〈計程車公司〉

有Vinasun Taxi、MaiLinh Taxi等計程車公司可供選擇。基本起跳價0.8km約12000VND。

出租自行車

旅遊建議

沿海的Trần Phú街是市中心。從矗立在海邊的地標建築物Sea Flower一直到Biệt Thự街附近，有許多餐廳和商店雲集在此。街區規模很小，步行也能逛完整個市中心。

芽莊大部份的海灘都對外開放。有提供摺疊椅出租，1把1天5萬VND。當地有販售飲料等商品，但不賣毛巾，建議自行攜帶。

MAP P96A1

芽莊大教堂

Nhà Thờ Núi

市區景色一覽無遺的天主教堂

位在小山坡上的哥德式教堂。白天有對外開放，圓弧式的美麗天花板及色彩鮮豔的彩繪玻璃都是欣賞焦點。

莊嚴又有分量的建築。平日1天舉辦2次、週日舉辦5次彌撒

DATA
交Sea Flower車程3分
住1 Thái Nguyên
☎058-3823335
時4時45分～20時30分
休無休　金免費

MAP P96A2

珍珠島度假村・芽莊

Vinpearl Land Nha Trang

可全天享受玩樂各種設施超齊全

位在芽莊外海珍珠島上的主題公園。有遊樂園、水上樂園、水族館等。可搭長約3300m的海上纜車前往。

千萬別錯過有大魚泅泳的水族館海底隧道

DATA
交Sea Flower車程10分，海上纜車20分
住Đảo Hòn Tre, Vĩnh Nguyên
☎097-7805749　時8時30分～21時（週五・六～22時）
休無休　金60萬VND，身高140cm以下兒童50萬VND（含纜車來回）

MAP P96A2

Lanterns

在可愛的餐廳品嘗家庭菜色

從肉類到海鮮，越南家庭菜種類豐富。天花板垂掛的燈籠為夜晚增添浪漫氣氛。預算10萬VND～。

煎雞肉腰果10萬5000VND、花枝包肉11萬VND

DATA
交Sea Flower步行11分
住34/6 Nguyễn Thiện Thuật　☎058- 2471674
時7～23時　休無休　Ⓔ Ⓔ

MAP P96A2

Nhã Trang

大啖香噴噴的美味豬肉

芽莊知名美食碳燒烤肉專賣店。離市中心很近，交通非常方便。碳燒烤肉4萬VND。

用生春捲皮將豬肉及滿滿的生菜捲起來吃

DATA
交Sea Flower步行8分
住39 Nguyễn Thị Minh Khai
☎058-3523446
時9～22時　休無休

MAP P96A2

Sailing Club Nha Trang

可享受舒適海風的咖啡廳

位在海灘上的咖啡廳&餐廳，很適合逛街走累時小憩一會。22時起搖身一變為酒吧，週六夜晚會舉辦海灘派對。

巧克力熔岩蛋糕12萬5000VND

加了火龍果的冰沙Healthy Living 10萬VND，熱帶飲料種類也非常豐富

DATA
交Sea Flower步行10分
住72-74 Trần Phú
☎058-3524628
時7時30分～翌1時30分
休無休　Ⓔ Ⓔ

MAP P96A1

丹市場

Chợ Đầm

要買分送用伴手禮就來這裡

由多家攤販圍成圓狀的市場。從食品、服飾、到貴金屬等各種商品應有盡有。也可以找到適合買來當做伴手禮的民藝品。

芽莊特產的珍珠手鍊20萬VND，耳環10萬VND

市場前也有好多攤販

DATA
交Sea Flower車程4分
住Chợ Đầm, Nha Trang
☎無　時視店鋪而異
休無休

Column

特別聚焦於中越文化遺產！

越南的世界遺產

越南一共擁有8座世界遺產，全部都位在北越及中越，其中4座世界遺產位在中越。河內及胡志明市的行程結束之後，接下來不妨走遠一點，到中越的世界遺產觀光。

※年份表示登錄年份

河內
峴港
胡志明市

1 昇龍皇城（河內－昇龍皇城遺址中心地區）

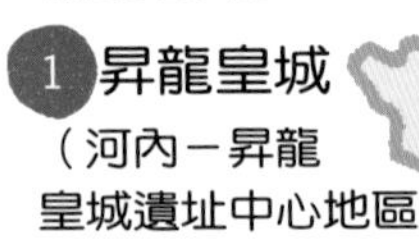

Central Sector of the Imperial Citadel of Thang Long - Hanoi

（文化遺產：2010年）別冊MAP●P18B1

這處歷史遺址建築群包括1009年建國的李朝昇龍城，以及阮朝期間建造的河內城。昇龍皇城最大的特徵，就是保留了歷代王朝所留下來的建築遺址。（→P 123）

2 胡朝古城

Citadel of Ho Dynasty

（文化遺產：2011年）別冊MAP●P2B1

位在清化省，是15世紀初建國統治越南僅7年的胡朝歷史遺址。古城內的建築物都已消失，僅留下守護東西南北的拱型城門。

3 峰牙－己榜國家公園

Phong Nha-Ke Bang National Park

（自然遺產：2003年）別冊MAP●P2B2

約在4億5000萬年前形成的喀斯特地形擴展而成的國家公園。除了全長9km，全世界最大的山水洞以外，另外也發現了許多有巨大鐘乳石及石筍的洞窟。

4 下龍灣

Ha Long Bay

（自然遺產：1994年）別冊MAP●P2B1

位在北部灣以北，廣達1500㎢的海灣，灣內遍佈大大小小約2000座奇岩，美景有如山水畫，因此也被稱作「海上桂林」。有許多因石灰岩受侵蝕而形成的鐘乳洞等看點。（→P126）

5 長安名勝群

Trang An Landscape Complex

（複合遺產：2014年）別冊MAP●P2B1

這裡是越南第一座同時擁有優美景觀與文化價值的自然與人文雙重世界遺產。河川與群山交織而成的美景不容錯過。也包括了10～11世紀丁朝與前黎朝之華閭古都。

6 順化歷史建築群

Complex of Hué Monuments

（文化遺產：1993年）別冊MAP●P2B2

有許多歷史建築物，如阮朝皇宮，以及部分寺院和皇陵。能感受到越南、中國、西洋等不同時代背景的建築式樣也是這裡的可看之處。曾因戰爭遭受致毀滅性的損壞，不過現在已積極地進行修復。（→P88）

7 古都會安

Hoi An Ancient Town

（文化遺產：1999年）別冊MAP●P2B3

16～17世紀做為海上貿易中繼站而日漸繁榮，是甚至還存在過日本街的港都。舊市區林立著許多結合東西文化的古宅，充滿濃厚的懷舊氛圍。（→P76）

8 美山聖地

My Son Sanctuary

（文化遺產：1999年）別冊MAP●P2B3

2～17世紀興盛於中越沿海一帶的占婆王國宗教遺址。座落峴港郊外的山上，留存超過60座以赤褐色燒瓦為建材建造而成的印度式樣神殿。（→P85）

山水洞是1991年當地人無意間發現的。在這之前一般認為全世界最大的洞窟是馬來西亞的鹿洞，直到2009年進行過調查後，改寫了世界最大的紀錄。

河內

廣受綠樹與湖泊恩澤的越南首都河內。

參觀舊市區後，到湖畔的咖啡廳休憩一番。

世界遺產下龍灣以及陶器之鄉巴茶村等，

也千萬別錯過魅力十足的郊外景點。

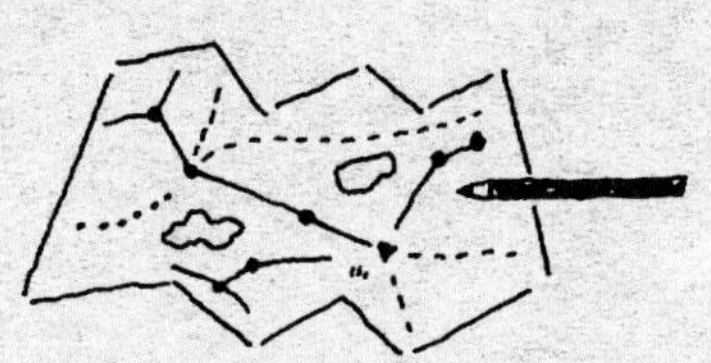

出發前check!

河內
區域Navi

河內為越南首都，擁有約1000年歷史。自古以來別具特色的還劍湖周邊是主要觀光區，交通起點為河內大教堂。

可分成數個區域遊逛，如有著不少新興景點的西湖一帶、擁有大型購物中心的Cho Hom市場周邊等。

1 還劍湖周邊
Hồ Hoàn Kiếm /別冊MAP●P15C4・P17C1

商店和餐廳集中在以湖泊為中心的地區

這裡是主要觀光景點，河內大教堂所在的西側有許多時髦的咖啡廳與商店。在法國殖民統治時代發展起來的東南部，仍然保留不少殖民地風格的建築物，如最具代表性的飯店Ⓗ河內大都市索菲特傳奇酒店。還劍湖周邊的步道設施完善，已成為市民與觀光客的歇腳處。

ACCESS 內排國際機場前往交通起點之河內大教堂車程約50分

2 舊市區 →P104
Old Quarter /別冊MAP●P15C1～3

人潮洶湧活力十足的商業區

位於還劍湖北側一帶，曾是李朝時代十分熱鬧的城鎮，至今仍保有舊時風情。每條街都聚集了不同特色的商店，可一窺市井小民們的生活景象。

ACCESS 河內大教堂步行5～20分

3 胡志明陵寢周邊 →P102、123
Lăng Chủ tịch Hồ Chí Minh /別冊MAP●P18

觀光景點林立

市區西邊是省政府機關集中的政治中心，胡志明陵寢等主要觀光景點也集中在此。對歷史與文化有興趣的人可以搭乘計程車觀光。

ACCESS 河內大教堂車程15分

4 Chợ Hôm市場周邊 →P123
Chợ Hôm /別冊MAP●P17C4

現代化的新市區

這裡的街道比市中心寬敞許多，高層辦公大樓林立，是一處有著沉穩氛圍的新市區。也有大型購物中心等進駐，給人現代化的感覺。

ACCESS 河內大教堂車程10分

5 西湖周邊
Hồ Tây /別冊MAP●P12B1～P13C1

北部的高級住宅區

西湖是座落於市區西北方的河內最大湖泊，以美麗的日落景致廣為人知，是一處高級住宅區。有不少以外國人為主客的商店以及高級飯店。

ACCESS 河內大教堂車程15分

郊外觀光景點

● 下龍灣 →P126 Vịnh Hạ Long

位在河內東北方約170km處，已被登錄為世界遺產的風景名勝。經年累月形成的奇岩巨石矗立於廣闊的海灣之內。搭乘遊船優雅地欣賞美景已成為固定旅遊行程。

● 巴茶村 →P128 Bát Tràng

座落在河內東方約14km處的小村落，是越南最具代表性的知名陶器巴茶燒的故鄉，村內共有超過1000間工房。可一面在簡單樸實的村落遊逛，一面享受購物樂趣。

最經典的河內觀光行程

精選景點巡禮 河內最佳推薦行程

從參觀歷史景點到購物、美食等，河內一路玩不停。
在此介紹的是把絕對不容錯過的景點安排在1天的超滿足行程！

1 別冊MAP P18B2 胡志明陵寢

Lăng Chủ Tịch Hồ Chí Minh

附近的景點也要Check!
胡志明陵寢附近有一處胡志明故居（→P123）及越南最古老的大學文廟古蹟（→P123）

受到國民愛戴的英雄長眠於此

越南國父胡志明，也是前國家元首的遺體安放處。建造於越戰結束後，有無數的越南人前來瞻仰遺容。需檢查隨身物品，因此得花上一些時間才能入內參觀。

DATA ㊌河內大教堂車程15分 ㊓1 Ông Ích Khiêm ☎04-38455168 ㊐7時30分～10時30分（週六·日～11時）、11～3月為8～11時（週六·日～11時30分） ㊡週一·五、遺體保養期間9～11月左右約1週 ㊎免費
館內禁止攝影。相機需交由櫃檯人員保管

車程15分

絕佳的攝影地點紅色橋樑

2 別冊MAP P15C4 還劍湖／玉山祠

Hồ Hoàn Kiếm/Đền Ngọc Sơn

河內傳說的舞台

座落於河內市中心的湖泊。傳說15世紀在此得到寶劍戰勝中國明朝後，又在這裡把寶劍歸還給神明。湖上的玉山祠祭祀著文學、醫學、武術等神明。

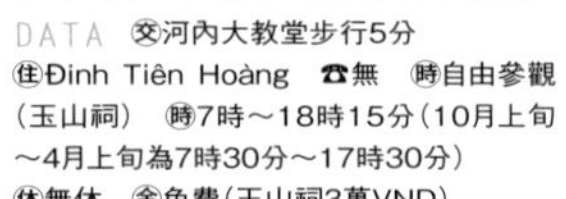

DATA ㊌河內大教堂步行5分
㊓Đinh Tiên Hoàng ☎無 ㊐自由參觀（玉山祠） ㊐7時～18時15分（10月上旬～4月上旬為7時30分～17時30分）
㊡無休 ㊎免費（玉山祠3萬VND）

車程7分

↑西湖
胡志明故居
昇龍皇城
❶胡志明陵寢
Hùng Vương
Anam QT Spa
❻
河內競技場
Điện Biên Phủ
Nguyễn Thị Học
文廟
Quốc Tử Giám
Tôn Đức Thắng
河內B站
河內站
Lê Duẩn
0 500m
龍邊巴士總站
龍邊站
東宣市場
紅河
Phùng Hưng
❺Hàng Trống街
❺Hàng Gai街
❼Cau Go
Đinh Tiêna Hoàng
L.Thái Tổ
❷玉山祠
←Hng Bông
❷還劍湖
Tràng Thi
河內大教堂❹
Nha Tho街❺
Tràng Tiền
Hai Bà Trưng
大劇場
Lý Thường Kiệt
Trần Hưng Đạo
Quán Sứ
Phan Chu Trinh
Nhà Hàng Ngon❸

旅遊建議

交通起點是河內大教堂。還劍湖周邊一帶皆在徒步圈內，除此以外的景點建議搭乘計程車。胡志明陵寢週末人潮眾多，最好一早開館就前往參觀。

3 別冊MAP P17D3 Nhà Hàng Ngon

可嘗到越南的各地美食

可在這家提供各種越南代表性美食的餐廳享用午餐。採攤販式開放空間，可在此輕鬆享用美食。一定要嘗看看河內鄉土菜色。

1

2

1. 河內美食河粉捲16000VND
2. 結合了北、中、南越的沙拉拼盤14萬VND

DATA ㊌河內大教堂車程7分
㊓26A-B Trần Hưng Đạo
☎04-3933-6133 ㊐6時45分～21時30分 ㊡無休 Ⓔ Ⓔ

小小知識 胡志明從1920年代便開始帶領越南人民進行獨立運動，並成為第一任國家主席。
其清廉且不搞肅清手段的高尚人格深受越南人民的愛戴，晚年還被暱稱為「胡爺爺」。

車程7分

4 別冊MAP P15C4 河內大教堂

Nhà Thờ Lớn Hà Nội

豪華的彩繪玻璃相當值得一看

建造於法屬殖民地時代的1886年，是一間氣氛莊嚴的教堂。內部裝飾的彩繪玻璃是從義大利進口的，彌撒時間開放參觀。

DATA ㊍內排國際機場車程50分 ㊟Nhà Thờ ☎04-38285967 ㊕彌撒5時30分、18時15分（週六18時、週日5·7·9·11·16·18時） ㊡無休 ㊎免費

高約22m的聳立尖塔。內部禁止攝影

步行1～3分

●可眺望大教堂的時髦咖啡廳

La Place

別冊MAP●P15C4

2樓露天座位眼前就是莊嚴的河內大教堂，是非常棒的歇腳處。有提供甜點及三明治等輕食餐點，在這裡享用午餐也是不錯的選擇。

DATA ㊍河內大教堂即到 ㊟6 Ấu Triệu ☎04-39285859 ㊕7時30分～22時30分 ㊡無休 Ⓔ Ⓔ

1. 從2F露台座位看得到大教堂 2. 芒果蜂蜜可麗餅62000VND 3. 芒果薄荷蘆薈綜合冰沙55000VND

5 別冊MAP P15C3~4 大教堂周邊雜貨店巡禮

人氣雜貨店大集合

河內大教堂東側是陶器與雜貨店等店鋪聚集的地區。多半集中在Nhà Thờ街、Hàng Trống街、Hàng Gai街一帶，在這裡尋找喜愛的商品吧。

1. 色彩鮮豔的化妝包143萬9000VND（Tanmy Design →P108） 2. 茶壺雙杯組70萬VND（Ajisai →P106）

步行3分

6 別冊MAP P15C4 Anam QT Spa

逛累了可以到Spa療癒一下身心

位在Hàng Trống街上，位置相當便利的Spa。提供身體及臉部、甚至頭髮等全方位療程服務。在高級的空間內好好抒放身心。

DATA ㊍河內大教堂步行5分 ㊟42 Hàng Trống ☎04-39286116 ㊕10～22時 ㊡無休 需事先預約 Ⓔ Ⓔ

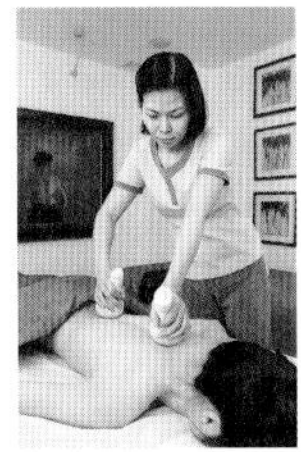

Signatures Holistic Massage 60分，94萬5000VND（不含服務稅10%）十分受歡迎

步行5分

7 別冊MAP P15C3 Cau Go

在景致絕佳的餐廳享用晚餐

連國外重要人士也都前往造訪的大樓頂層餐廳。可以坐在能俯瞰還劍湖的露天座位，細細品嘗炸豆腐95000VND等越南美食。

DATA ㊍河內大教堂步行8分 ㊟1/3/5/7 Đinh Tiên Hoàng 5·6F ☎04-39260808 ㊕10～22時 ㊡無休 Ⓔ Ⓔ

非常受歡迎的露天座位需提早預訂

前往李朝時代曾十分繁榮的老商業區購物

遊逛舊市區的同時 尋找可愛的雜貨

有如網狀的舊市區巷弄裡到處都是小商店。這裡的36條街上各自聚集了相同類型的店家，因此又被稱做「36古街」。在此介紹一些主要道路與值得前往一逛的商家。

●休憩SPOT

An nam Parlour

別冊MAP●P14B2

位在混亂的舊市區內，逛累了可以來此歇腳的重要咖啡廳。有甜點及越南三明治等越南口味菜色可供選擇。

DATA ⓧ河內大教堂步行12分 ㊟24 Hàng Vải ☎04-32668096 ㊐9～21時 ㊡無休 ⒺⒺ

越南三明治套餐9萬VND，附每日甜點及咖啡

龍邊站 Ga Long Biên

Huyền Long

Hàng Khoai街整條路上都是餐具和鍋具店

100m

F Gầm Cầu街

E Hàng Khoai街

Hằng

電動巴士乘車處

G 東宣市場

Đồng Xuân街

Cửa Hàng

東河門

唯一保存下來的城門，附近多條街道非常熱鬧

D Hàng Chiếu街

Hàng Mã街（吉祥物・紙佛具）

Chả Cá街

Hàng ĐườngXuân街

Nguyễn Siêu街

Trần Nhật Duật街

Hàng Buồm街

Lãn Ông街（中藥）

C Hàng Cân街

Hàng Bồ街有許多布料店及製衣用衣飾店

Minh Điệp

Mẫm Nghía

B Hàng Bồ街

Hàng Bạc街（銀製品）

有許多印章店與佛具店的Hàng Quạt街

Lương Văn街

Hàng Đào街

週六、日19時起有夜市擺攤

Phúc Lợi

Hàng Thiếc街（錫製品）

Hàng Điếu街（蓮花茶）

A Hàng Quạt街

Hàng Mành街（樂器）

杭大市場 Chợ Hàng Da

2F是時髦商店、地下室則有好多巴茶燒陶器店！

電動巴士乘車處

Hàng Đậu街（涼鞋）

還劍湖 Hồ Hoàn Kiếm

↘往河內大教堂

每週六、日19～23時在Hàng Dào街（別冊MAP●P15C3）有夜市擺攤。有許多販售伴手禮與服飾等商品的攤販，十分熱鬧。

POINT 1 需注意車輛或機車！

雖說舊市區巷弄繁多，但車流量很大，過馬路時要特別小心。

POINT 2 善用電動巴士

夏天氣候炎熱，想靠步行觀光非常容易疲倦。此時可得好好善用行駛在舊市區裡的電動巴士（→參照別冊P19）。

POINT 3 殺價訣竅

小商店的商品多半沒有標示價格，都是老闆說了算。一次多買一些通常可以算便宜一點。

A 很多印章店與佛具店 Hàng Quạt街

Phúc Lợi 別冊MAP ●P15C3

由兄弟一起經營的印章店。單純刻名字只需要5分鐘。視材質與款式而異，簡單的印章US$3～。

DATA ㊋河內大教堂步行8分 ㊟6 Hàng Quạt ☎04-38245171 ㊎7～19時 ㊡無休

讓人感受到越南風情的圖樣相當受歡迎

B 手工藝品店聚集在此 Hàng Bồ街

Mấm Nghía 別冊MAP ●P15C3

店頭展示了許多商品的手工藝品店。尤其是布徽章，種類五花八門。

DATA ㊋河內大教堂步行10分 ㊟6B Hàng Bồ ☎04-38289093 ㊎8～18時 ㊡無休

1. 布徽章3個約2萬VND
2. 布尺1個1萬VND

C 想找文具店來這裡就對了 Hàng Cân街

Minh Điệp 別冊MAP ●P15C2

雖然感覺上像是一般街頭上的文具店，不過陳列架上擺著的是復古風格筆記本與鉛筆。有賣捆包材料。

DATA ㊋河內大教堂步行10分 ㊟26 Hàng Cân ☎04-39230663 ㊎7時～18時30分 ㊡無休

1. 小紙袋5000VND
2. 筆記本各15000VND

D 從塑膠編織包到細竹藤包都有 Hàng Chiếu街

Cửa Hàng 別冊MAP ●P15C2

主打色彩鮮豔的塑膠編織包、藤竹和藺草編織包及拖鞋等小商品。每種款式幾乎都是獨一無二的商品。

DATA ㊋河內大教堂步行15分 ㊟80 Hàng Chiếu ☎04-39283510 ㊎9～18時 ㊡無休

1. 藺草午餐籃5萬VND
2. 拉鏈式藤包15萬VND

E 餐具和刀叉種類選擇豐富 Hàng Khoai街

Hằng 別冊MAP ●P15C1

主要販賣餐盤與杯子等日常生活使用的餐具以及茶具等商品。購買時需確認能否零售。

DATA ㊋河內大教堂步行16分 ㊟46 Hàng Khoai ☎04-38243307 ㊎7～19時 ㊡無休

1. 花卉湯匙＆叉子各5500VND 2. 附蓋保鮮盒3個一組11萬VND

F 餐具和刀叉種類豐富 Gầm Cầu街

Huyền Long 別冊MAP ●P15C1

主要販售玻璃杯及保存罐、花瓶等玻璃商品。可以找到一些充滿懷舊氛圍的杯子。

DATA ㊋河內大教堂步行17分 ㊟16 Phố Gầm Cầu ☎04-38283427 ㊎6～19時 ㊡無休

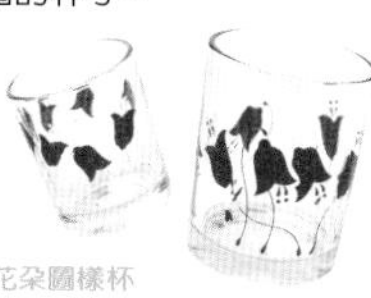

花朵圖樣杯 大4000VND、小2000VND

G 從雜貨到食品應有盡有 東宣市場

Chợ Đồng Xuân 別冊MAP ●P15C1

坐落舊市區北側的大型市場。從生鮮食品、生活雜貨到伴手禮等應有盡有。

DATA ㊋河內大教堂步行16分 ㊟3 Đồng Xuân ☎04-38282170 ㊎6～18時 ㊡無休

1. 塑膠製調味料容器2萬VND
2. 迷你束口袋1個2萬VND
3. 有些店鋪不零售，需事先確認

種類非常豐富，可依個人喜好挑選

色彩鮮豔且款式眾多♪廚房用品＆餐具

河內的雜貨店有好多可讓餐桌增添光彩的商品，如在河內近郊村落所製作的巴茶燒等。從充滿懷舊氣息的傳統樣式到現代摩登的設計款，在這裡挖掘符合自己喜好的商品吧。

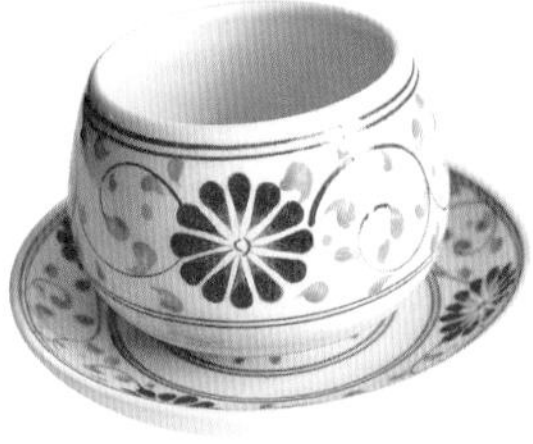

杯子　US$2.80
盤子　US$2.50
菊花圖案的基本款
杯盤組 A

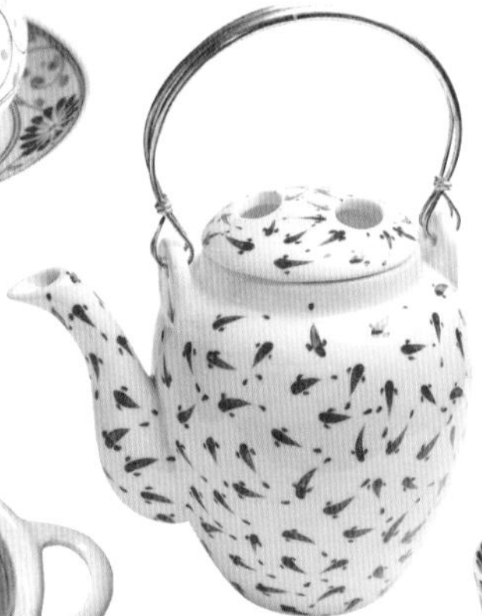

茶壺　US$15
佈滿小金魚圖案的
高茶壺 A

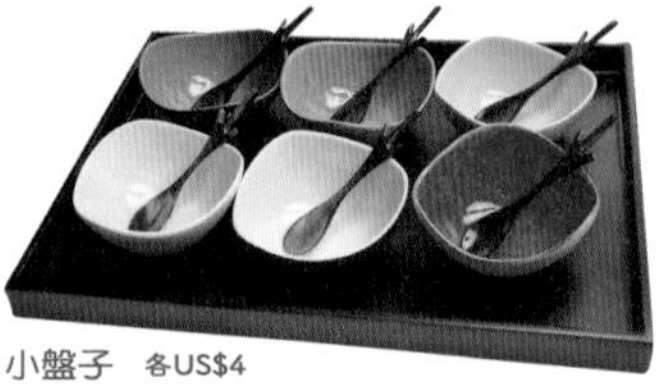

小盤子　各US$4
新巴茶燒的代表作。水牛角
湯匙各US$2 A

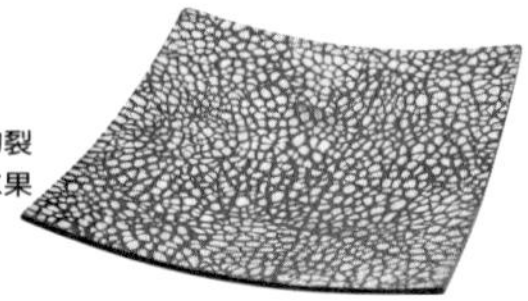

漆器四方盤
10萬VND
以碎蛋殼裝飾做成的裂
痕紋樣漆器。可當水果
盤或乾燥花盤 C

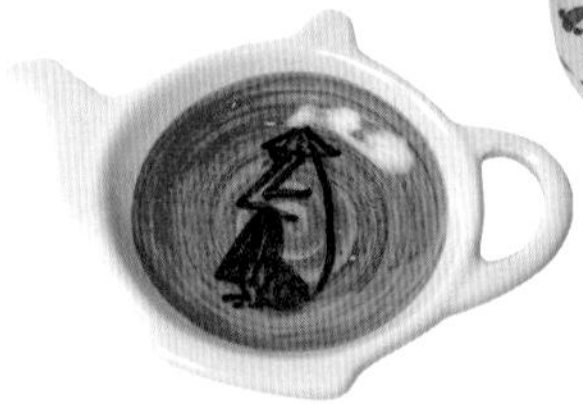

茶包盤
13萬VND
繪有越南風情圖樣的
茶包專用盤 B

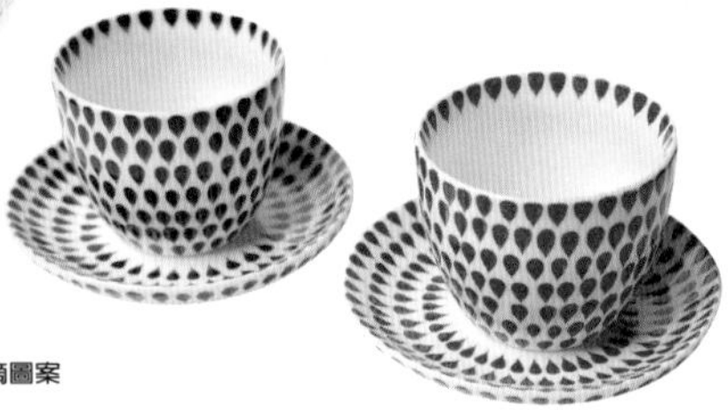

杯盤組
各8萬VND
可愛嶄新風格的水滴圖案
巴茶燒 B

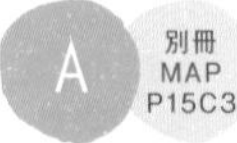

A　別冊 MAP P15C3　●舊市區

Hanoi Moment

新巴茶燒的發源店家

與日本的製造商攜手合作，共同設計出時尚風格的新巴茶燒陶器店。以巴茶燒為主，品味高尚的廚具雜貨琳瑯滿目。也販售水牛角製成的飾品。

DATA
㊋河內大教堂步行7分
㊟101 Hàng Gai
☎04-39287170
㊕8時30分～20時30分
㊡無休 E

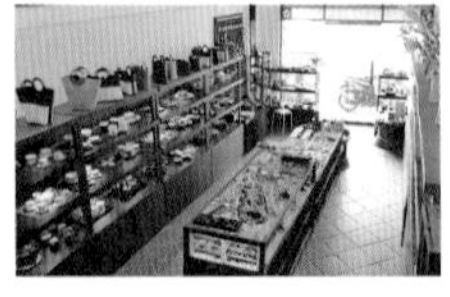

B　別冊 MAP P15C4　●還劍湖周邊

Ajisai

很有品味的伴手禮店

精選廣受日本觀光客喜愛的伴手禮人氣店家。也販售採北歐風格設計的巴茶燒，這是其他地方看不到的原創商品。另外還販售食品及布製品，最適合到這裡一次買齊伴手禮。

DATA
㊋河內大教堂步行即到
㊟12 Nhà Thờ
☎04-39380219
㊕9～20時　㊡無休 E

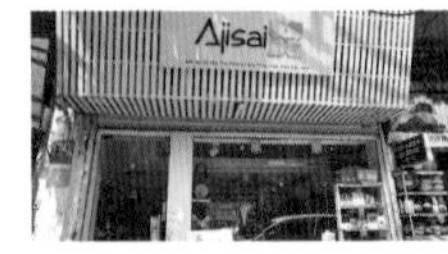

小小知識　漆器不耐熱，因此不適合盛放溫熱料理。也不能放進自動洗碗機清洗，需使用中性洗碗精手洗。琺瑯製品洗完需完全擦乾，否則容易生鏽。

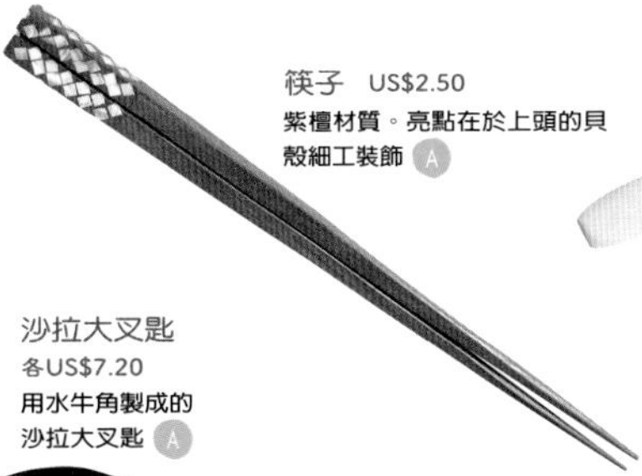

筷子 US$2.50
紫檀材質。亮點在於上頭的貝殼細工裝飾 A

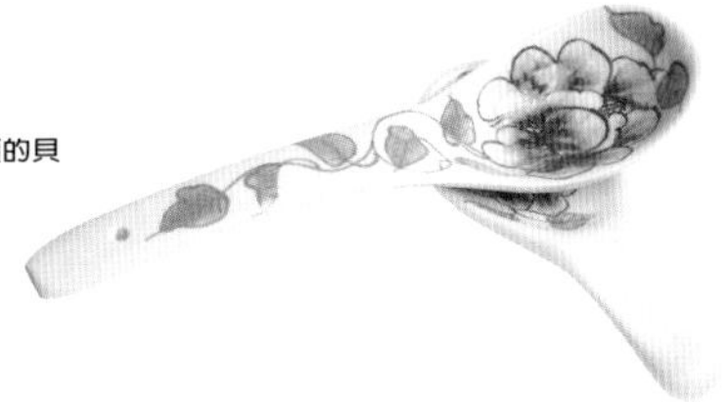

湯勺 US$5
湯勺墊 US$3
湯勺墊旁還可當作筷架使用，十分方便 A

沙拉大叉匙
各US$7.20
用水牛角製成的沙拉大叉匙 A

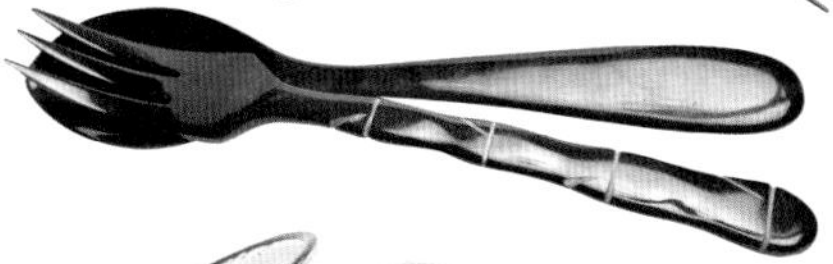

筷墊
各45000VND
閃耀光芒的貝殼細工筷墊 B

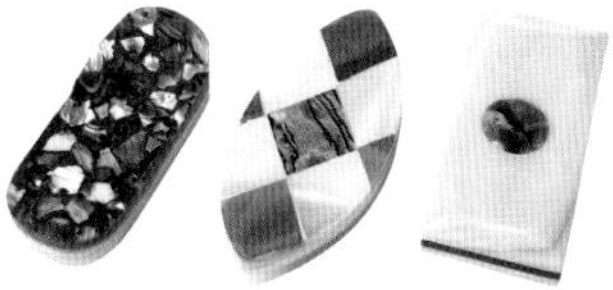

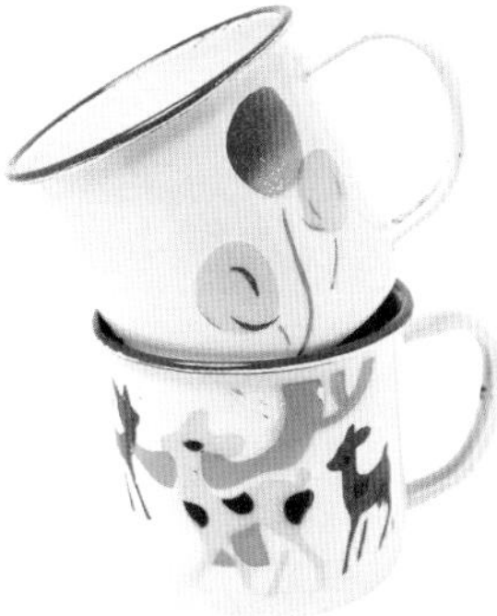

大碗 5萬VND
大圓盤 8萬VND
大碗與大圓盤都是輕質量的竹製品，可放餅乾或當成裝飾 C

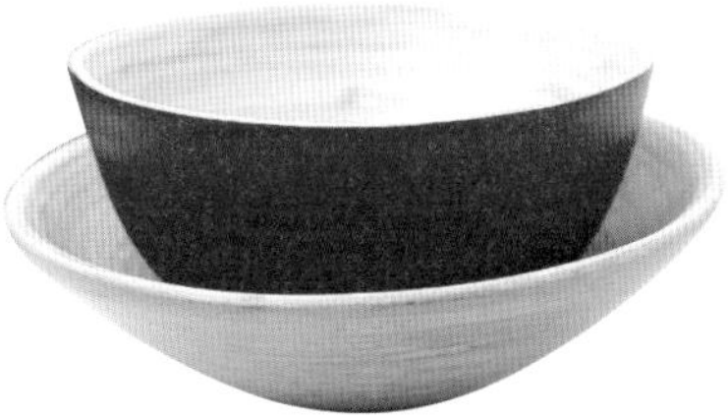

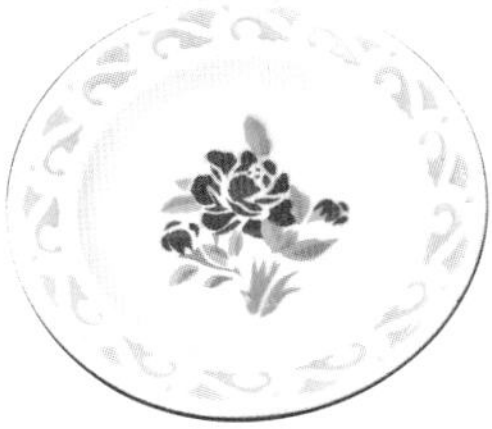

盤子
6萬VND
直徑16cm的小盤子，用途非常廣泛 D

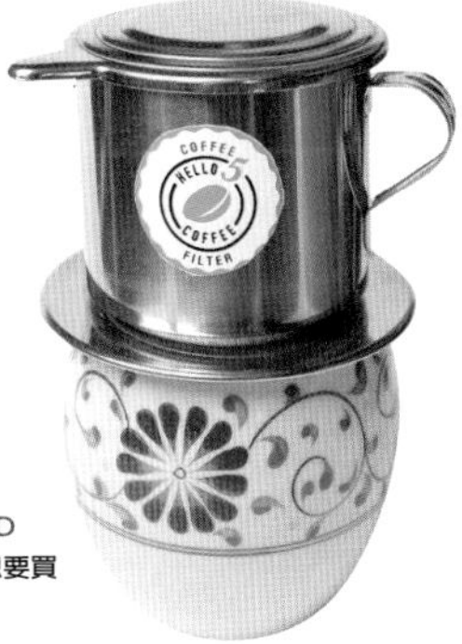

馬克杯 各4萬VND
多用途琺瑯製小杯子 D

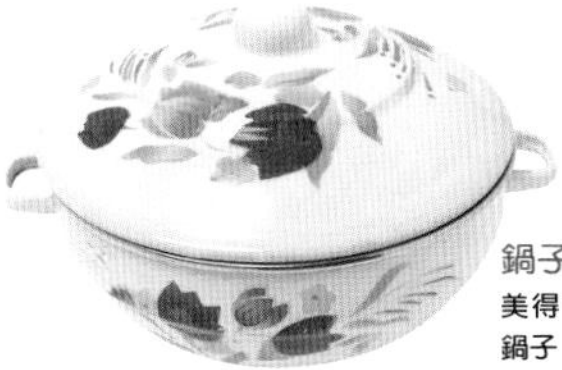

鍋子 23萬VND
美得有如家飾品的花朵圖樣鍋子，大小尺寸都有 D

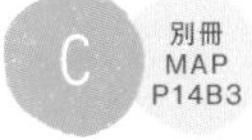

越南咖啡濾器
（附咖啡豆） 25萬VND
只要是咖啡愛好者都會想要買一組的咖啡濾器 B

C 別冊MAP P14B3 ●舊市區 Hanoi Smile

位在Hang Da Galleria內的伴手禮店

從漆器、陶器到包包及領巾等布製品等，網羅了各種越南伴手禮。有許多便宜的手工藝品，想找一點伴手禮的人可順道進來逛逛。

DATA
交河內大教堂步行7分
住Chợ Hàng Da,2F
☎090-4055552
時9～20時 休無休 E

D 別冊MAP P14B1 ●舊市區 Sắt Tráng Men Nhôm Hải Phòng

復古的琺瑯有著小小的人氣

小小店面堆滿琺瑯和鋁製品的商店。由琺瑯工匠雲集的海防進貨的手工商品，古老的花色極富吸引力。鋁鍋和燒水壺外形很可愛。

DATA 交河內大教堂步行15分
住38A Hàng Cót
☎04-38269448
時8時～17時30分 休無休

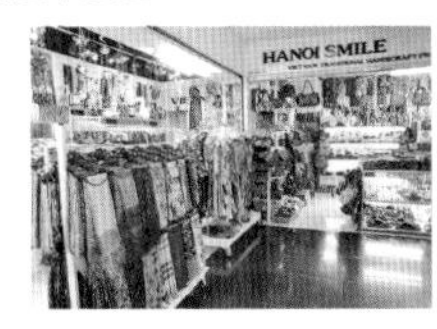

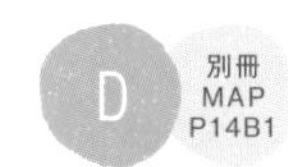

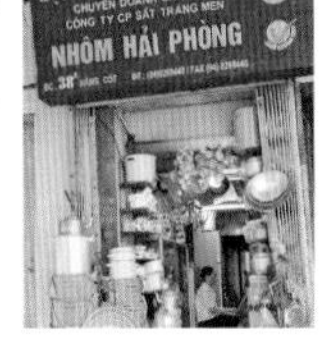

少數民族的編織品，從刺繡到成形

一針一線手工縫製的上等編織品

無論是纖細的手工刺繡，還是以紮實的縫製技術完成的服飾，河內販售種類豐富的細緻手工布製品。也別錯過出自生活在河內近郊山區的少數民族之手的編織品。

1.可愛的淡色刺繡化妝袋13萬5000VND～Ⓐ 2.款式眾多的靠枕套45萬VND～Ⓐ 3.有3種尺寸的布製熊娃娃35萬2000VND～Ⓑ 4.護照套各48萬4000VNDⒷ 5.手工編織皮革長夾195萬5000VNDⒸ 6.以木珠及皮革裝飾的包包425萬5000VNDⒸ 7.普普風格化妝包143萬9000VNDⒶ

A Tanmy Design

●舊市區

別冊MAP ● P15C3

高設計性備受好評

無論品質還是設計皆擁有高水準的老店。寬闊的店面商品種類豐富，如寢具、雜貨小物、流行服飾等應有盡有。除了原創商品外，也有出自當地設計師之手的服飾。

DATA

㊋河內大教堂步行7分 ㊟61／63 Hàng Gai ☎04-39381154 ㊍8～20時 ㊡無休 Ⓔ

B nagu

●還劍湖周邊

別冊MAP ● P15C4

越南風格的雜貨

有許多帶有手工刺繡小裝飾的服飾與雜貨。有許多充滿越南風格設計的刺繡商品，比如蓮花樣式，在在吸引少女們的目光。多半採用較低調的色系，很好搭配。

DATA

㊋河內大教堂步行即到
㊟20 Nhà Thờ
☎04-39288020
㊍8～21時
㊡無休 Ⓔ

C Ipa-Nima

●還劍湖周邊

別冊MAP ● P15C4

發源自河內的包包品牌

在國外也設有分店的人氣品牌。堅持手工刺繡與手工編織，使用不同材質並結合珠子、刺繡做成個性化商品為其品牌特色。也販售可裝飾在錢包與提包上的鑰匙圈等小物。

DATA

㊋河內大教堂步行即到
㊟5 Nhà Thờ
☎04-39287616
㊍9～20時
㊡無休 Ⓔ

小小資訊

視店內繁忙程度，量身訂做的衣服需要的製作時間會有所差異。抵達河內後最好盡快前往訂製。若有指定的樣式，可把雜誌等圖片一同帶去以便溝通。詳細訂製方法請參照P34。

少數民族雜貨

少數民族各自傳承了獨自的傳統編織品以及染布技術。利用色彩鮮豔且施以纖細刺繡的編織布料所做成的雜貨，具有獨特的魅力。了解各民族的特色後一定會覺得更有趣。

岱依族

最具代表性的是色彩鮮豔的直線條編織。零錢包15萬4000VND Ⓓ

赫蒙族

美麗的刺繡骨董布料做成的面紙包11萬VND Ⓓ

白苗族

由擅長精細手工刺繡的白苗族做成的迷你化妝包35萬VND Ⓔ

瑤族

擅長以大自然為主題的精細刺繡。杯墊套組33萬VND Ⓓ

8

9

10

11

12

13

14

8.以少數民族編織布料做成的麻布包59萬4000VNDⒹ 9.少數民族編織布料髮束各16500VNDⒹ 10.蓮花刺繡越南長衫上下一套US$210Ⓕ 11.少數民族的長條桌巾89萬VNDⒺ 12.白苗族編織布料做成的包鞋57萬VNDⒺ 13.手工刺繡包US$69Ⓕ 14.赫蒙族與岱依族代表紋樣的書衣15萬4000VNDⒹ

D ●還劍湖周邊

Chie

別冊MAP ● P15C4

少數民族手工製品琳瑯滿目

販售越南西北部少數民族活用傳統技術製成的各種商品。以化妝包與領巾等高品質布製品為主。化妝包等小物很適合買來當伴手禮。

DATA

㊛河內大教堂步行3分
㊟66 Hàng Trống
☎04-39387215
㊗8時30分～21時
㊡無休 Ⓔ

E ●舊市區

Sapa Shop

別冊MAP ● P15C3

價格合理的少數民族雜貨

主要販賣以少數民族編織布料做成的雜貨，有各式各樣可當伴手禮的商品可供選擇。由到法國修業過的設計師製作的包包和鞋子等服飾品種類特別豐富。

DATA

㊛河內大教堂步行6分
㊟92 Hàng Gai
☎04-39380058
㊗8時30分～21時
㊡無休 Ⓔ

F ●胡志明陵寢周邊

Coco Silk

別冊MAP ● P18B4

訂製服的老店

縫紉技術有一定好評的訂製服服飾店。價格視款式而定，飾有簡單刺繡的洋裝約US$160～，約需2～3天。完成後會幫客人送至飯店。

DATA

㊛河內大教堂車程7分
㊟35 Văn Miếu
☎04-37471535
㊗8時30分～19時30分 ㊡無休 Ⓔ

茶葉、零嘴、調味料、速食品等等

從精選禮品到輕鬆小品 以目的來選擇美食伴手禮

最適合做為伴手禮的是價格實惠的食品類商品。
從十分講究包裝的精選美食，到可在超市買到的分送用伴手禮，依照目的選擇吧。

精選美食商品

別冊 MAP P16A1

Pheva Chocolate

用嚴選材料製成的巧克力

原料為越南產可可豆，搭配法國老闆精選的材料做成的巧克力專賣店。以黑巧克力、牛奶巧克力、白巧克力3種巧克力為底製作出黑胡椒、開心果、柳橙等共18種口味，可以自己選擇外盒顏色這點也相當有吸引力。

DATA ㊋河內大教堂步行11分 ㊟8B Phan Bội Châu ☎04-32668579 ㊎8～19時 ㊡無休 Ⓔ

可自行選擇外盒顏色的自選組合包裝。24個16萬VND

人氣口味6個入5萬VND。所有巧克力都附上同色紙袋，很適合拿來送禮

別冊 MAP P17D1

L'Epicerie Du Metropole

把老牌飯店的美味帶回家

坐落於名流們御用飯店內的店鋪。附設輕食區，除了提供三明治與飲料，也販賣一些甜點類食品。雖然也有販售法國高級食品牌HEDIARD的商品，不過還是推薦飯店的獨創商品。

DATA ㊋河內大教堂步行12分 ㊟Ⓗ河內大都市索菲特傳奇酒店(→P124)1F ☎04-38266919 ㊎7～21時 ㊡無休 Ⓔ

核果與松露巧克力8個入40萬VND。在巧克力Buffet也能吃得到

飯店製作的口感超酥脆餅乾17萬5000VND

別冊 MAP P12A2

ANNAM GOURMET MARKET

越南首屈一指的高級食材店

在越南擁有4間店鋪的高級食材店。2層樓的店內1樓販售咖啡和巧克力等商品，2樓主要販售生鮮食品。雖然多為歐美進口食品，不過也能找到高品質的越南產咖啡及茶葉等商品。

DATA ㊋河內大教堂車程20分 ㊟51 Xuân Diệu ☎04-66739661 ㊎7～21時 ㊡無休 Ⓔ

越南產水果果醬11000VND～。左起葡萄柚&橘子、越南水果金柑、芒果&楊桃

越南各地出產的8種精選茶葉組合48萬VND

小小資訊 越南的超市禁止攜帶大包包進入，需寄放在入口處的置物櫃裡。進店時警衛會視狀況提醒客人，請多注意。

日用品也不容錯過！

超市的日用品種類也非常豐富，如平價復古風塑膠餐具，以及越南咖啡濾器等，可順便買來當簡單伴手禮，一併加入清單當中吧。

塑膠製小盤子4400VND。可當醬油盤的超便宜小碟子花色選擇非常多 A

肉桂樹牙籤5200VND，很適合用來預防口臭 A

簡單輕便的當地美食

蝦子仙貝7500VND，只要油炸過就成為簡單的下酒零嘴或點心 B

在河內比河粉還大眾化的細米線7900VND。做成炒麵也非常美味 B

讓越南成為輸出國第一名的外銷商品越南開心果。還有帶殼及其他口味。34800VND A

越南菜不可或缺的蝦醬32300VND。不論是種類或容量選擇都相當豐富 B

波羅蜜脆片39800VND。很受歡迎的零嘴，口感酥酥脆脆 A

葵花子8100VND，是下酒零嘴或點心的基本款。識為咖哩口味 B

菊花茶26300VND。據說乾燥菊花製成的茶葉對消除眼睛疲勞與肌膚保養頗有功效 B

蓮花茶21400VND。在越南一提到茶，一般都是指蓮花茶，也有利尿的功效 B

A 別冊 MAP P15D4 ●還劍湖周邊

Fivimart

食材區選擇非常多樣

位於還劍湖東側的超市。寬廣的賣場裡各種食品及日用品琳瑯滿目。特別是速食等食品種類非常多，商品陳列方式也令人一目了然。

DATA ㊋河內大教堂步行17分 ㊟27B Lý Thái Tổ ☎04-39264820 ㊍8時～21時30分 ㊡無休

B 別冊 MAP P15C4 ●還劍湖周邊

Intimex

地理位置絕佳

位在河內大教堂附近的超市，地點非常便利。超市有2層樓，1樓主要是食品區，2樓則是雜貨和餐具以及各種乾貨。超市入口位在裏頭，不是很好找，小心別錯過招牌。

DATA ㊋河內大教堂步行5分 ㊟26-32 Lý Thái Tổ ☎04-38256148 ㊍8～21時 ㊡無休

沒吃到這一道絕對不回去！

到人氣店家品嘗！河內的知名美食

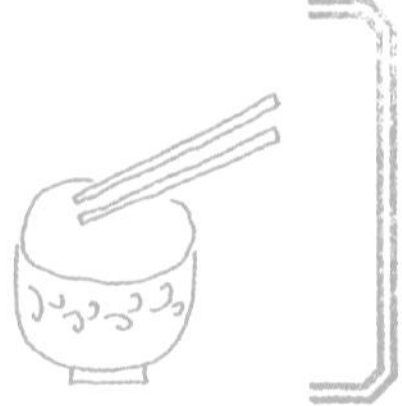

來到北越河內就千萬不可錯過這4道美食。
從廣為人知的菜色到難得一見的餐點，讓我們到老店享用必吃的知名美食！

牛肉河粉 Phở Bò

越南最具代表性的美食河粉是發源自北越的麵食餐點。這是一道加了各種食材的湯麵，北越的湯頭口味較南越清爽，特色是配菜簡單，只加入牛肉、青蔥和香草。
【食用指南】→參照P39

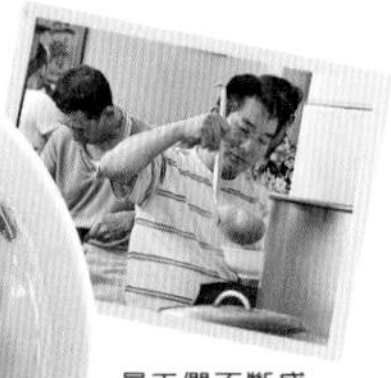

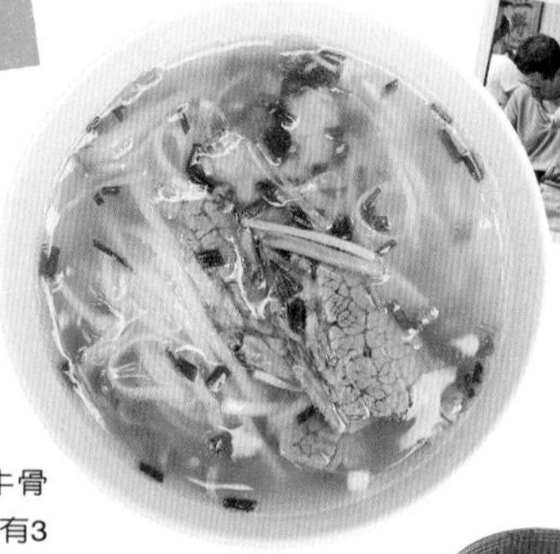

別冊 MAP P14B3

Phở Gia Truyền

總是大排長龍的人氣店家

在當地擁有超高人氣的河粉專賣店。長時間用牛骨熬煮而成的湯汁濃縮了相當有層次的好滋味。只有3種口味，如右圖的半生牛肉河粉、全熟牛肉河粉4萬VND、以及半生＆全熟牛肉河粉。

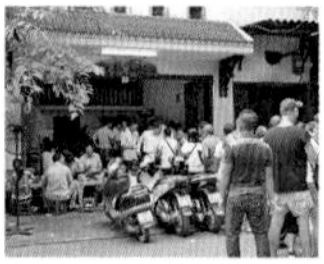

DATA ㊋河內大教堂步行10分
㊟49 Bát Đàn ☎無
㊐6～20時（湯汁售完打烊） ㊡無休

員工們不斷盛湯，以便盡快消化排隊人潮

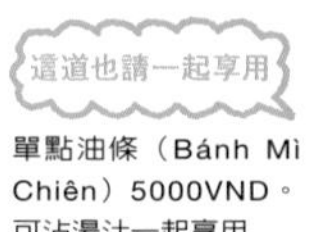

單點油條（Bánh Mì Chiên）5000VND。可沾湯汁一起享用

烤豬肉米線 Bún Chả

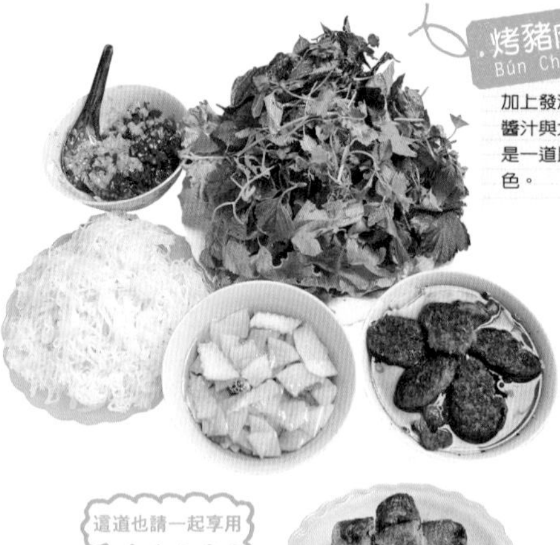

用炭火烤過豬肉丸後，加上發源自北越的米線，淋上甜醋醬汁與大量蔬菜一起享用，在河內是一道比河粉還要受民眾喜愛的菜色。

【食用指南】
取適量的米線、蔬菜放進碗裡，加入豬肉丸後，淋上甜醋醬汁一起享用。可視喜好另外添加蒜頭、辣椒等。

別冊 MAP P15C3

Dắc Kim

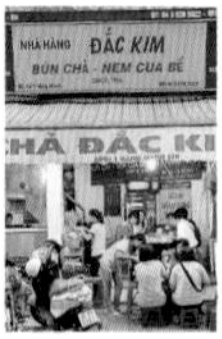

分量十足的豬肉丸非常美味

創業於1966年，可吃到滿滿的烤豬肉與烤豬肉丸2種不同口感的人氣餐廳。香噴噴的厚片烤肉與酸甜醬汁搭配在一起，形成無與倫比的美味。左圖的單點烤豬肉米線6萬VND，可搭配2條蟹肉炸春捲的套餐9萬VND。

DATA ㊋河內大教堂步行5分 ㊟1 Hàng Mành
☎04-38285022 ㊐10～20時 ㊡無休 E

這道也請一起享用

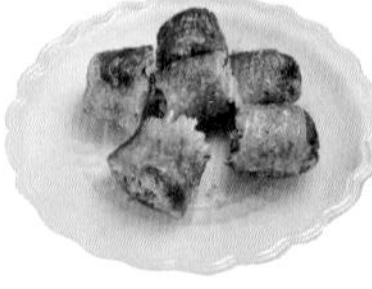

蟹肉炸春捲（Nem Cua Bể）15000VND。也可沾烤豬肉米線的醬汁一起吃

河粉裡頭的牛肉除了全熟牛肉（Chín）外，也有半生牛肉（Tái）、以及半生＆全熟牛肉（Tái Nạm）。
河粉專賣店多為當地店家，很多都沒有英文標記，先了解這些單字，點菜起來會方便許多。

還有好多！
河內美食

跟南越相比起來，北越菜沒有使用那麼多香草類蔬菜，調味料以簡單的魚露、鹽巴、醬油等為主，特色是口味較鹹。右圖皆出自Nhà Hàng Ngon （→P102）。

炸蝦餅
Bańh Tôm
將西湖捕獲的鮮蝦裹上麵衣入鍋油炸而成的越式炸蝦。58000VND

湯米線
Bún Thang
加了雞肉、火腿、蛋絲等，在農曆過年時吃的一種湯麵。58000VND

蝦醬炸豆腐米線
Bún Dậu Mắm Tôm
炸豆腐和米線及蔬菜，沾上蝦醬一起吃。52000VND

豬絞肉春捲
Bánh Cuốn Nhân Thịt
用蒸過的米皮將豬絞肉包起來而成的春捲。52000VND

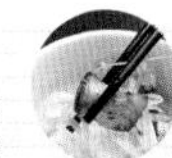

【食用指南】
在事先以平底鍋煎過的鮮魚上加入青蔥及蒔蘿再稍稍炒過。在裝了米線的碗裡加上煎好的鮮魚和香草、花生、辣椒後，再淋上醬汁一起享用。

鱧魚鍋
Chả Cá

將鯰魚等白肉種以薑黃調味後下鍋，和青蔥及蒔蘿一同煎炒，再與米線、香草一起拌著吃的鱧魚鍋，乃發源自河內的美食。

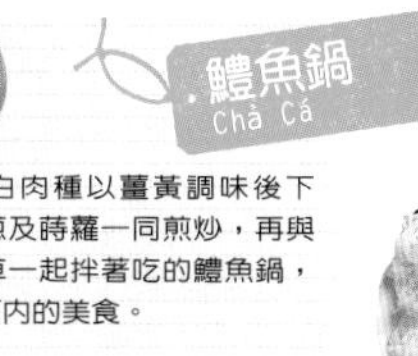

舊市區 別冊MAP P15C2 Chả Cá Lã Vọng

可品嘗到傳統鱧魚鍋

自1871年開幕以來，已傳承了4代的鱧魚鍋老店。使用了北越產的口感清爽白肉魚，醬汁只簡單地使用了魚露。菜色只有右圖的鱧魚鍋一種，入座後，餐廳會視人數送上對應分量的餐點。

DATA 交河內大教堂步行11分
住14 Chả Cá ☎04-38239875
時11～23時 休無休

還道也請一起享用
非常促進食慾的辣味鱧魚鍋和河內啤酒（Bia Hà Nội）2萬VND非常搭配

河粉捲
Phở Cuốn

發源自越南北部的河粉捲。使用河粉製成外皮，以滑溜Q彈的口感為其特徵。每家店使用的內餡都不太相同，一般來說，以牛肉、萵苣、香菜最為常見。

【食用指南】
沾取加了砂糖的魚露享用。

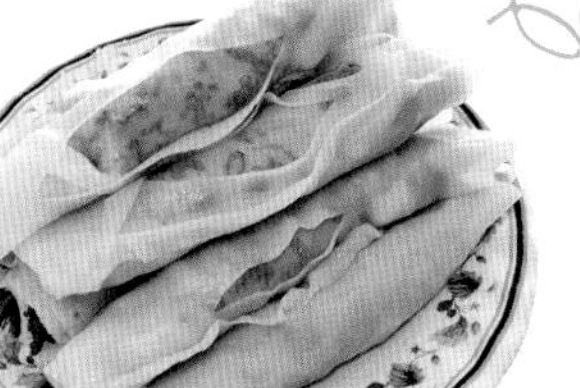

西湖周邊 別冊MAP P13C1 Phở Cuốn Vinh Phong

有如點心的河粉捲

坐落通稱「河粉街」的街道，上門客人絡繹不絕。左圖的河粉捲5萬VND，內餡有牛肉、萵苣、香菜，口感滑溜且捲得較細，很適合當點心。另外也有河粉湯等菜色，選擇多樣豐富。

還道也請一起享用
在折疊成小塊油炸的河粉淋上牛肉與青菜勾芡而成的牛肉燴炸河粉（Phở Chiên Phồng）5萬VND

DATA 交河內大教堂車程15分 住40 Ngũ Xã ☎04-37150133
時8時30分～23時 休無休

無論口味還是氣氛都讓人不禁沉醉其中♥

讓人想稍作打扮再前往的殖民地風格餐廳

河內有許多由法屬殖民地時代宅邸改建而成的餐廳。在優雅的氛圍之中，品嘗連擺盤也精緻講究的頂級菜色。

別冊 MAP P17D3

Au Luc House

置身白色宅邸品嘗越南道地傳統美食

將曾是醫生邸宅的100年歷史法式別墅改裝而成的餐廳。豪華典雅的外觀也常成為電視與雜誌拍攝地。能以合理價格享用傳統越南菜是這間餐廳受歡迎的原因之一。

1

2

3

DATA ㊋河內大教堂車程10分 ㊟13 Trần Hưng Đạo
☎04-39333533 ㊐10～14時、17～23時（22時LO）
㊡無休 預算/午餐30萬VND～、晚餐50萬VND～
☑有諳英語的員工 ☑有英文版菜單 ☑需事先訂位（盡量）

1.以白色為基調的3層大宅 2.能夠欣賞盎然綠意的寬廣露天座位 3.炸軟殼蟹佐黑胡椒醬26萬9000VND、順化風味豬肉與蝦肉腸粉15萬9000VND

1

2

3

別冊 MAP P13C1

Home

每一處都十分講究的獨棟時尚餐廳

黃色外牆令人印象深刻，這是由法式殖民地式樣宅邸改建而成，於2015年6月開幕的餐廳。每個用餐空間裝潢都不一樣，使用的餐具是特別訂製的巴茶燒，連小細節都能感受其講究之處。招牌菜為在下龍灣捕獲的海產烹調而成的越南菜。

DATA ㊋河內大教堂車程15分 ㊟34 Châu Long
☎04-39392222 ㊐10～14時、17～22時 ㊡無休
預算/午餐60萬VND～、晚餐60萬VND～
☑有諳英語的員工 ☑有英文版菜單 ☑需事先訂位

1.特別保留復古氛圍的特色並進行改建 2.開幕以來始終維持著超人氣，常常預訂一空。菜單每年更換4次 3.用下龍灣進貨的新鮮鯰魚烹調而成的鱧魚鍋30萬VND（圖片下）、蒸蝦佐甜醋25萬VND（圖片上）

「Porte D'Annam」14時前的午餐套餐19萬8000VND很受歡迎。可從3種前菜、主菜、甜點當中挑選，菜單每週更換。

別冊 MAP P16A1

La Badiane

在優美空間享用法國菜

出自3位法國老闆之手，結合了越南口味的法國美食餐廳。2015年8月已將中庭座位改裝成能夠沐浴在和煦陽光之中的舒適空間。提供超值午餐套餐37萬5000VND。

DATA ㊇河內大教堂步行13分
㊟10 Nam Ngư ☎04-39424509
㊋8時30分～22時(LO) ㊡無休
預算/午餐50萬VND～、晚餐120萬VND～
☑有諳英語的員工 ☑有英文版菜單
☑需事先訂位

1.白色外觀的法式別墅約為70年前建築物 2.鮭魚煎佐義大利肉捲與橄欖鯷魚醬59萬5000VND 3.以白色為基調的中庭是主要用餐空間

別冊 MAP P15C4

Porte D'Annam

出自知名廚師之手的新越南菜

由曾參加過越南版《料理鐵人》節目演出的知名廚師親手調理，精緻時尚的越南菜廣受好評。餐廳是從河內大教堂的宿舍改建而成的，可以享受到各個房間殖民地式和傳統住宅等各異的風格。

DATA ㊇河內大教堂步行即到 ㊟22 Nhà Thờ ☎04-39382688 ㊋11時～22時30分 ㊡無休 預算/午餐20萬VND～、晚餐50萬VND～ ☑有諳英語的員工 ☑有英文版菜單 ☑需事先訂位

1.掛著德蕾莎修女像的2F房間 2.位在河內大教堂周邊商店雲集的區域 3.蘸萬炒花枝蛤蠣26萬VND

別冊 MAP P17C3

Wild Rice

獨創性十足的菜色非常受歡迎

在官僚舊居改裝而成的別墅內，可品嘗到將傳統菜色加以變化而成的獨樹一格越南菜。上等優雅的調味與美麗擺盤有一定好評，在當地外國人之間也頗有人氣。

DATA ㊇河內大教堂車程10分
㊟6 Ngô Thì Nhậm ☎04-39438896
㊋11～14時、17～22時(21時LO) ㊡無休
預算/午餐60萬VND～、晚餐60萬VND～
☑有諳英語的員工 ☑有英文版菜單
□需事先訂位

1.約100年前建造的法式別墅 2.烤雞佐炸糯米餅22萬VND、煎蝦佐花生＆羅望子醬22萬VND等 3.餐廳裡裝飾著當地藝術家的繪畫

融入當地人群享受一番吧！

在鬧區品嘗甜美誘惑當地甜點

觀光與購物空檔若想歇歇腳，不妨嘗試看看當地甜點！
到廣受當地女孩們喜愛的路邊咖啡與專賣店，大啖越南甜點吧。

碎冰什錦水果粒
Hoa Quả Dầm
25000VND
在芒果與西瓜等水果上淋上煉乳的河內人氣甜點 A

芋頭霜淇淋（左）／香草＆草莓霜淇淋（右）
Kem Khoai Môn/Kem Vani & Dâu
1萬VND／12000VND
口感綿密的霜淇淋。甜度適中，口感濃郁。很快就融化了，要趕快吃喔！ C

芒果布丁
Chè Xoài
12000VND
加了南洋最具代表性的水果──芒果果實的布丁。淋上牛奶後口味更香醇 A

萊姆冰茶
Trà Chanh　1萬VND
加入萊姆與砂糖的道地口味茶飲，是年輕人小憩時不可或缺的飲品！ B

紅米優格
Sữa Chua Nếp Cẩm
15000VND
優格與煮過的微甜紅米加在一起的甜點。酸味、甜味及Q彈口感出乎意料的搭配 A

●舊市區周邊

A 別冊MAP P13D2 Dủơng Hoa Kem Caramen

手工製作的布丁超受歡迎

廣受當地女孩們喜愛的超人氣甜點店。自製布丁賣得特別好，入口即化的口感及溫醇甜味讓很多人騎機車來大量購買。

DATA　㊋河內大教堂車程8分
㊟29 Hàng Than
☎04-39272806
㊕10～23時　㊡無休

●舊市區

B 別冊MAP P15D2 Trà Chanh Đào Duy Từ

精心製作的甜點非常受到年輕人的歡迎

總是大排長龍的萊姆冰茶與甜湯店。在甜湯中加入葛粉增添黏度，連配料都是經過不斷嘗試研發出來的，全都有著別家沒有的細膩口感。

DATA　㊋河內大教堂步行13分　㊟31 Đào Duy Từ
☎090-4693773
㊕7時～22時30分
㊡無休　E

小小資訊　甜湯有分熱的跟冰的，有些店點了冰甜湯後，會將熱甜湯與另外盛裝的冰塊一起端上來，客人可自行加入冰塊調整溫度。

椰子果凍
Thạch Dừa Xiêm
35000VND
將新鮮椰子整個做成果凍。下面是椰汁、上面是牛奶共2層 A

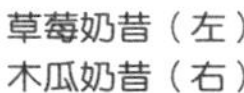

草莓奶昔（左）
木瓜奶昔（右）
Sinh Tố Dâu/
Sinh Tố Đu Đủ
7萬VND/
48000VND
水果加上牛奶、煉乳一起攪拌而成的越式奶昔，最適合用來補充維他命 E

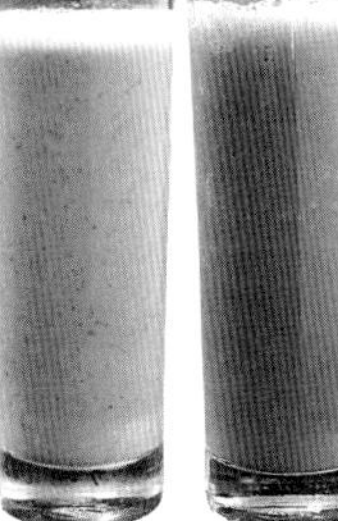

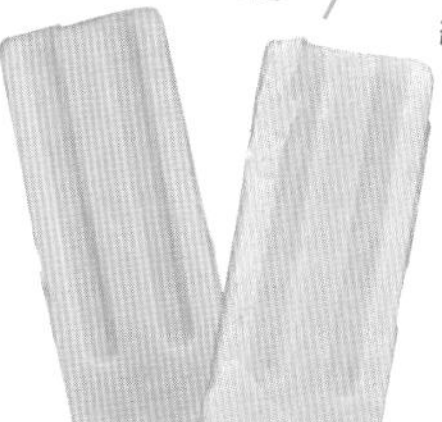

米冰棒（左）
綠豆冰棒（右）
Kem Cơm/
Kem Đậu Xanh
8000VND/
7000VND
在炎熱的越南最受歡迎的是清爽口味的冰棒。低糖口味讓綠豆和米的香氣在嘴裡擴散開來 C

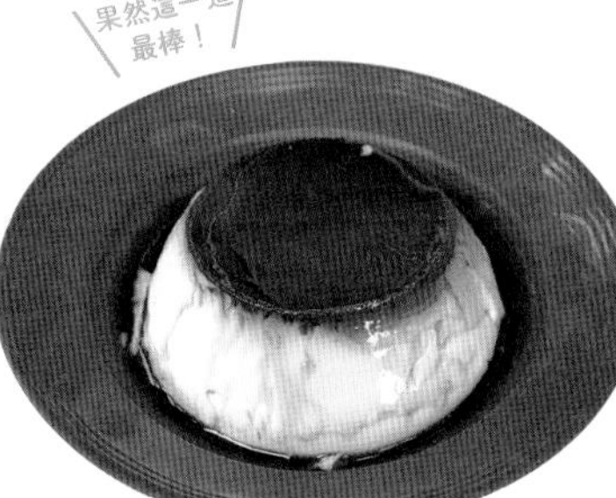

焦糖布丁
Caramen
7000VND
在胡志明市被稱為Bánh Flan，河內則叫做Caramen。口感綿密，甜度也適中 A

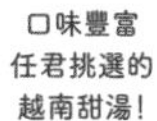

芋頭甜湯
Chè Khoai Môn 2萬VND
將芋頭搗碎後煮成微甜的甜湯。以葛粉勾芡而成的Q彈口感讓人一吃就上癮 B

香蕉甜湯
Chè Chuối
2萬VND
香蕉和椰奶一起煮過的甜湯。亮點在於粉圓的Q彈口感 B

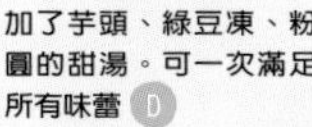

綜合甜湯
Chè Thập Cẩm
15000VND
加了芋頭、綠豆凍、粉圓的甜湯。可一次滿足所有味蕾 D

玉米甜湯
Chè Bắp
15000VND
將玉米煮得幾乎融化而成的甜品。微甜且帶顆粒的口感為其特徵 D

C 別冊MAP P17C2 ●還劍湖周邊

Kem Tràng Tiền

老字號的冰淇淋專賣店

1958年起，當地便無人不曉的冰淇淋專賣店。賣霜淇淋與冰棒的區域是分開的，小心別搞錯了。口味種類豐富的冰棒最受歡迎。

DATA ⓧ河內大教堂步行12分 ㊟35 Tràng Tiền
☎04-37728080
㊐7時30分～22時30分
㊡無休 E

D 別冊MAP P16B2 ●Chợ Hôm市場周邊

Chè Tự Nhiên

純樸的手工甜湯

只有6種甜湯口味的專賣店。非常講究食材，每天都手工製作，熬煮出來的豆類口感與甜味是絕妙美味。

DATA ⓧ河內大教堂步行12分 ㊟20 Quang Trung
☎090-4061266 ㊐12時～18時30分 ㊡週六·日 E

E 別冊MAP P17D3 ●Chợ Hôm市場周邊

Nàh Hàng Ngon

→P102

看心情選擇！

獨樹一格 在咖啡廳享受悠閒時光

請慢慢品茶！

在汽機車潮洶湧的河內，可暫緩一口氣的咖啡廳是非常珍貴的。
在此挑選了一些裝潢或地點都獨樹一格的咖啡廳。

越南茶館

胡志明陵寢周邊 別冊MAP P18B4

Hiên Trà Trường Xuân

優雅地品味傳統越南茶

可靜靜地品嘗傳統越南茶的茶館。除了人氣最旺的蓮花茶外，還有在北部高山採的綠茶及健康茶等約50種。也有販賣獨家特調的蓮花茶60萬VND/100g等。

DATA ㊋河內大教堂車程8分 ㊟13 Ngô Tất Tố ☎04-39110104 ㊎7～23時 ㊡無休 E

1.蓮花茶一壺8萬VND，1杯4萬VND。茶點綠豆糕1包3000VND、蓮子15000VND 2.除了露天座位及桌席之外，還有和式座位 3.第1杯會由服務人員代勞

還劍湖周邊 別冊MAP P14A4

Kinh Do Hanoi Cafe 252

知名女星也造訪過的隱藏版名店

凱薩琳．丹尼芙曾在拍攝期間一連數日造訪過。雖然是一間座落街角，很容易錯過的小咖啡廳，但使用新鮮牛奶製成的優格以及手工糕點等甜點都將食材發揮到極致，有著相當純樸的好味道。

DATA ㊋河內大教堂步行10分 ㊟252 Hàng Bông ☎04-38250216 ㊎7～20時 ㊡無休 E

當地風格

1.女星凱薩琳．丹尼芙連續2天點過的優格15000VND。附水果35000VND 2.店內裝飾著凱薩琳．丹尼芙造訪時拍攝的照片 3.充滿在地風情的店面 4.低糖布丁1萬VND

小小資訊 「Càfê Runam」有販賣咖啡豆，若是喜愛他們咖啡香味，也可以買來當伴手禮。獨家馬克杯與越南咖啡濾器、咖啡豆禮盒組110萬VND等。

The Hanoi Social Club

吸引不少注重養生的歐美人士

位在小巷弄，由獨棟房子改建而成的懷舊風格咖啡廳。有許多加入大量蔬果的菜色，十分受到重視養生的當地歐美人士青睞。晴朗的日子推薦到3樓露天座位。

DATA 交河內大教堂步行7分 住6 Hội Vũ
☎04-39382117 時8～23時 休無休 Ⓔ Ⓔ

1.巧克力與柳橙蛋糕7萬VND、扶桑花茶4萬VND
2.週二・五20時30分開始有現場演奏

Càfê Runam

店家引以為傲的自家煎焙咖啡

2014年12月在河內大教堂旁開幕的咖啡廳。使用100%越南產咖啡豆，自家煎焙的咖啡廣受顧客好評。有越式咖啡及義式咖啡2種，可依喜好選擇。

DATA 交河內大教堂即到 住13 Nhà Thờ
☎04-39286697 時7～23時 休無休 Ⓔ Ⓔ

1.傳統越南熱咖啡7萬VND、冰咖啡75000VND、玉米蛋糕8萬VND
2.2樓與3樓也有座位，可在此小憩一番

Càfê Phố Cổ

可眺望湖面的休閒風咖啡廳

可將象徵河內的還劍湖景色盡收眼底，是一家地理位置相當好的咖啡廳。先在1樓的櫃檯點餐後，再上2樓選位入座，可以輕輕鬆鬆的享受絕佳的景色。飲料的種類也相當豐富。

DATA 交河內大教堂步行7分 住Tại 11 Hàng Gai
☎04-39288153 時8～23時 休無休 Ⓔ Ⓔ

1.加蛋的知名雞蛋咖啡4萬VND、香蕉蛋糕3萬VND 2.可俯瞰湖面風光

還劍湖周邊 別冊 MAP P17D1

Le Club

在高格調飯店內的咖啡廳享受優雅時光

位在河內最具歷史的殖民地風格飯店內的咖啡廳。典雅沉穩的空間讓人忘了外頭的喧嘩，可以好好放鬆身心。每天15時開始的巧克力自助吧有超過20種使用巧克力製成的甜點，很受歡迎。

DATA 交河內大教堂步行12分
住Ⓗ河內大都市索菲特傳奇酒店（→P124）1F
☎04-38266919 時6～24時（巧克力自助吧15時～17時30分） 休無休 Ⓔ Ⓔ

1.典雅裝潢與窗外的盎然綠意非常美麗 2.濃郁的巧克力聖代Charlie Chaplin 28萬VND 3.巧克力自助吧57萬VND，最好事先訂位

從高級Spa到平價按摩

消除旅遊疲勞 Spa & 按摩

從可以體驗奢華氣氛的高級Spa，到觀光和購物之間空檔可順道利用的按摩店。河內算是能以較平實價格體驗護膚療程的城市。到河內消除旅途的疲憊吧！

高級Spa

舊市區 別冊MAP P15D3

Spa La Siesta

MENU
・Relaxation Treatment（60分，75萬VND）
使用精油的強力按摩※也可另外加選藥草浴（20分，36萬VND）

堅持為每位客人提供最合適的療程

2014年於飯店內開幕的Spa。透過與客人的充分溝通以便把握每位客人的身體狀況與需求，並使用100%天然產品來進行療程。從身體、臉部到足部等療程種類豐富。

DATA ⊗河內大教堂步行13分 ㊟Ⓗ La Siesta Hotel&Spa（→P125）3F ☎04-39263641 ⊕9～21時（最晚20時前入店） ㊡無休 需預約 Ⓔ Ⓔ

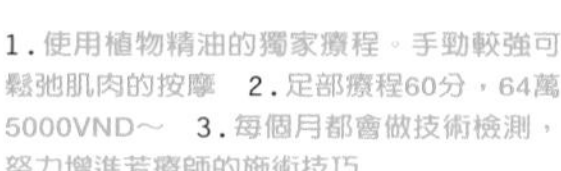

1.使用植物精油的獨家療程。手勁較強可鬆弛肌肉的按摩　2.足部療程60分，64萬5000VND～　3.每個月都會做技術檢測，努力增進芳療師的施術技巧

西湖周邊 別冊MAP P12A2

Zen Spa

療癒的藥草香氣

無論施術還是服務都擁有高水準的Spa，2015年6月遷址開幕。招牌是越南傳統療法，使用新鮮植物與藥草來進行療程。另有也提供可在露臺享用輕食的套裝療程。

DATA ⊗河內大教堂車程20分 ㊟17C Từ Hoa ☎04-37199889（預約） ⊕9～21時（最晚19時30分前入店） ㊡無休 需預約 Ⓔ Ⓔ

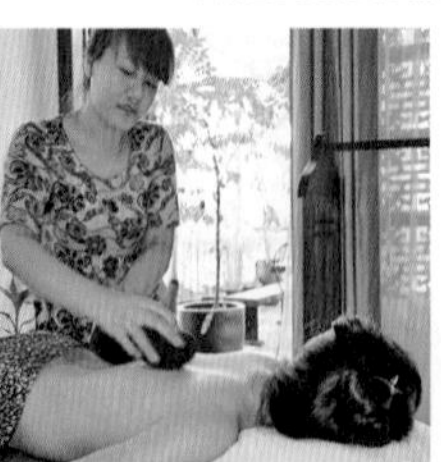

MENU
・Traditional Harbal（60分，115萬VND）
以藥草球按摩來促進血液循環，緩和緊繃肌肉

1.共有7間療程包廂　2.附藥草花浴及輕食的套裝療程2小時、249萬VND～

還劍湖周邊 別冊MAP P17D1

Le Spa Du Metropole

河內首屈一指的優雅Spa

位在飯店專用棟裡的豪華Spa。可以體驗結合了傳統療法與現代技術的獨創療程。入浴還能享用香檳等，是只有高級飯店才能提供的豪華自費選項。

DATA ⊗河內大教堂步行12分 ㊟Ⓗ河內大都市索菲特傳奇酒店（→P124）1F ☎04-38266919 ⊕10～22時（最晚21時前入店） ㊡無休 需預約 Ⓔ Ⓔ

MENU
・So Exhilarating Body Treatment（60分，180萬VND）
緊實身體、調整曲線的按摩

1.加入音樂的按摩也有抒放身心的效果　2.共有8間裝潢各不相同的療程包廂

小小資訊　上面所介紹的Spa除了Zennova外，都是已含稅金及服務費的價格，但有部分高級Spa在所記載的費用之外還需要另外支付小費。

平價 Spa

Van Xuan Foot Massage

還劍湖周邊 別冊MAP P15C4

知名的腳底按摩店

價格便宜，許多居住在當地的日本人也時常光臨。中式淋巴精油按摩從全身到腳底各種療程都有。可事先選擇按摩師性別。

DATA ㊋河內大教堂步行2分 ㊟18 Lý Quốc Sư ☎04-22188833 ㊎10時～23時30分 ㊡無休 E E

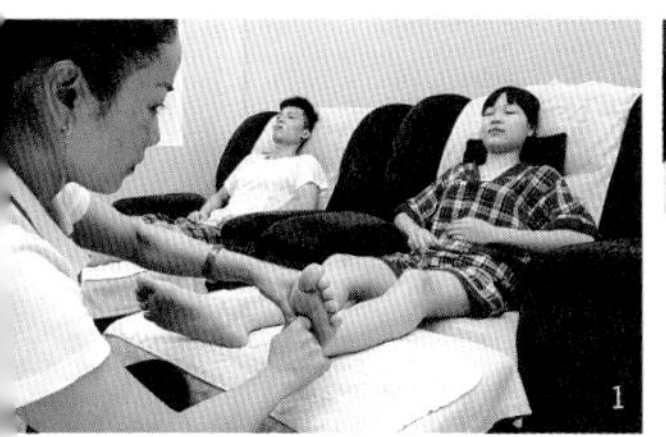

1.另有結合腳底與身體的按摩120分，US$11 2.裝了艾草與薑的枕頭讓身體暖洋洋

MENU
·Foot Massage（70分，US$7）
刺激腳底穴道，調整全身筋骨。附肩頸按摩

SF Spa

舊市區 別冊MAP P15D3

講究的天然藥草

使用特別挑選的越南製天然藥草精油及椰子、優格等素材。也可只使用按摩浴缸設施，選擇上十分自由這點很受歐美客人的青睞。

DATA ㊋河內大教堂步行10分 ㊟7 Cầu Gỗ ☎04-39262323 ㊎9～23時 ㊡無休 需預約 E E

MENU
·Coconuts Pre Sun（160分，141萬9000VND）
使用椰子碎片進行去角質，是將椰子運用到淋漓盡致的套裝療程

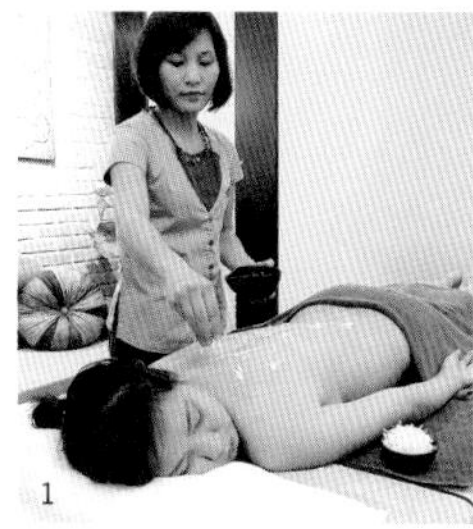

1.也有傳統按摩60分，49萬9000VND等平價療程可選擇 2.可讓人沉靜下來的個人包廂

Zennova

胡志明陵寢周邊 別冊MAP P12B3

讓全身暖和起來的陶板三溫暖

躺在加熱陶板旁的低溫三溫暖（陶板浴）與按摩的組合療程很受歡迎。另有附素食餐的特別套裝療程，從裡到外全面促進身體健康。

DATA ㊋河內大教堂車程18分 ㊟113 Ngõ Núi Trúc ☎04-37365566 ㊎8～22時 ㊡無休 另需收10%服務稅 需預約 E E

MENU
·Eco Hot Bed &Massage Combination（100分，42萬VND）
以陶板浴舒緩筋骨後的按摩效果更佳

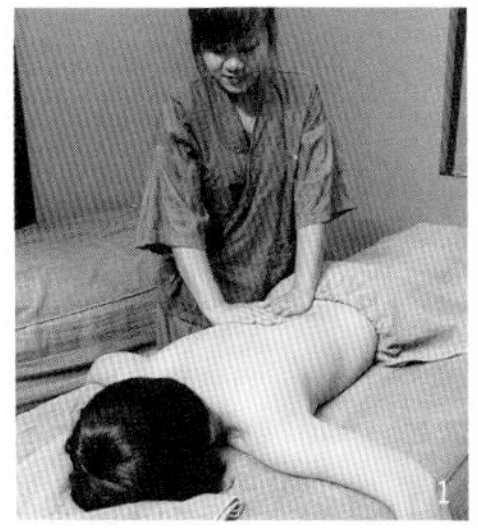

1.引進日式陶板浴，讓身體從內部暖和起來，促進血液循環 2.附素食餐的套裝療程210分，67萬VND

Orchids Spa

還劍湖周邊 別冊MAP P15C4

地理位置絕佳，廣受好評的Spa

良心價格與細緻服務廣受觀光客喜愛的人氣沙龍。內部裝潢讓人感到濃濃在地氛圍，有使用義大利製品的身體及臉部等各種護膚療程。

DATA ㊋河內大教堂步行3分 ㊟108 Hàng Trống ☎04-39264862 ㊎9～22時 ㊡無休 需預約 E E

MENU
·Hot Stone Massage（75分，45萬VND）
使用熱石溫暖全身，活絡筋骨的按摩

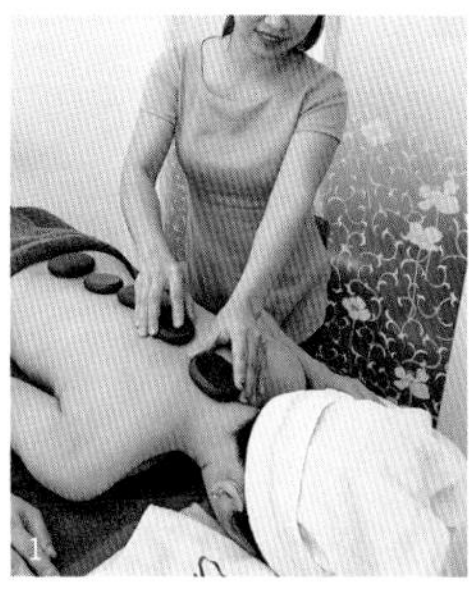

1.溫馨的氣氛就像待在家裡一樣舒服自在 2.店內十分乾淨，服務人員也很親切

結合傳統音樂的水上木偶劇

發源自河內的傳統藝能 欣賞水上木偶戲

在河川或池塘舉行的水上木偶戲乃11世紀昇龍（現在的河內）農民們的娛樂。到河內欣賞以傳統音樂為背景，轉動著水上舞台的木偶們的精彩演出吧。

1.在滿是水的舞台內跳舞的仙女們 2.有動物登場的表演也不少 3.表演接近尾聲時，操演木偶的工作人員登場 4.舞台旁的現場演奏為木偶表演帶來高潮

別冊MAP P15C4

蓮花水上木偶劇

Lotus Water Puppet

在白色劇院上演的正宗水上木偶戲

2013年剛開幕不久，算是較新穎的水上木偶劇院。從演奏傳統音樂開始，每3～5分鐘進行一段故事演出，總共有11段表演。木偶們的動作滑稽，就算聽不懂，光用看的也能充分感受到趣味。現場的傳統樂器演奏也魄力十足。

DATA ㊋河內大教堂步行5分 ㊟16 Lý Thái Tổ ☎04-39381173 ㊓15時30分、17時、18時30分（所需時間50分） ※上演時間·次數視季節及日期有所變動。需事先確認 ㊡無休 ㊎10萬VND ※最好事先訂位

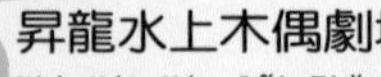

這裡也要Check!

還劍湖周邊

昇龍水上木偶劇場

Nhà Hát Múa Rối Thăng Long

別冊MAP●P15D3

位在還劍湖旁的老字號水上木偶劇場。表演內容與上述木偶劇差不多，特色是木偶的動作較大。

DATA ㊋河內大教堂步行10分 ㊟57B Đinh Tiên Hoàng ☎04-38249494/38255450 ㊓15時·16時10分·17時20分·18時30分、20時(週日9時30分有加演。所需時間1小時) ※上演時間·次數視季節及日期有所變動。需事先確認 ㊡無休 ㊎一等票10萬VND、二等票6萬VND(攜相機進場2萬VND、攜攝影機進場6萬VND) ※最好事先訂位

▶注目焦點！

・滑稽的木偶

塗以防水塗料，配合角色的表情及動作製作而成的木製人偶。工作人員會待在舞台後面操縱木偶。

・傳統音樂

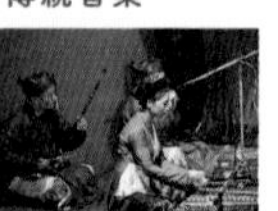

現場演奏水上木偶劇發源地──紅河三角洲傳統音樂。以打擊樂器及弦樂器等傳統樂器為主的音樂不禁引發觀眾的鄉愁。

・故事大綱

傳說故事

2隻鳳凰的愛情故事等，許多越南的神聖動物登場。黎利將軍在還劍湖把劍歸還給神龜的神話故事是必定上演的招牌曲目。

農民的生活景象

描繪可說是創造水上木偶劇的農民們的生活景象。以輕快的節奏表演出插秧、捕魚等日常生活中的辛勞與快樂情景。

水上木偶戲十分受到觀光客的喜愛， 有時當天還會買不到票， 建議事先購票較安心。到達當地後可先至劇院窗口購買， 或者花點手續費請旅行社代購。

從世界遺產到市場

千萬別以為這樣就結束了！廣受矚目的河內觀光景點！

擁有1000年歷史的越南首都河內保有許多歷史遺跡。
對歷史與文化有興趣的人可以藉此機會深入探訪。

胡志明陵寢周邊　別冊MAP P18B1

昇龍皇城

Hoàng Thành Thăng Long

越南諸朝遺址

2010年被聯合國教科文組織列為世界文化遺產的歷史遺址建築群。街道的西側為遺跡，東側是皇城遺址。

DATA ㊋河內大教堂車程9分
㊟19C Hoàng Diệu
☎04-37345427 ㊐8時～11時30分、13時30分～17時 ㊡週一
㊎3萬VND

胡志明陵寢周邊　別冊MAP P18A1

胡志明故居

Nhà Sàn Bác Hồ Chí Minh

從其生活景象可一窺人物形象

胡志明前主席在1969年逝世前的住處。書房與寢室仍然維持著胡志明前主席生前的模樣，可一窺其樸素的生活景象。

DATA ㊋河內大教堂車程10分
㊟1 Bách Thảo ☎08043226
㊐7時30分～11時、14～16時（11～3月為8時～、13時30分～） ㊡週一·五下午
㊎4萬VND

胡志明陵寢周邊　別冊MAP P18B4

文廟

Văn Miếu

祭祀學問之神孔子

建於1070年，用來祭祀孔子的廟宇。境內共立了82個石碑，有許多參拜者前來祈求學業順利。

DATA ㊋河內大教堂車程9分 ㊟58 Quốc Tử Giám
☎04-38235601 ㊐7時30分～17時30分（10月～4月14日為8～17時） ㊡無休
㊎3萬VND

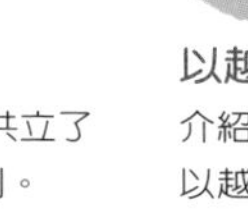

還劍湖周邊　別冊MAP P17C2

越南婦女博物館

Bảo Tàng Phụ Nữ Việt Nam

以越南女性為焦點

介紹戰時的女性英雄以及聖母信仰等，展示許多以越南婦女為焦點的主題。民族服飾的變遷也相當引人入勝。

DATA ㊋河內大教堂步行12分
㊟36 Lý Thường Kiệt
☎04-38259936 ㊐8～17時
㊡無休 ㊎3萬VND

胡志明陵寢周邊　別冊MAP P18B3

越南國立美術博物館

Bảo Tàng Mỹ Thuật Việt Nam

越南美術品齊聚一堂

從古代遺跡出土的漆器到宣傳畫作等，所有作品皆依類別分區進行展示。別館會舉辦各種特別企劃展覽。

DATA ㊋河內大教堂車程10分
㊟66 Nguyễn Thái Học
☎04-37332131
㊐8時30分～17時 ㊡無休
㊎3萬VND

Chợ Hôm市場　別冊MAP P17C4

Chợ Hôm市場

Chợ Hôm

手工藝品選擇非常豐富

2層樓的大型市場。2樓販賣布料及布製品，滿是喜愛手工藝的人一定會愛不釋手的商品。市場很大，可以花點時間好好挑選。

DATA ㊋河內大教堂車程10分
㊟79 Phố Hu ☎無
㊐6時～18時30分左右
㊡無休

配合目的及預算來選擇！

就是想找到「我的最愛」河內的話題人氣飯店

大飯店多半位在稍微遠離市中心的北邊及東南邊，市中心以小型飯店為主。
優雅入住高級飯店，或是投宿在交通方便的市中心小飯店…可視旅遊方式來選擇合適的飯店。

河內大都市索菲特傳奇酒店
Sofitel Legend Metropole Hanoi

還劍湖周邊　別冊MAP P17D1

河內最古老的殖民地風格飯店

接待過世界各國的VIP，於1901年開業的高格調法屬殖民地風格飯店。共有3棟風格迥異的館邸，道地法國菜與高雅的咖啡廳等餐飲設施都非常受到觀光客歡迎。

DATA ㊇河內大教堂步行12分
㊟15 Ngô Quyền ☎04-38266919
㊎Premium Room US$280～
364室 Ⓔ Ⓡ Ⓟ Ⓕ

1.Premium Room採摩登時尚風格裝潢 2.冠上名人姓名的客房之一Graham Greene Sweet 3.白色的外觀十分引人注目

河內歌劇院希爾頓酒店
Hilton Hanoi Opera

還劍湖周邊　別冊MAP P17D2

融合了越南與法式風格

座落於市中心地區，交通非常便利。飯店外觀配合緊鄰的歌劇院打造而成，殖民地式樣的建築十分高雅。內部裝潢則統一採越南風格。

DATA ㊇河內大教堂步行15分
㊟1 Lê Thánh Tông ☎04-39330500
㊎Deluxe US$105～
269室 Ⓔ Ⓡ Ⓟ Ⓕ

1.曲線優美的奢華建築物 2.讓人感覺採光十分良好的Deluxe Twin Room 3.大廳十分華麗 4.一整年都可供使用的泳池

[標示凡例] Ⓔ英語OK、Ⓡ餐廳、Ⓟ泳池、Ⓕ健身房

別冊 MAP P12A2

Intercontinental Hanoi Westlake

湖畔的都會度假飯店

座落於西湖湖畔，可享受度假氛圍的高級飯店。暖色系客房採典雅風格裝潢。位於湖岸的Sunset Bar景色美不勝收。

DATA ㊋河內大教堂車程20分 ㊟1a Nghi Tàm ☎04-62708888 ㊎Deluxe US$160～ 318室

E R P F

別冊 MAP P12A2

JW Marriott Hotel Hanoi

新開發區的豪華飯店

位在緊鄰國際會議場的新開發區上。有摩登式客房、時尚風格餐廳、優雅Spa等，各種可抒放身心的設施十分完善。

DATA ㊋河內大教堂車程30分 ㊟8 Đỗ Đức Dục ☎04-38335588 ㊎Deluxe US$200～ 450室

E R P F

Chợ Hôm 市場周邊

別冊 MAP P16A4

河內日航酒店

Hotel Nikko Hanoi

服務無微不至的日系飯店

距離河內車站很近的日系飯店。考慮到亞洲客人的喜好，提供細心周到的服務及齊全的設備。餐廳水準非常高，例如弁慶日本料理。

DATA ㊋河內大教堂車程10分 ㊟84 Trần Nhân Tông ☎04-39330500 ㊎Deluxe US$105～ 257室

別冊 MAP P15D3

La Siesta Hotel & Spa

舊市區上的新開幕小型飯店

2014年11月開幕的飯店。擁有機能性設備的客房採用古典風格裝潢，非常吸引人。可以品嘗越南菜及西式餐點的餐廳也頗受好評。

DATA
㊋河內大教堂步行13分
㊟94 Mã Mây
☎04-339263641
㊎Deluxe 193萬5000VND～
44室

E R

別冊 MAP P17D2

Hotel De l'Opera Hanoi

時尚裝潢與極為舒適的床鋪獲得高度評價。附近有不少高級餐廳，觀光也非常方便。

DATA ㊋河內大教堂步行10分 ㊟29 Tràng Tiền ☎04-62825555 ㊎Deluxe 451萬5000VND～ 107室

E R P F

別冊 MAP P18A4

Pullman Hanoi Hotel

充滿玩心的時髦裝潢及周到細心的服務擁有一定好評。戶外泳池、高速網路等設備十分完善。

DATA ㊋河內大教堂車程12分 ㊟40 Cát Linh ☎04-37330688 ㊎Deluxe US$113～ 240室

別冊 MAP P12A3

Hanoi Daewoo Hotel

高格調的豪華飯店，以頂樓酒廊的絕佳視野為傲。擁有80m長的泳池及高爾夫球練習場，各種設備非常齊全。

DATA ㊋河內大教堂車程18分 ㊟360 Kim Mã ☎04-38315000 ㊎Deluxe US$100～ 411室

別冊 MAP P12A2

Sofitel Plaza Hanoi

沉穩風格裝潢獲得女性顧客高度評價的20層樓高飯店。有按摩及溫水游泳池。

DATA ㊋河內大教堂車程20分 ㊟1 Thanh Niên ☎04-38238888 ㊎Luxury US$150～ 273室

別冊 MAP P16B2

Melia Hanoi Hotel

購物區就在徒步範圍內，是地點絕佳的高樓飯店。有越南餐廳及歐式自助餐。

DATA ㊋河內大教堂步行10分 ㊟44B Lý Thường Kiệt ☎04-39343343 ㊎Deluxe US$150.15～ 306室

別冊 MAP P15D3

Annam Legend

歐式風格的小型飯店。可將河內市區及紅河美景盡收眼底的餐廳頗受歡迎。

DATA ㊋河內大教堂步行13分 ㊟27 Hàng Bè ☎04-39263646 ㊎Deluxe US$40～ 39室

從河內稍微走遠一些 1 Day Tour ①

夢幻神祕的世界遺產 周遊下龍灣

約1600k㎡廣闊的下龍灣擁有無數連綿的奇岩，是越南最廣為人知的觀光勝地。搭乘約2小時30分的遊船，盡情飽覽這些由大自然創造出來的神秘景觀。

放眼望去皆是壯麗美景

前往遊船的出發地點團洲港口。在此登上旅遊團專用的遊船，進行約2小時30分的遊船觀光。

＼登上這艘遊船！／

1. 下龍灣的遊船外觀皆統一為白色
2. 團洲港口

8:00 從河內市區出發

10:30 到大理石工房休息

12:00 抵達下龍灣搭乘遊船

12:30 在遊船內吃午餐

遊船出發後是午餐時間，有炸春捲及新鮮海產等各種越南菜（含在旅遊團費用內）。礦泉水、啤酒等飲料費用則為另計。

午餐一例

別冊 MAP P2B1

下龍灣

Vịnh Hạ Long

在神龍降臨的傳說地進行遊船之旅

下龍灣位在河內東北方約170km之處，此處流傳著神龍曾經降臨的神話，是知名觀光勝地。超過2000座奇岩高高矗立在海上的景觀彷彿夢幻世界一般。1994年已被登錄為世界遺產。遊船之旅的看點包括途中可眺望較知名的岩石及水上人家等，也可以在途中下船參觀1993年被發現的鐘乳石洞，深入體驗大自然的鬼斧神工。可參加從河內出發的當地旅遊團前往旅遊。

＼如何報名參加／

【世界遺產下龍灣1日遊船之旅】[所需時間／出發]約11小時(附午餐)/🅗在河內日航酒店(→P125)集合。8時出發
[出團日]每天 [費用]220萬VND [洽詢·報名]JTB越南mybus desk(→P133)

小小知識

最佳旅遊季節

10、11月較多陰天，但因為涼爽最適合前往旅遊。夏天雖然大多晴朗，但卻十分炎熱，建議準備防曬用品，如帽子或扇子，也別忘了補充水分。

旅遊時的服裝

參觀鐘乳洞時需步行，建議穿著行動方便的鞋子及服裝。

Vịnh Hạ Long（下龍灣）的Hạ＝降臨、Long＝龍。
傳說古時候受到中國侵略，神龍從天而降擊退了中國士兵，因而把這裡命名為下龍灣。

從遊船眺望出去的景色

用餐後在船上欣賞下龍灣景色。可看到住在水上房屋的人家、外觀有如兩隻雞的鬥雞島等。

1.水上村落連學校與銀行都有　2.20萬VND紙鈔上印的就是這座香爐石　3.有如兩隻雞對望相鬥，因此被稱為「鬥雞島」　4.側臉有如大猩猩而被稱為大猩猩岩

要小心水上攤販！

離開港口後，就會有船上擺滿許多水果及雜貨的水上攤販靠過來，雖說是下龍灣的特色，但若不打算買就一定要明白拒絕。

結束遊船之旅回到團洲港口之後，搭乘巴士一路往河內前進。途中會在伴手禮店裡休息30分鐘，可在這裡購買蓮花茶或越南咖啡等帶回去當做伴手禮。

休息時間可去趟洗手間

13:00 飽覽世界遺產美景 → 14:00 參觀天宮洞 → 14:30 結束遊船回到港口 → 19:00 抵達飯店

到天宮洞探險

遊船停靠在木頭島上的港口後，下船散步20分至天宮洞（鐘乳石洞）參觀。千萬小心不要在階梯上及洞窟內滑倒。雖然鐘乳石洞內感覺十分涼爽，但由於濕氣重，熱度會慢慢上升，記得要帶飲用水及扇子。洞內沒有廁所，建議先在船上解決比較安心。

1.打上燈光的鐘乳石洞看起來十分神秘　2.下船後步行至鐘乳石洞　3.參觀鐘乳石洞的同時，也可從高處俯瞰享受美景

從河內稍微走遠一些 Half Day Tour ②

半天行程就能輕鬆造訪陶器之鄉巴茶村

距離河內約14km，位在紅河不遠處的巴茶村是越南最具代表性的陶器產地。
可參加從河內出發的半日遊行程，透過遊逛陶器店與參觀工房，實際感受巴茶燒的魅力。

參觀陶器製作

可近距離觀賞工房內製作陶器的過程，在陶器上手工描繪圖案的樣子令人目不轉睛。

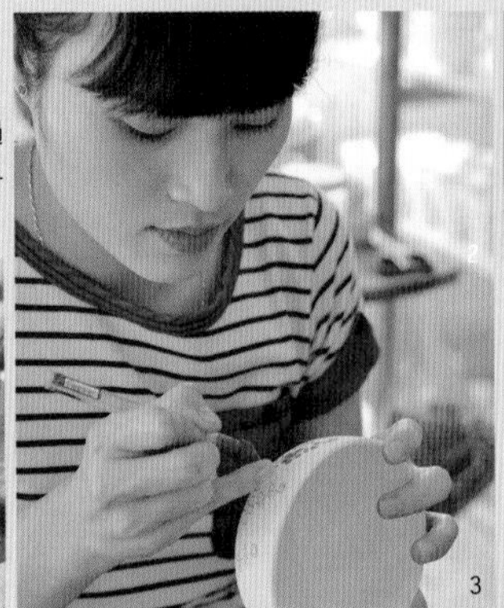

1.牆壁上滿滿一整片都是等著乾燥的陶器，小心不要碰到 2.也能實際看到燒窯前的上釉過程 3.以毛筆沾取顏料仔細沿著底畫上色 4.手繪圖案才能展現的樸質風格是巴茶燒的魅力所在

9:00 從河內市區出發 → 9:30 抵達巴茶村 → 10:00 參觀工房 →

還能看到大型作品的上色過程

別冊MAP P12A2

巴茶村

Bát Tràng

到大型商店購物以及在村內遊逛觀光

距離河內約30分左右車程的陶器之鄉巴茶村。只需花上30～40分便能逛完一圈的小村落，卻擁有超過1000座以上的燒窯，製作的產品不只在越南國內販賣，也銷往世界各地。旅遊行程參觀的是在村內規模與品質都數一數二的店鋪，到工房參觀製作過程及購物後，再沿著村落主要道路繞一圈。看到街道上林立著的眾多店鋪，可以親身感受到「陶器之村」獨有的純樸氣息，以及充滿活力的一面。

如何報名參加

【巴茶陶器村半日遊】[所需時間／出發]約需3小時／9時·14時(1日2梯次)從下榻飯店出發　[出團日]每天　[費用]66萬VND
[洽詢·報名]JTB越南　mybus desk(→P133)

參加旅遊團所造訪的店鋪在此！

Bat Trang Conservation

別冊MAP●P12A2

通外語的大型店鋪

在巴茶村規模數一數二的商店。4樓有一座可觀看製作過程的工房、3樓展示及販賣骨董、1～2樓為商店。許多工作人員通外語，包裝也很仔細，令人放心。

DATA
㊋河內車程30分
㊟Giang Cao
☎04-36715215
㊓8～17時
㊡無休

座落於村落入口附近

小小資訊

若是想自己前往巴茶村，可在龍邊巴士總站（別冊MAP●P15C1）搭乘47路巴士（約需1小時）或計程車前往。在巴茶村很難攔到計程車，搭車時可先提出要來回搭乘。建議參加旅遊團。

什麼是巴茶燒？

巴茶燒擁有700年以上的歷史。由來眾說紛紜，但普遍認為是由造訪中國的官吏將陶器帶回越南為其起源，紅河因擁有最適合製陶的土壤以及最佳搬運路線，因此製陶業便在此落地生根了。

可招來好運的菊花是最受歡迎的開運圖案

蜻蜓也是越南自古以來代表幸運的基本款圖樣

遊逛巴茶村

繞主要道路一圈。參觀村落的同時注意是否有中意的店鋪吧。

1.許多店鋪林立的主要道路　2.也有一些古老的工房　3.也有比較流行的圖案設計　4.各種商品從這裡運送到各個地方　5.再往裡頭深入一些，映入眼簾的是恬靜的村落景象

10:30 到Bat Trang Conservation購物 → 10:45 遊逛巴茶村 → 11:00 自由時間 → 11:30 從巴茶村出發 → 12:00 抵達河內市區

尋找中意的陶器

店內商品的顏色與款式都非常齊全，可花點時間好好挖掘自己喜歡的商品。

1.大碗US$15、搭配盤子一組US$20
2.可愛金魚圖案的醬油瓶US$10

把握自由時間購物

說不定可在小店找到珍貴的商品！

Bảo Huyến

別冊MAP●P12A2

面向主要街道的小店鋪。有許多適合買來當伴手禮的餐具及小花瓶等巴茶燒陶器。

DATA ⓧ河內車程30分 ㊟Giang Cao ☎097-79 01172 ㊎8～18時 ㊡無休

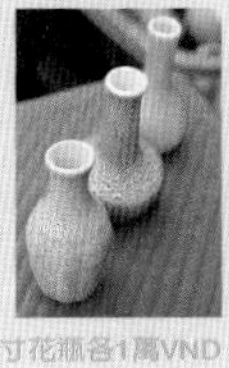

迷你尺寸花瓶各1萬VND

Delicious Ceramic

別冊MAP●P12A2

有如藝術畫廊的店內，陳列著許多由設計師製作的嶄新巴茶燒，有許多獨樹一格的設計商品。

DATA ⓧ河內車程30分 ㊟227 Xóm 5 Giang Cao ☎04-38740402 ㊎8～17時 ㊡無休 Ⓔ

茶具組US$43～

越南出入境的流程

入境越南

1 **抵達** Arrival

胡志明市的空中入口是新山一國際機場，河內是內排國際機場，峴港則是峴港國際機場。飛機降落後，依照看板指示前往入境審查區。

2 **入境審查** Immigration

至「All Passport」櫃檯排隊，輪到自己時，向入境審查官出示護照與機票或電子機票。若是被詢問入境目的，請清楚回答。在護照上蓋章後就會歸還護照，至此完成審查。

3 **提領行李** Baggage Claim

尋找寫著所搭乘飛機的航班編號之行李轉盤，領取在台灣托運的行李。萬一找不到行李，可到所搭乘班機的航空公司櫃檯出示行李牌（Claim Tag）並告知情況。拿到行李箱後也一定要當場確認有無損壞。

4 **海關** Customs Declaration

行李若是在免稅範圍，請走免申報的「Notihing to Declare」（綠燈）櫃檯入境。此時海關人員有可能會要求打開行李做檢查。若行李超過免稅範圍，請填好申報單後走「Goods to Declare」櫃檯。

5 **入境大廳** Arrival Lobby

只有新山一國際機場有2個入境出口，其他皆只有1個。出口前後有兩處貨幣兌換所，可先在此換錢。

●海關申報單的寫法

需要申報的人可以在機場海關處填寫

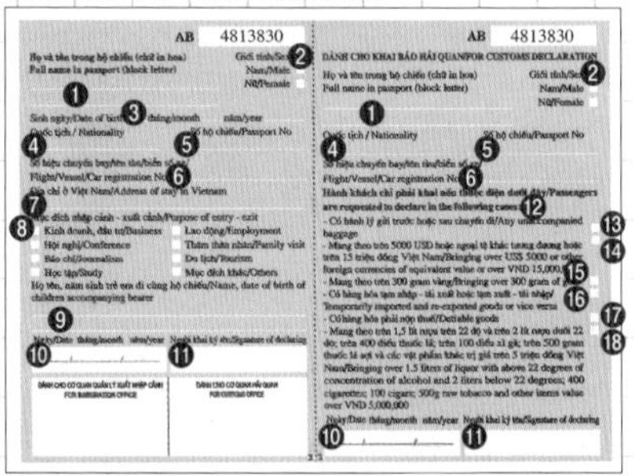

❶姓名（上行名字、下行姓氏） ❷性別（男性Male、女性Famale） ❸出生年月日（按日／月／年 順序） ❹國籍 ❺護照號碼 ❻航班編號 ❼在越南居住地址（下榻飯店名） ❽入境目的（觀光為Tourism） ❾同行小孩名字與出生年月日 ❿入境日（按日／月／年 順序） ⓫簽名（與護照一致） ⓬若持有⓭～⓲物品請在□打勾 ⓭後送行李 ⓮US$5000或相當於US$5000以上外幣或1500萬VND以上 ⓯300g以上的黃金 ⓰有暫時攜入或攜出越南的物品，或暫時從越南攜出或攜入的物品 ⓱需課稅品 ⓲免稅範圍以外的物品

●入境越南時的限制

○主要攜入限制

・雖無貨幣攜入限制，但若攜帶相當於US$5000以上的外幣，或當地貨幣1500萬VND以上則需要申報。

・酒精度數22%以上1.5L以上，未達22%2L以上需申報。

・香煙400支以上、雪茄100支以上、煙草500g以上、黃金300g以上需申報。

・攜帶價值相當於500萬VND以上物品也需申報。

○主要禁止攜入・攜出物品

・槍枝、爆裂物、麻藥、骨董。

・會對越南的倫理道德造成不良影響之出版品等。

出國時的注意事項

出發前1個月～10天記得做確認

●越南的入境條件

○護照剩餘的有效期限

出國時所持護照需有6個月以上效期。

○簽證

需事先辦妥旅遊簽證，一次最多可停留3個月。申請越南簽證相關規定，請向越南駐台北經濟文化辦事處查詢

○機場的出發航廈

桃園國際機場共有第1及第2航廈。越南航空（VN）及華航（CI）都在第1航廈，長榮航空（BR）在第2航廈。

○攜帶液體物品登機的限制

攜帶超過100ml容器液體需丟棄或改託運。100ml以下裝進透明夾鏈袋即可攜帶。詳細內容請參照民航局網站URL www.caa.gov.tw/big5/index.asp

申請護照的相關事宜請參照外交部領事事務局網站URL www.boca.gov.tw/mp.asp

確定去旅行後，應立刻確認重要的出入境資訊！
做好萬全的準備後前往機場

出境越南

1 報到 Check-in

至出境大廳的報到櫃檯出示機票（電子機票收據）與護照給櫃檯人員。托運行李等物品後，領取行李牌（Claim Tag）及登機證。退稅手續請參照P138。

2 手提行李檢查 Security Check

向工作人員出示登機証及護照，並通過X光機檢查手提登機行李。

> 與台灣一樣有攜帶液體之限制

3 出境審查 Immigration

到「All Passport」的位置排隊等待出境審查。至審查櫃檯後出示護照及登機證。

4 安全檢查 Security Check

確認是否為本人以及檢查手提登機行李。向工作人員出示登機證與護照。脫掉外套、把手機及PC、零錢放進托盤通過X光機檢查。

5 登機 Boarding

30分鐘前至登機門等候。有免稅店及餐廳，可趁登機前逛一逛。

> 可至貨幣兌換所將剩下的VND（VND）換回來。

●台灣～越南所需時間（直航）

・胡志明市
從桃園機場直飛約3～4小時

・河內
從桃園機場直飛約3小時

・峴港
從桃園機場直飛約2小時30分

●從台灣直飛越南的航空公司

航空公司	洽詢
越南航空(VN)	訂位票務 ☎ 02-2567-8286 URL www.vietnamairlines.com/tw/zh/home
中華航空(CI)	客服專線 ☎ 02-2412-9000 URL www.china-airlines.com/tw/zh
長榮航空(BR)	訂位票務專線 ☎ 02-2501-1999 URL www.evaair.com/zh-tw/index.html

回國時的限制

如須申報，請填寫「海關申報單」，並經「應申報檯」（即紅線檯）通關

●主要免稅範圍

酒類	1公升（年滿20歲）
煙類	捲菸200支或雪茄25支，或菸絲1磅（年滿20歲）
其他	攜帶貨樣的完稅價格低於新台幣12,000元
貨幣	新台幣10萬以內；外幣等值於1萬美元以下；人民幣2萬元以下

※超過須向海關申請

●主要禁止進口及限制進口物品

○毒品危害防制條例所列之毒品。
○槍砲彈藥刀械管制條例所列之槍砲、彈藥及刀械。
○野生動物之活體及保育類野生動植物及其製產品，未經行政院農業委員會之許可，不得進口；屬CITES列管者，並需檢附CITES許可證，向海關申報查驗。
○侵害專利權、商標權及著作權之物品。
○偽造或變造之貨幣、有價證券及印製偽鈔印模。
○所有非醫師處方或非醫療性之管制物品及藥物。
○其他法律規定不得進口或禁止輸入之物品。

回國的時候，如果有後送行李或超過免稅範圍的物品，稅率等相關詳情請參照海關 URL web.customs.gov.tw

機場～市中心交通

從台灣有直航班機到胡志明市及河內、峴港，欲從各機場前往市區，最安心的方式就是搭乘計程車。也可以事先預訂好下榻飯店的接駁服務。

胡志明市新山一國際機場 Sân Bay Quốc Tế Tân Sơn Nhất

別冊 MAP P4A1

位在距離市中心8km的西北方，也被稱為「胡志明市國際機場」。國際線航廈Level 1（台灣的2樓）是入境大廳、Level 0（台灣的1樓）是提領行李處。出境報到櫃檯在Level 2（台灣的3樓）。另外還有國內線航廈，小心不要弄錯了。

出境審查後才有免稅店

交通速查表

路線巴士便宜許多，但從巴士總站得轉搭計程車移動。

交通方式	特色	費用(單程)	營運時間／所需時間
快速 計程車	較推薦的是採車票制的Saigon Air計程車公司。比一般跳表收費的計程車（約15萬VND）貴一些，但事先付費，且不會追加車資較令人安心。至入境大廳服務櫃檯購買計程車票後，就可到計程車招呼站。	20萬VND	24小時／至市中心20～30分
飯店接駁巴士	市區的高級飯店會提供住宿旅客從機場到飯店的來回接駁服務。需事前預約，雖然費用比計程車貴，但較安全且舒適。	一般為US$35～（視飯店而異）	視飯店而異／至市中心20～30分
便宜 路線巴士	152路巴士連結機場與濱城巴士總站（別冊MAP●P8B4）。	5000VND	6～18時，約20分一班／至市中心40～50分

峴港國際機場 Sân Bay Quốc Tế Đà Nẵng

別冊 MAP P20C3

從台灣有捷星航空直飛航班，從胡志明市及河內則有國內班機可以飛往中越最大商業都會峴港。峴港國際機場離市區很近，約3km的距離，一般都搭乘計程車前往。至市區計程車費用約10萬VND左右。

順化富牌國際機場 Sân Bay Quốc Tế Phú Bài

從台灣沒有直飛阮朝古都順化的班機，得從胡志明市或河內轉搭國內線前往。機場距離市區約15km，若搭乘路線巴士約需25分左右，5萬VND；搭乘計程車約需20分，25萬VND左右。

關於機場詳細資訊，請參照新山一國際機場 URL www.hochiminhcityairport.com 內排國際機場 URL www.noibaiairport.vn/

別冊 MAP P12A1

河內內排國際機場 Sân Bay Nội Bài

座落市中心東北方約45km處。國際線在第2航廈，國內線在第1航廈。入境大廳位在2樓，入境審查結束後，前往1樓提領行李。出了入境大廳後，有各家銀行的貨幣兌換所。計程車招呼站在入境大廳出來後左手邊。出境大廳位在3樓。

機場很小不用擔心迷路

交通速查表

有路線巴士，但巴士站和國內線航廈有一段距離，因此不推薦搭乘

交通方式	特色	費用（單程）	營運時間／所需時間
快速 計程車	計程車招呼站位在入境大廳出去後左側。只有被指定的計程車才能准許在此收客。入境大廳及計程車招呼站附近有不少無牌車會拉客，得特別小心。	35萬VND左右	24小時／至市中心40～50分
飯店接駁巴士	市區大部分的飯店會提供住宿旅客從機場到飯店的來回接駁服務。需事前預訂，雖然費用比計程車貴，但較安全且舒適。	約US$18～30左右（視飯店而異）	視飯店而異／至市中心40～50分
機場迷你巴士	由越南航空公司所營運的迷你巴士。終點站為越南航空公司前（別冊MAP●P16B1）。有時候會等到一定人數上車後才發車。車資直接付給司機。	4萬VND	6～22時左右，30分～1小時一班／至越南航空公司60～80分

自選行程

〈洽詢・報名〉 JTB越南 mybus desk
時9時～19時30分 休無休
胡志明市☎090-8913-923／河內☎090-4627-889／峴港☎090-2476-722（日語服務）
URL www.mybus-asia.com/vietnam

想要在有限時間內有效率的觀光，最好的方式就是參加當地旅遊團。

胡志明市

胡志明市觀光半日遊（上午・下午）

統一宮與聖母大教堂、濱城市場等，到最受觀光客青睞的人氣景點遊逛。

【出發／所需時間】(上午出發)8時30分左右～(下午出發)13時30分左右～/約3小時【出團日】每天【費用】US$30～

胡志明市

雜貨購物樂（上午・下午）

來一趟最受女性歡迎的人氣雜貨店巡禮之旅。前往人氣雜貨店林立的同起街、Pasteur街、Lê Thánh Tôn街等。

【出發／所需時間】(上午出發)9時左右～(下午出發)13時左右～/約3小時【出團日】每天【費用】US$30～

河內

水上木偶劇場與越南菜晚餐

欣賞以水池為舞台的河內傳統水上木偶戲後，再到人氣餐廳享用越南美食晚宴。

【出發／所需時間】15時左右～/約4小時30分【出團日】每天【費用】US$45～

胡志明市

堤岸（唐人街）觀光（上午・下午）

參觀位在聚集了許多中華商店的堤岸地區的平西市場以及天后廟等。午餐附中國菜套餐。

【出發／所需時間】(上午出發)9時左右～(下午出發)12時左右/約4小時【出團日】每天【費用】US$45～

中越

峴港出發之美山聖地與會安1日遊

從峴港出發，前往占婆王國時代的遺址・美山聖地以及古都會安2個世界遺產的巡禮行程。附午餐。

【出發／所需時間】(上午出發)9時左右～/約8小時【出團日】每天【費用】US$85～

河內

河內市區半日遊

參觀胡志明陵寢、文廟、還劍湖上的玉山祠和河內知名景點的經典行程。也可體驗約30分的觀光人力三輪車。

【出發／所需時間】8時左右～/約4小時【出團日】每天【費用】US$35～

注意事項 自選行程是2016年4月以後的資訊。行程會因交通狀況、天候、休館日等而有所變動，需特別注意。費用所包含的內容、取消費用、集合場所等詳細情形請在報名時做確認。

旅遊常識

貨幣與氣候、通訊環境等當地資訊要事先確認。越南雖同處亞洲，但禮儀及文化習慣等還是與台灣有許多不同，最好能先做了解。

貨幣資訊

越南的貨幣單位是越南盾（VND）。
視店家不同有些也可以使用美元支付。

1萬VND＝約14元
（2017年4月）

紙鈔種類有100、200、500、1000、2000、5000、1萬、2萬、5萬、10萬、20萬、50萬共12種，不過100、200、500VND紙鈔幾乎不在市面上流通。越南已經廢止使用銅板，市面上已不再流通。

2000 V N D

5萬V N D

5000 V N D

10萬V N D

500 V N D

1萬V N D

20萬V N D

200 V N D

1000 V N D

2萬V N D

50萬V N D

●貨幣兌換

可在當地機場、銀行、飯店櫃檯等地兌換。

機 場	銀 行	街上的換匯所	ATM	飯 店
兌換前往市區的交通費 位於抵達樓層，可將手邊的現金兌換成VND。假日與深夜也照常營業。	令人安心但週六日休息 數量衆多很方便。營業時間一般為週一～週五7時30分～11時30分、13時30分～16時。	營業時間長非常方便 位在鬧區方便兌換，但難免有黑心業者。兌換時得當場確認金額數目。	可用英語操作 除了銀行，超商及購物中心也都有設置機台，可選擇英文操作介面。	安全&便利 在櫃台可以兌換。匯率及手續費雖然多少貴一些，但地點讓人放心也較為安全是最大優點。

銀行看板

越南投資發展銀行

越南輸出入銀行

越南貿易商業銀行

ATM實用英語

確認…ENTER/OK/CORRECT/YES
取消…CANCEL
密碼…PIN/ID CODE/SECRET CODE/PERSONAL NUMBER
交易…TRANSACTION
領取現金…WITHDRAWAL/GET CASH
預付現金…CASH ADVANCE
金額…AMOUNT

在當地欲以台幣兌換VND時，匯率多少要看匯率表中的現金「BUYING」欄。

旅遊季節

越南農曆新年期間很多餐廳及店鋪都不會營業，想到越南進行購物及美食之旅的人最好事先避開這段期間。
農曆正月初一的日期每年都不一樣，規劃旅遊行程前最好事先查詢。

主要節日

1月1日	元旦
2月15日	農曆除夕※
2月16～20日	農曆新年※
4月25日	越南始祖雄王紀念日※
4月30日	越南統一節
5月1日	國際勞動節
9月2日	越南國慶日

主要活動

5月19日	胡志明冥誕紀念日
6月18日	端午節※
8月19日	8月革命勝利紀念日
9月5日	中元節※
9月15日	中秋節※

※符號的國定假日及活動日每年日期不同。上述乃2017年6月～2018年5月之資訊

逝世於1969年的胡志明為越南民主共和國（北越）第一屆主席。5月19日為其冥誕紀念日

為了迎接農曆新年而於農曆12月27日左右開始的花市

氣候與建議

越南地形南北狹長，氣候因地區而有所不同

雨季 南部5~10月 北部5~9月 中越10~3月	胡志明市雨季最長至11月左右。濕度很高，不易降溫，基本上穿短袖即可。中越早晚溫差很大，建議攜帶外套。	**乾季** 南部11~4月 北部10~4月 中越2~9月	雨量少，是最適合旅遊活動的季節。北部河內在1～3月氣溫會降到10℃以下，也容易起霧下雨，建議攜帶禦寒衣物及雨具較安心。
當季水果	一整年／西瓜　3～4月・5～8月／芒果 5～7月／山竹、紅毛丹、荔枝 5～8月／榴槤　4～10月／火龍果		

山竹

平均氣溫與降水量

平均氣溫（℃）

	1 January	2 February	3 March	4 April	5 May	6 June	7 July	8 August	9 September	10 October	11 November	12 December
胡志明市	26.8	27.7	28.7	29.7	29.4	28.9	28.0	28.1	27.9	27.7	27.6	27.1
河內	16.7	18.6	21.7	24.9	29.0	29.9	29.1	28.9	27.7	26.1	23.2	17
台北	16.1	16.5	18.5	21.9	25.2	27.7	29.6	29.2	27.4	24.5	21.5	17.9

降雨量（mm）

	1 January	2 February	3 March	4 April	5 May	6 June	7 July	8 August	9 September	10 October	11 November	12 December
胡志明市	8.5	11.5	44.0	87.2	195	177.7	295.4	285.7	315.9	291.5	236.8	55.5
河內	20.7	23.3	73.3	116.7	129.7	225.3	253.3	392	327.3	112	75	26
台北	83.2	170.3	180.4	177.8	234.5	325.9	245.1	322.1	360.5	148.9	83.1	73.3

8月革命勝利紀念日是為了紀念1945年越南邁向獨立革命的紀念日。
獨立紀念日則是在8月革命後，同年9月胡志明所擔任國家主席之民主共和國成立紀念日。

撥打電話

● 街上沒有公共電話，在胡志明市得利用飯店客房內的電話，或使用自己的手機。若有攜帶手機，可在當地購買手機儲值SIM卡使用。至中央郵局旁的Mobifone購買1張65000VND，內含5萬VND的通話費，也可撥打國際電話。購買時需要出示護照，額度用完可以購買5萬VND、10萬VND儲值繼續使用。

儲值SIM卡

●越南→台灣

00(越南國際冠碼) **-886**(台灣國碼) **一對方電話號碼**(去掉第一個0)

●台灣→越南

002(台灣國際冠碼) **−84**(越南國碼) **一對方電話號碼**(去掉區碼的0)

※可輸入002、005、006、007、009、019等。

●市內電話(從飯店客房撥打)

若是從飯店客房撥打出去，需先輸入外線專用號碼（視飯店而異）一對方電話號碼。不需輸入市外區碼08。

網路使用

●市區

Trung Nguyên（→P62）等許多咖啡廳皆提供免費Wi-Fi使用。胡志明市的同起街及Phạm Ngũ Lão街、河內的河內大教堂周邊等地也能找到標示著「Free Wi-Fi」的咖啡廳或網路咖啡（30分3000VND左右）。到咖啡廳點餐時可詢問一下店員網路登入密碼。

●飯店

幾乎所有飯店皆提供無線LAN及Wi-Fi服務。登入時得輸入密碼，若需付費，通常以1小時或1天為單位，費用視飯店有所差異，最好事先向飯店做確認。另外也可利用有設置PC的商務中心等設施。

郵件、小包裹寄送

●郵件

以航空方式寄明信片或信件到台灣約需1～2週時間。寄達地址及收件人寫中文即可，記得以英文清楚寫上「TAIWAN」和「AIR MAIL」，建議直接將郵件攜至中央郵局寄送速度較快且有保障。小物可以到郵局以小包裹、EMS（國際快捷）方式寄送。中央郵局也提供A4尺寸紙張傳真服務，1張約US$1。

胡志明市中央郵局（→參照P27）

越南寄送至台灣的參考天數與費用

內容物	所需時間	費用
明信片	約1週	1萬VND
信件(20g以內)	約1週	12000VND
包裹(500g以內)	約1週	32萬2000VND

※包裹為EMS之估算所需時間與費用

●宅配

DHL、FedEx等國際快遞十分方便。寄到台灣約3～5天。除了中央郵局有窗口外，飯店櫃檯也提供收件服務。

DHL	☎08-38446203 ㊕7～21時(週六8～17時、週日‧假日8～16時) ㊡無休
FedEx	☎08-39480370 ㊕7時30分～18時(週六～16時30分) ㊡週日、假日

在國外使用手機時要注意國際漫遊費用。不使用時記得關掉國際漫遊，或使用計量型上網方案。

飲水、廁所&其他

●自來水可以喝嗎？

自來水無法生飲。除了高級餐廳以外，也請小心加在飲料中的冰塊。礦泉水為越南出產，也有許多國外進口的礦泉水，超市或超商都買得到。

500ml礦泉水約
1萬VND～

●想上廁所怎麼辦？

市場與巴士總站等地的公共廁所多半採用蹲式，不但不乾淨且需付費，建議盡量在飯店或餐廳解決。大部分的廁所都必須把衛生紙丟進一旁的垃圾桶裡，不能丟進馬桶。建議隨身攜帶衛生紙以便不時之需。

雖然廁所標記各式各樣，但與台灣的標示大致相同

●需準備插頭及變壓器

電壓主要為220V（50Hz），與台灣的電壓110 V（60Hz）不一樣，因此需要變壓器。內有變壓器的製品則可以直接使用。插頭種類與台灣一樣屬於A型或者C型。很多插座都可兼用A型與C型插頭。

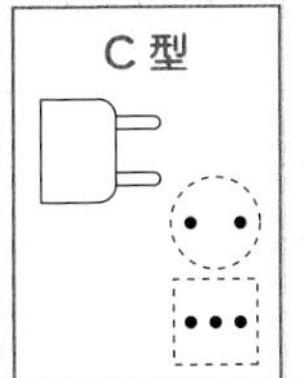

●營業時間看這裡

越南一般的營業時間。
視店鋪而異。

商店	時9～21時	休無休
市場	時6～18時	休無休
餐廳	時11～22時	休無休
咖啡廳	時6～23時	休無休
銀行	時7時30分～11時30分、13～16時	休週六・週日

對照尺寸購物

下表為參考值。越南除了採用歐美尺寸外，也採用和台灣相同的S、M、L。版型隨品牌有所不同，建議一定要試穿。

○女性服飾

台灣	衣服	S		M		L	鞋子	22	22.5	23	23.5	24	24.5
美國		8	10	12	14	16		5	5 1/2	6	6 1/2	7	7 1/2
歐洲		36	38	40	42	44		35	36	36	37	37	38

○男性服飾

台灣	衣服	S		M		L	鞋子	25	25.5	26	26.5	27	27.5
美國		36	38	40	42	44		7 1/2	8	8 1/2	9	9 1/2	10
歐洲		46	48	50	52	54		40	41	42	43	44	45

越南的物價

礦泉水（500ml）1萬VND左右

漢堡（儂特利）36000VND

咖啡（咖啡廳）4萬VND

啤酒（啤酒杯1杯）3萬VND

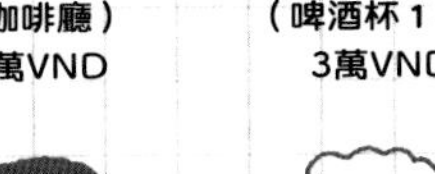

小型計程車起跳價 11000～12000VND

小小資訊 越南的長度（cm、m）及重量（g、kg）單位和台灣相同。

規矩＆禮儀

〔觀光〕

●拍照

原則上在觀光景點都可以自由拍照，不過博物館及美術館館內則多半禁止。胡志明市人民委員會大廳前的步道也禁止拍照，但由於是很受歡迎的拍照紀念景點，只要稍為遠離幾步就不太會被喝止。

胡志明市人民委員會大廳
（→P 26）

●抽煙

越南政府制定了國家禁菸週，對抽菸的規定日趨嚴格，但只要照規矩來，抽菸就不會是問題。寺院及博物館等公共設施的外頭會設置菸灰缸，想抽菸就到這裡。到了餐廳等餐飲店最好先向店員確認此處是否禁菸。在超商或超市購菸時，與台灣一樣都是以盒為單位，但攤販所販賣的香菸是以1支為單位。

〔美食〕

●需穿著正式服裝嗎？

在越南只要不是特別高級的餐廳，一般都不需穿著正式服裝。也不特別講究餐桌禮儀，不過要注意的是當地並沒有把湯碗直接拿起來喝的習慣，建議用湯匙舀起桌上湯碗內的湯來喝。

●在餐桌結帳

用完餐後可請店員到桌邊結帳。很多餐廳需另付10%服務費，拿到收據後記得做確認。不需付小費。近年來可刷卡的餐廳有增加的趨勢。

●擦手巾需付費

到餐廳入座後，會看到餐桌上放著冰得沁涼的擦手巾，用來擦臉擦脖子很舒服，不過這可不是免費的，一個多半需付2000～4000VND左右。

〔飯店〕

●入住／退房

可入住時間大多在14時左右，退房時間約12時。若回國班機在晚上，也可要求延遲退房。這項服務通常得另外付費，可使用客房至18時左右。入住前及退房後都可以將行李寄放在櫃檯。

●需要付小費嗎？

越南雖然沒有收小費的習慣，但也可以支付一些表示心意。在飯店付給行李員或整理客房的清潔人員小費行情約各1萬VND。

●以美元付款

越南現在皆已統一以VND標示價格，不過一部分飯店及餐廳仍然可以美元支付，匯率則視飯店與餐廳有所差異。

〔購物〕

●寄放行李後購物

為了防止順手牽羊，一般超市在入口旁都會設有置物櫃（免費），並有工作人員在旁。進店前得先寄放行李，領取置物櫃鑰匙，或把行李交給工作人員並領取號碼牌。貴重物品可裝進隨身小包攜帶進入。

●適當殺價

在市場購物殺價是必要的，但也不能隨便亂喊價，行情約為訂價的7～8折。不過若是在濱城市場那樣有很多觀光客的地方，商家難免一開始會訂很高的價格。殺價後卻不買是非常失禮的行為，最好避免。

●退稅手續

購物時會收取10%的增值稅（VAT）。外國旅客若在指定商店購買一定金額的商品後，回國前可在機場辦理退稅手續。詳情請參照URL www.gdt.gov.vn/（英語）。

○退稅條件

・在同一家店同一天購買總金額達200萬VND以上商品
・需出示購物商店開立的收據（從回國日往回推算60天內）、護照、登機證、所購買之未使用商品

○退稅步驟

機場櫃檯報到前帶著收據到專用櫃檯蓋關稅印章，出境後至銀行櫃檯辦理退稅。

一整年都是高溫氣候，尤其濕度高的雨季特別容易消耗體力。記得隨時補充水分，且行程安排不要過於緊湊。

突發狀況對應方式

越南的治安還算可以，但也得小心扒手及小偷。另外機車搶劫事件很常見，隨身包包最好斜背或拿在前面，行走時盡量遠離車道。

●生病時

身體狀況要是越來越不對勁，就趕快上醫院。要叫救護車請打☎115（警察☎113）。若在飯店，只要通知櫃檯就會幫忙連絡醫生，有投保的旅客透過當地窗口轉介可安排至合作醫院看診。建議最好隨身攜帶常備藥，以免當地的藥品造成身體不適。

●遭竊・遺失時

○護照
萬一護照被偷（遺失），先至警察局申請遺失證明，拿著遺失證明及身分證到駐越南台北經濟文化辦事處，辦理一個月效期之入國證明書，以及致越南境管單位信函，持憑向越南境管單位補辦出境簽證後才能搭機回國。

○信用卡
為預防盜刷，請立即與發卡銀行連絡並掛失信用卡，之後再按照發卡公司的指示處理。

●突發狀況範例

○被從後面騎過來的機車搶走皮包。
⇒皮包不要拿在靠車道側，單肩包請斜背。貴重物品記得分散放在不同的地方，萬一遇害可以減少損失。

○在飯店櫃台辦理入住、退房手續時，放置的行李被偷了。
⇒地上的行李要放在雙腳之間，手提包拿著不離身，不讓行李離開視線範圍。用餐時也要多加小心掛在椅背上的外套或皮包。

○在鬧區被說著一口流利中文的人引誘去夜店等處，結帳時的帳單高得不合理。
⇒不要輕易相信操著流利中文的人，也不要隨便將來歷不明的飲料喝下肚。

○市中心超速的車子很多，容易發生危險。
⇒絕不走沒有斑馬線的地方，最好與當地人一起過馬路。

出發前Check！

可上外交部領事事務局網站的旅外安全資訊頁面，確認當地治安狀況和旅遊警示分級。
URL www.boca.gov.tw/mp.asp

旅遊便利貼

［越南］

● 駐越南台北經濟文化辦事處（河內）
住5th Floor HITC Building, 239 Xuan Thuy Street, Cau Giay District, Hanoi
☎04-38335501
時8～17時
休週六・日・國定假日
URL web.roc-taiwan.org/vn/index.html

●駐胡志明市台北經濟文化辦事處
住336 Nguyen Tri Phương St., Dist. 10, Ho Chi Minh City
☎08-8349160～65
時8時～17時30分
休週六・日・國定假日
URL www.roc-taiwan.org/vnsgn_en/index.html

●警察 ☎113 ●消防車 ☎114
●救護車 ☎115
●信用卡公司緊急聯絡中心
・VISA全球緊急服務中心
☎1-303-967-1090
・MasterCard全球服務中心
☎1-636-722-7111
・JCB全球熱線
☎1-213-688-00941
・American Express報失補領專線
☎886-2-2719-0707

［台灣］

○越南駐台北經濟文化辦事處
住台北市松江路65號3樓
☎02-2516-6626
○機場
・桃園國際機場第一航廈
☎03-2735081
・桃園國際機場第二航廈
☎03-2735086
URL www.taoyuan-airport.com/
・高雄小港國際機場
☎07-8057631（國際線服務電話）
URL www.kia.gov.tw/

駐越南台北經濟文化辦事處為在越南的首都河內。護照遺失也可至駐胡志明市台北經濟文化辦事處辦理相關手續。

Index

胡志明市

↑□想去的地方打✓ ■去過的地方塗黑

↑□想去的地方打✓　■去過的地方塗黑

時尚 · 可愛 · 慢步樂活旅

Vietnam

國家圖書館出版品預行編目（CIP）資料

越南 / JTB Publishing, Inc.作 ；
尤淑心翻譯. -- 第一版. --
新北市 ： 人人, 2017.06
面； 公分. --（叩叩世界系列 ; 14）

ISBN 978-986-461-110-2（平裝）

1.旅遊 2.越南

738.39　　106005697

JMJ

【 叩叩世界系列 14 】

越南

作者／JTB Publishing, Inc.
翻譯／尤淑心
編輯／林德偉
校對／張雅茜
發行人／周元白
排版製作／長城製版印刷股份有限公司
出版者／人人出版股份有限公司
地址／23145 新北市新店區寶橋路235巷6弄6號7樓
電話／（02）2918-3366（代表號）
傳真／（02）2914-0000
網址／http://www.jjp.com.tw
郵政劃撥帳號／16402311 人人出版股份有限公司
製版印刷／長城製版印刷股份有限公司
電話／（02）2918-3366（代表號）
經銷商／聯合發行股份有限公司
電話／（02）2917-8022
第一版第一刷／2017年6月
第一版第二刷／2018年7月
定價／新台幣350元

日本版原書名／ララチッタ　ベトナム
日本版發行人／秋田　守
Lala Citta Series
Title: VIETNAM

叩叩世界 14
201807

←←←從這裡拆下來

Lala Citta越南
別冊MAP

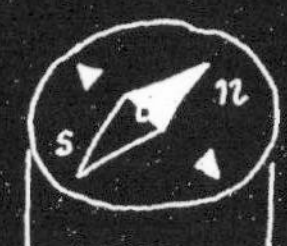

Contents

MAP記號索引

- 飯店
- 寺院
- 教堂
- 機場
- 巴士站
- 銀行
- 郵局
- 醫院
- 警察局
- 學校、市公所

越南全域圖

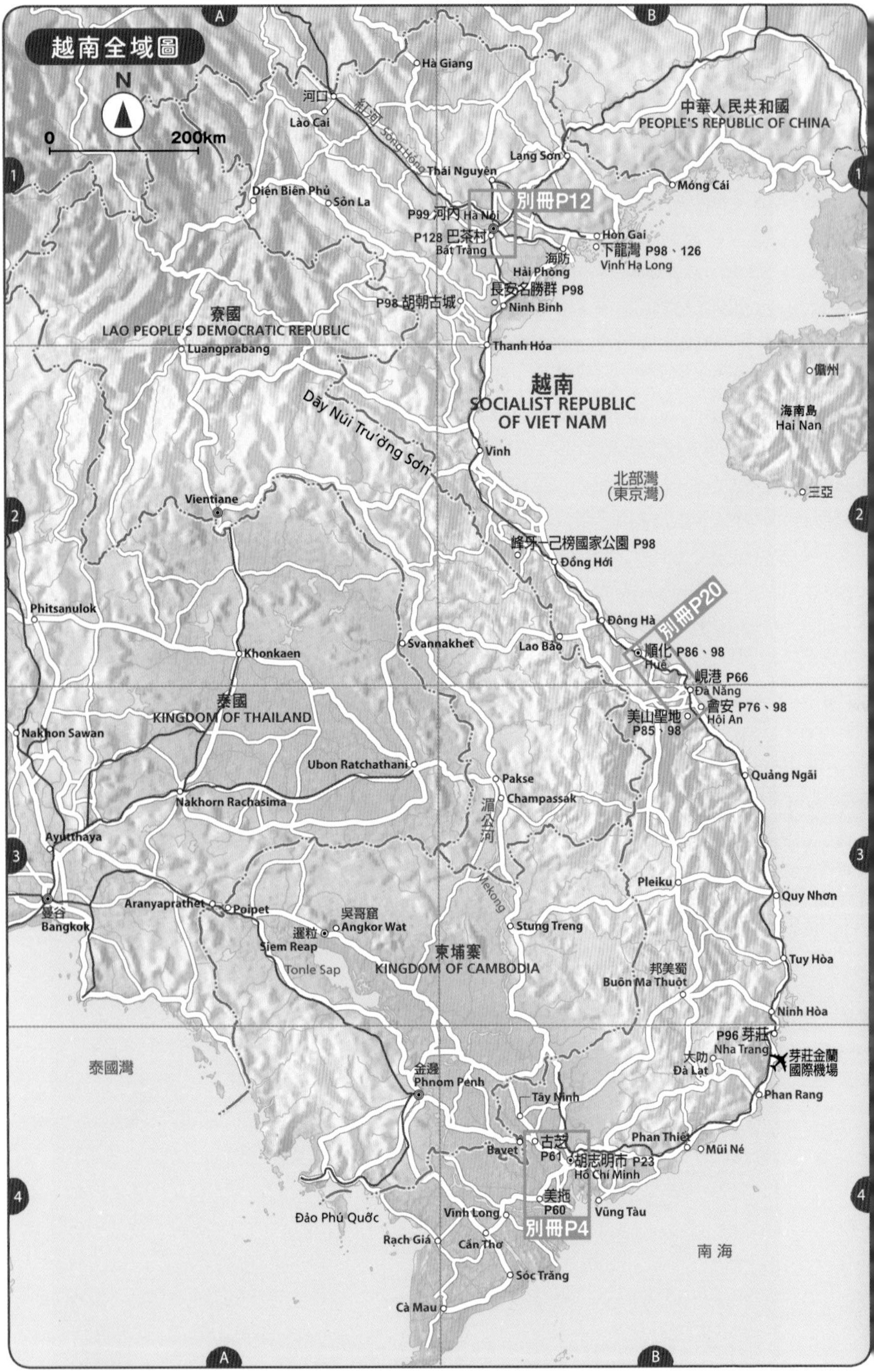

越南全域圖

N

0 200km

A
B
1
2
3
4

Hà Giang
河口
Lào Cai
紅河 Sông Hồng
Lạng Sơn
Thái Nguyên
中華人民共和國
PEOPLE'S REPUBLIC OF CHINA
Móng Cái
Điện Biên Phủ
Sơn La
別冊P12
P99 河內 Hà Nội
P128 巴茶村 Bát Tràng
Hòn Gai
下龍灣 P98、126
Vịnh Hạ Long
海防
Hải Phòng
長安名勝群 P98
P98 胡朝古城
Ninh Bình
寮國
LAO PEOPLE'S DEMOCRATIC REPUBLIC
Luangprabang
Thanh Hóa
越南
SOCIALIST REPUBLIC OF VIET NAM
儋州
海南島
Hai Nan
Dãy Núi Trường Sơn
Vinh
北部灣
(東京灣)
三亞
Vientiane
峰牙一己榜國家公園 P98
Đồng Hới
別冊P20
Phitsanulok
Đông Hà
Svannakhet
Lao Bảo
Khonkaen
順化 P86、98
Huế
峴港 P66
Đà Nẵng
泰國
KINGDOM OF THAILAND
會安 P76、98
Hội An
美山聖地
P85、98
Nakhon Sawan
Ubon Ratchathani
Quảng Ngãi
Pakse
Nakhorn Rachasima
Champassak
湄公河
Ayutthaya
Mekong
Pleiku
Quy Nhơn
曼谷
Bangkok
Aranyaprathet
Poipet
吳哥窟
Angkor Wat
暹粒
Siem Reap
Stung Treng
柬埔寨
KINGDOM OF CAMBODIA
Tonle Sap
Tuy Hòa
邦美蜀
Buôn Ma Thuột
Ninh Hòa
P96 芽莊
Nha Trang
泰國灣
大叻
Đà Lạt
芽莊金蘭國際機場
金邊
Phnom Penh
Tây Ninh
Phan Rang
Phan Thiết
古芝
P61
Mũi Né
Bavet
胡志明市 P23
Hồ Chí Minh
美拖
P60
Vũng Tàu
別冊P4
Đảo Phú Quốc
Vĩnh Long
Rạch Giá
Cần Thơ
南海
Sóc Trăng
Cà Mau

可以悠閒地享受旅遊時光的鐵路交通也充滿魅力。除了連結胡志明市與河內的南北鐵路外，河內與西北山區之間往來的路線也非常受歡迎。農曆過年期間一票難求，建議提早預購。

越南國內交通

越南國土南北狹長，交通移動上選擇路線較多且快速的飛機較為方便。路線及班次多的長途巴士也十分便利。搭火車會比巴士還要花時間，且外國人要購買車票困難度較高，但很推薦給不趕時間，想要悠閒地欣賞車外風景的旅客。

峴港國際機場

飛機

可至各航空公司及其官網或透過旅行社購買機票。國內線航班常有取消或變更時間的情形，無論是在台灣還是當地購票，出發前最好再次做確認。航班萬一有變動，航空公司有時會直接發郵件至旅客購票時所登記的電子信箱或致電聯繫。國內班機報到時也需出示護照。

除了越南航空，也有越南噴射航空VietJet Air等廉價航空公司

○票價、班次、飛行時間預估

・胡志明市－河內
每天約18班。經濟艙單程約155萬VND起，所需時間約2小時
・河內－峴港
每天約10班。經濟艙單程約105萬VND起，所需時間約1小時20分
・胡志明市－峴港
每天約10～12班次。經濟艙單程約105萬VND起，所需時間約1小時20分

○航空公司

●越南航空　Vietnam Airlines　URL www.vietnamairlines.com
[胡志明市] 住Union Square（→P54）2F　☎08-38320320　時9時～19時（週六、日～17時）　休無休　（別冊MAP●P9C3）
[河內] 住25 Tràng Thi　☎04-38320320　時8時～18時30分（週六、日～11時30分、13時30分～17時）　休無休　（別冊MAP●P16B1）
[峴港] 住27 Điện Biên Phủ　☎0511-3832320　時7時30分～11時、13時30分～17時　休無休　（別冊MAP●P21C2）

火車

不能說非常方便，但喜愛火車旅遊的人很多。尤其是連結河內與胡志明市的南北鐵路擁有超高人氣。一般座及臥舖座皆分為硬式及軟式兩種。

●越南國鐵

Tổng công ty Đường sắt Việt Nam
URL www.vr.com.vn

○票價、班次、所需時間預估

・胡志明市－河內
1天5班。約60～160萬VND。所需時間約32～46小時
・河內－峴港
1天6班。約30～100萬VND。所需時間約14～18小時
・胡志明市－峴港
1天6班。約35～120萬VND。所需時間約17～20小時

○主要車站

[西貢站] 住1 Nguyễn Thông　☎08-38436528　(別冊MAP●P4B2)
[河內A站] 住120 Lê Duẩn　☎04-39423697　(別冊MAP●P13C3)
[河內B站] 住Trần Quý Cáp　☎04-39423697　(別冊MAP●P13C3)
[峴港站] 住202 Hải Phòng　☎0511-3823810　(別冊MAP●P21C2)

觀光巴士

網羅了全越南巴士路線，特別推薦由當地旅行社營運的「Open Tour Bus」之長途巴士。

○票價、班次、所需時間預估

※以下皆由The Sinh Tourist所提供的長途巴士
・河內－胡志明市
1天1班，18時30分發車，61萬VND（視出發日有所變動）。所需時間約48小時。（需在順化、會安、芽莊轉車）
・胡志明市－河內
1天1班，7時15分發車，61萬VND（視出發日有所變動）。所需時間約48小時。（需在芽莊、會安、順化轉車）
・河內－峴港
1天1班，18時30分發車，29萬VND。所需時間約20小時。
・胡志明市－峴港
1天1班，7時15分發車，40萬7000VND。所需時間24小時。（需在芽莊、會安轉車）

○當地旅行社

● The Sinh Tourist
全國性的知名大型旅行社。除了推出低價旅遊團，也有往來各主要都市的觀光巴士行程。長途路線還另外引進Sleeping Bus。
URL www.thesinhtourist.vn
[胡志明市] 住246-248 Đề Thám　☎08-38389597　時6時30分～22時　休無休　(別冊MAP●P6B4)
[河內] 住52 Lương Ngọc Quyến　☎04-39261568　時6時30分～22時　休無休　(別冊MAP●P15C2)
[峴港] 住154 Bạch Đằng　☎0511-3843259　時7時～22時　休無休　(別冊MAP●P21D2)

胡志明市全域圖

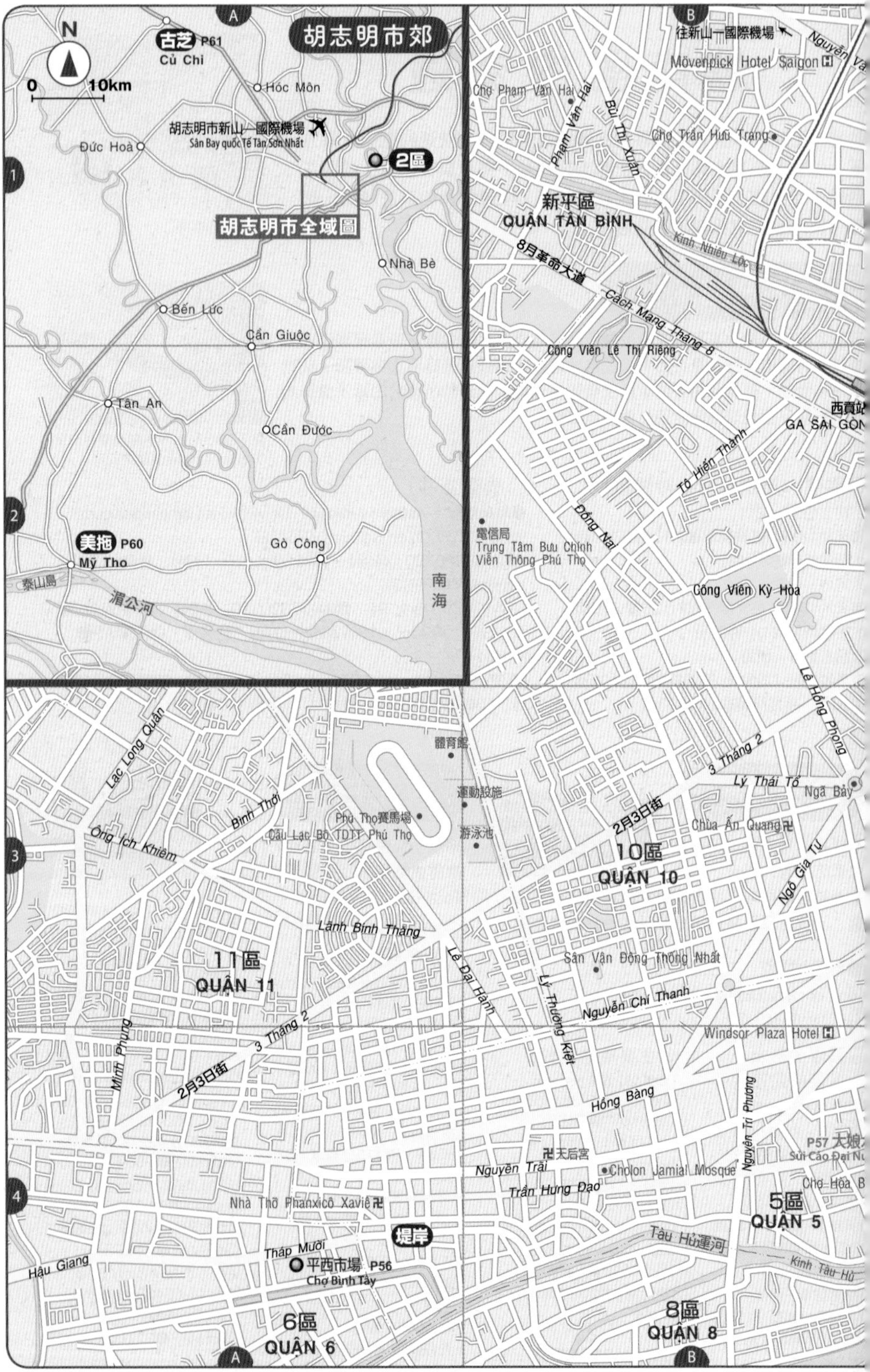

區域 Navi
早上8時及傍晚17～19時是上下班交通尖峰時段，交通阻塞嚴重。
這段時間若要搭乘計程車，建議時間安排上要充裕一些。

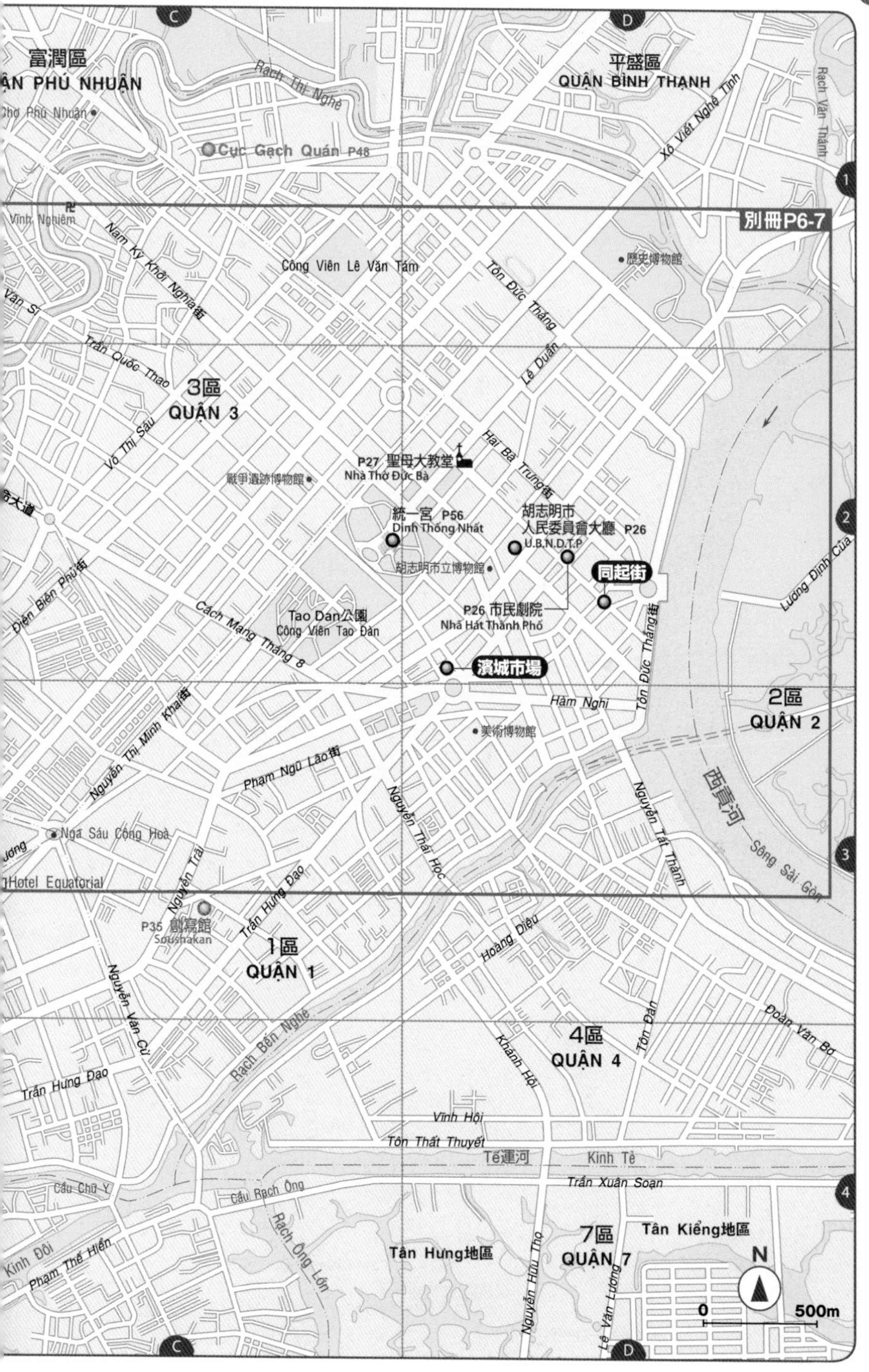

●觀光景點 ●餐廳・咖啡廳 ●商店 ●夜間娛樂 ●美容保養 H飯店

胡志明市中心區

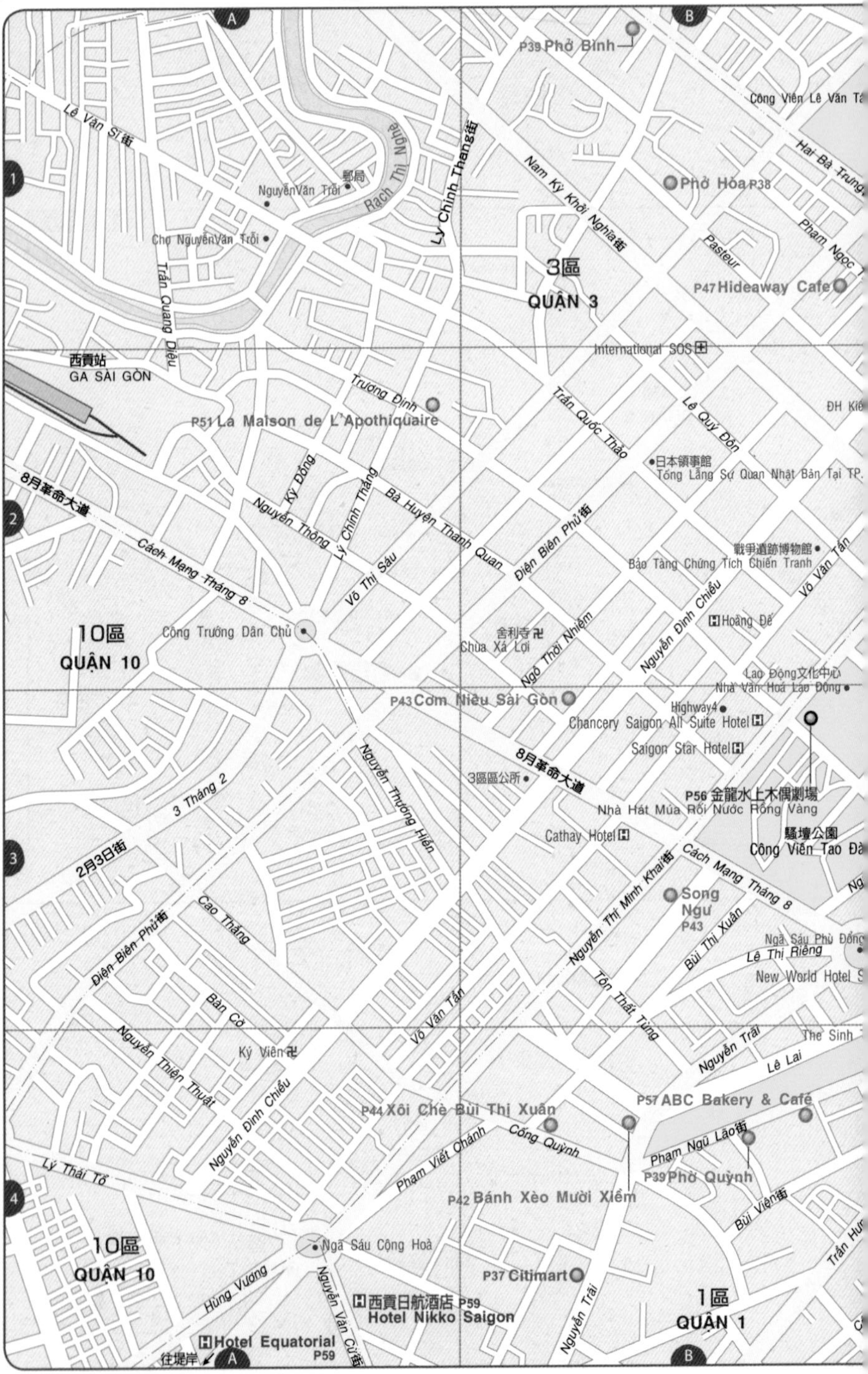

A
B
1
2
3
4
P39 Phở Bình
Công Viên Lê Văn Tá
Lê Văn Sĩ街
Hai Bà Trưng
Nam Kỳ Khởi Nghĩa街
Ly Chinh Thang街
Rạch Thị Nghè
郵局
NguyễnVăn Trỗi
Chợ NguyễnVăn Trỗi
Trần Quang Diệu
Phở Hòa P38
Pasteur
Phạm Ngọc T
3區
QUẬN 3
P47 Hideaway Cafe
International SOS
西貢站
GA SÀI GÒN
Trương Định
P51 La Maison de L'Apothiquaire
Trần Quốc Thảo
Lê Quý Đôn
ĐH Kiế
日本領事館
Tổng Lãnh Sự Quán Nhật Bản Tại TP.
8月革命大道
Kỳ Đồng
Lý Chính Thắng
Bà Huyện Thanh Quan
Nguyễn Thông
Điện Biên Phủ街
戰爭遺跡博物館
Bảo Tàng Chứng Tích Chiến Tranh
Võ Văn Tần
Cách Mạng Tháng 8
Võ Thị Sáu
Nguyễn Đình Chiểu
10區
QUẬN 10
Công Trường Dân Chủ
舍利寺
Chùa Xá Lợi
Ngô Thời Nhiệm
Hoàng Đế
Lao Động文化中心
Nhà Văn Hoá Lao Động
P43 Cơm Niêu Sài Gòn
Highway4
Chancery Saigon All Suite Hotel
Saigon Star Hotel
Nguyễn Thượng Hiền
8月革命大道
3區區公所
P56 金龍水上木偶劇場
Nhà Hát Múa Rối Nước Rồng Vàng
3 Tháng 2
Cathay Hotel
騷壇公園
Công Viên Tao Đà
2月3日街
Cách Mạng Tháng 8
Nguyễn Thị Minh Khai街
Song Ngư P43
Cao Thắng
Điện Biên Phủ街
Bùi Thị Xuân
Ngã Sáu Phù Đổng
Lê Thị Riêng
Tôn Thất Tùng
New World Hotel S
Bàn Cờ
Võ Văn Tần
Nguyễn Thiện Thuật
Kỳ Viên
Nguyễn Trãi
The Sinh
Lê Lai
Nguyễn Đình Chiểu
P44 Xôi Chè Bùi Thị Xuân
P57 ABC Bakery & Café
Cống Quỳnh
Phạm Ngũ Lão街
Lý Thái Tổ
Phạm Viết Chánh
P39 Phở Quỳnh
P42 Bánh Xèo Mười Xiềm
Bùi Viện街
10區
QUẬN 10
Ngã Sáu Cộng Hoà
Trần Hư
Hùng Vương
P37 Citimart
Nguyễn Văn Cừ街
西貢日航酒店 P59
Hotel Nikko Saigon
Nguyễn Trãi
1區
QUẬN 1
Hotel Equatorial P59
往堤岸

面對騷壇公園（B3）的Nguyễn Thị Minh Khai街從中午到傍晚會聚集不少攤販，買點攤販小吃到公園小憩也別有一番風味。

觀光景點 餐廳·咖啡廳 商店 夜間娛樂 美容保養 飯店

同起街周邊

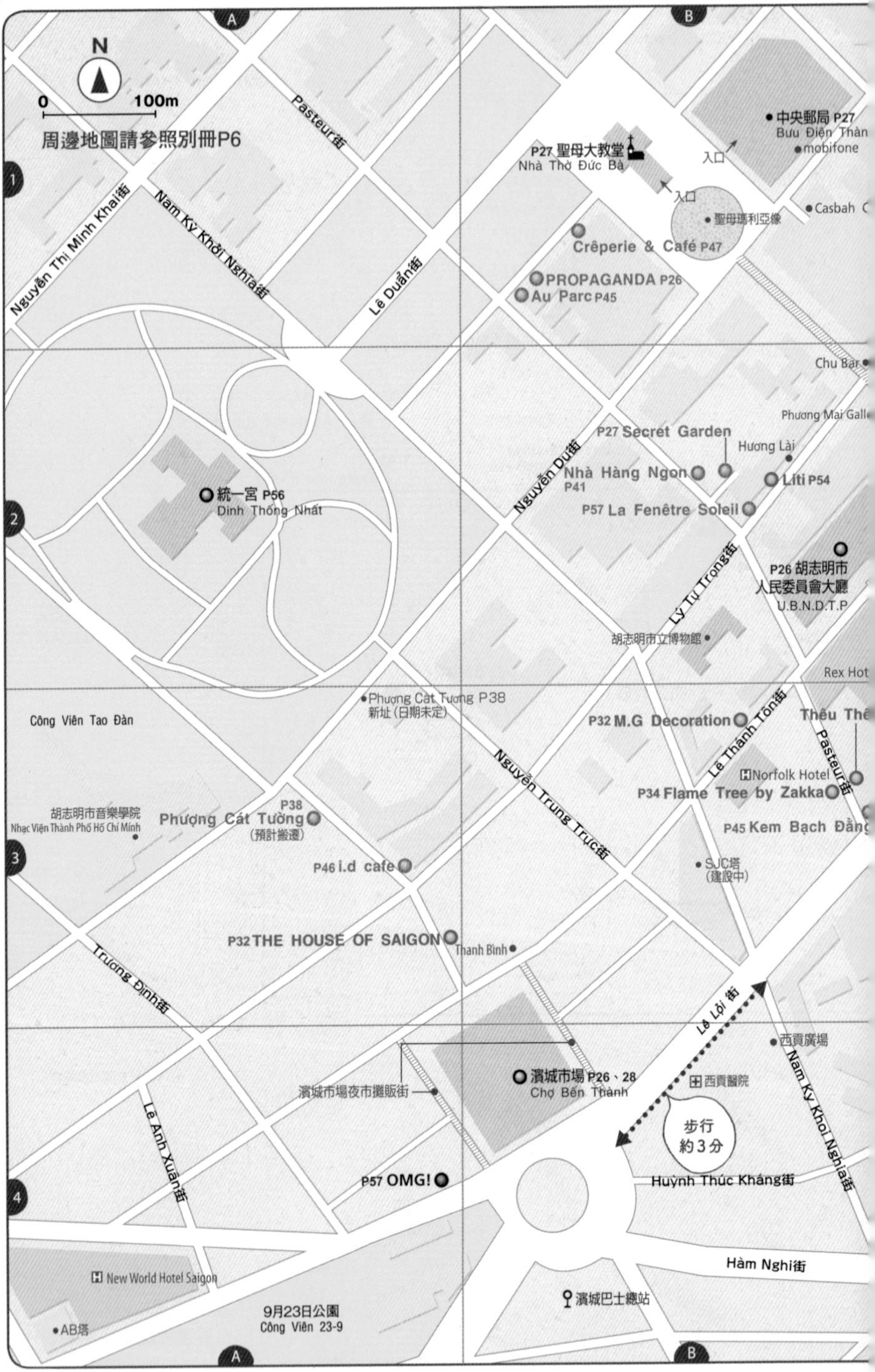

N
0 100m
周邊地圖請參照別冊P6

A
B
1
2
3
4

Pasteur街
Nam Kỳ Khởi Nghĩa街
Nguyễn Thị Minh Khai街
Lê Duẩn街
P27 聖母大教堂
Nhà Thờ Đức Bà
入口
中央郵局 P27
Bưu Điện Thàn
mobifone
Casbah C
聖母瑪利亞像
Crêperie & Café P47
PROPAGANDA P26
Au Parc P45
Chu Bar
Phương Mai Galle
P27 Secret Garden
Hương Lài
Nguyễn Du街
Nhà Hàng Ngon
P41
Liti P54
P57 La Fenêtre Soleil
統一宮 P56
Dinh Thống Nhất
P26 胡志明市人民委員會大廳
U.B.N.D.T.P
Lý Tự Trọng街
胡志明市立博物館
Rex Hot
Phượng Cát Tường P38
新址（日期未定）
Công Viên Tao Đàn
P32 M.G Decoration
Lê Thánh Tôn街
Thêu Thê
Nguyễn Trung Trực街
Norfolk Hotel
Pasteur街
P34 Flame Tree by Zakka
胡志明市音樂學院
Nhạc Viện Thành Phố Hồ Chí Minh
P38
Phượng Cát Tường
（預計搬遷）
P45 Kem Bạch Đằng
SJC塔
（建設中）
P46 i.d cafe
P32 THE HOUSE OF SAIGON
Thanh Bình
Trương Định街
Lê Lợi街
西貢廣場
濱城市場 P26、28
Chợ Bến Thành
濱城市場夜市攤販街
西貢醫院
Nam Ky Khoi Nghia街
步行約3分
Lê Anh Xuân街
P57 OMG!
Huỳnh Thúc Kháng街
Hàm Nghi街
New World Hotel Saigon
濱城巴士總站
9月23日公園
Công Viên 23-9
AB塔

以上地圖從最左右兩側走到另一頭也只需30分，是可以步行觀光的距離。
酷熱的夏天記得要多補充水分。

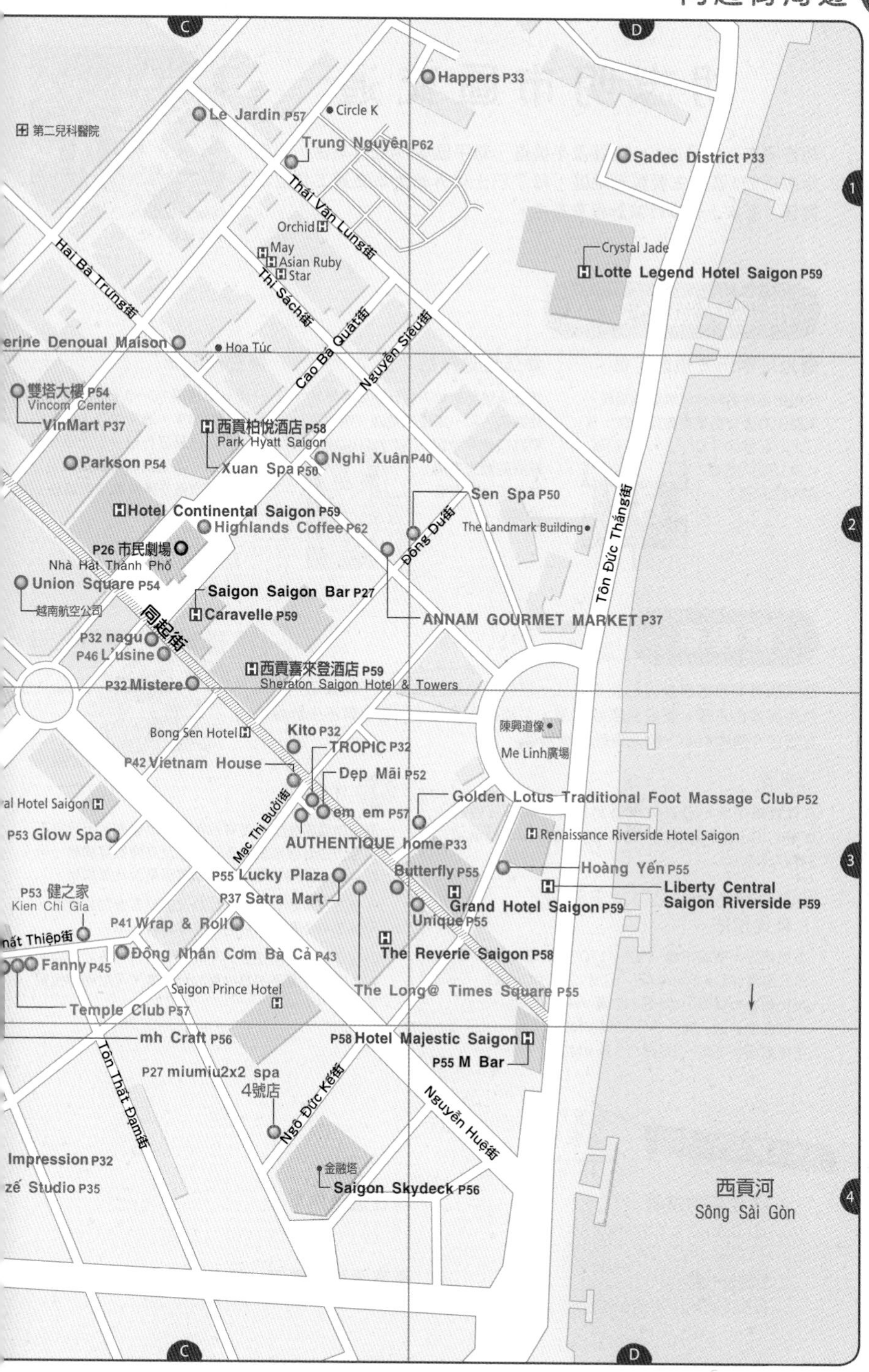

觀光景點 餐廳・咖啡廳 商店 夜間娛樂 美容保養 飯店

胡志明市區交通

機車數量非常可觀

胡志明市一共分成1～12區及平盛區、新平區等24個行政區，同起街附近的1區是主要觀光地區。除了巴士以外的大眾交通工具並不發達，基本上以步行或計程車為主。

市區逛逛小建議

●地址標示有規則可循

地址由街道名稱和區域號碼組成。馬路左右邊分別是奇數與偶數，有「／」記號如「12／34」等號碼代表12號內的巷弄內的34號。

●怎麼過馬路

無交通號誌的地方在確認沒有車輛往來後，以一定速度通過。市區主要路口會有身穿綠衣的觀光客導覽員幫助觀光客過馬路。

●交通阻塞

只要一到傍晚16～17時左右，市區便開始塞車。通常得花上雙倍的時間，因此最好行程安排上不要太緊湊。萬一遇到國際賽事例如足球等活動，市區交通將會全面癱瘓。

計程車

Taxi

往來機場與市區最普遍的交通方式。以計程車顏色來區分不同公司，如白色車與綠色車等，皆採跳表收費制。可隨時攔車搭乘，也會有不少計程車在飯店及購物中心、觀光景點等地候客。

○車資

車資視車子大小及計程車公司有所差異。一般起跳價700m為11000VND左右。每200m約增加3100VND。

○主要觀光景點之間所需時間／車資預估

・市民劇場⇔濱城市場…5分/17000VND
・市民劇場⇔De Tham街…10分/26000VND
・市民劇場⇔堤岸…25分/12萬VND
・市民劇場⇔統一宮…5分/2萬VND
・市民劇場⇔2區…25分/15萬VND

注意事項

○濱城市場等景點前會有白色計程車候客，不過有不少是仿造計程車公司車的顏色及商標的冒牌車，可看車身上印刷的電話號碼來確認是否為冒牌車。

○有些計程車載到不熟當地路況的旅客會刻意繞路。可先參考地圖確認目的地路線後再上車。

○計程車跳表費用視公司而異，有時會被多收費用。如果遇到喊價不按表收費的計程車，可以明確拒絕搭乘。

派得上用場的一句話

只要記住就安心了！

請載我到這裡
Đi đến địa chỉ này.

請在這裡停車
Dừng ở đây.

請快一點
Chạy nhanh giùm tôi.

車資跟跳表價不一樣
Giá không đúng với đồng hồ.

在越南搭乘計程車須多加注意，可能會遇到繞遠路或亂找錢等狀況，若擔心被騙，建議也可使用手機app Grabtaxi或是Uber叫車較有品質保障。

●搭計程車

若是週遭都沒有看到計程車，可以打電話叫車，接線生會說英語。

1 攔空車

有許多計程車從外觀看不出是否為空車，得確認裡頭有無乘客後，再舉手攔車。有些計程車公司會派人在觀光景點協助叫車。

2 上車

車門需自行開關。近年來增加不少能以英語溝通的司機，不過保險起見，還是把目的地寫在紙上給司機看較安心。

3 在車內

開車後先確認有無啟動跳表。建議記下擋風玻璃上的車子編號，萬一遺留物品在車上或付錢時出了問題，就可在事後找出所搭乘的計程車。

4 付錢＆下車

支付跳表上所顯示的費用。計費單位為1000，「17」或「17.0」代表17000VND，不需小費。來回機場會多收一筆機場使用費1萬VND。

○風評不錯的優良計程車公司

較有保障的計程車公司有以下3家。分辨的方式是看車子顏色及電話號碼。

Vinasun Taxi

☎08-38272727

白色車身上印著紅線跟綠線。印著同樣車名但顏色全白的是冒牌計程車。

Mai Linh Taxi

☎08-38383838

全國性的大型計程車公司。有白綠兩色及單一綠色兩種車款。

Vina Taxi

☎08-38111111

很醒目的鮮艷黃色車體。數量不多且車子多半較舊。

路線巴士  Xe Buýt

以濱城市場前的巴士總站為中心，有許多開往市區各地的路線巴士。車子顏色有白綠混和或單一藍色等各式各樣。觀光客想熟練地搭乘並不容易，建議只記住方便的路線即可。

○票價

18km為止一律都是5000～6000VND，市中心的移動皆在此範圍內。費用可在上車時放入司機旁邊的箱子內，或向車內的車掌購票。

○間隔時間、營運時間

營運時間視路線會有所差異，通常是5時～20時30分左右，約10～30分1班。沒有時刻表，不過主要路線的巴士班次密集，沒搭上也不用著急，下一班很快就會來。

○1路巴士最適合觀光搭乘

巴士車體為藍色，串連西貢河旁的Me Linh廣場一帶與5區堤岸巴士總站。要前往同起街、濱城市場、De Tham街、堤岸都非常方便。

注意事項

抵達巴士站或巴士總站後不見得會完全停下來，最好先確認已停好車後再行上下車。

要注意突發狀況！

○計程機車

Xe Ôm

常在路口及觀光景點前出現，但也容易發生交通事故或費用糾紛。濱城市場前身穿藍色制服的司機是計程機車協會會員，較有保障，但還是不建議搭乘。

○人力三輪車

Xích Lô

越南知名的人力三輪車，但市中心很多街道禁止人力三輪車進入，費用糾紛也不少。無論如何都想嘗試的人建議可以參加有包含搭乘人力三輪車的旅遊行程。

河內全域圖

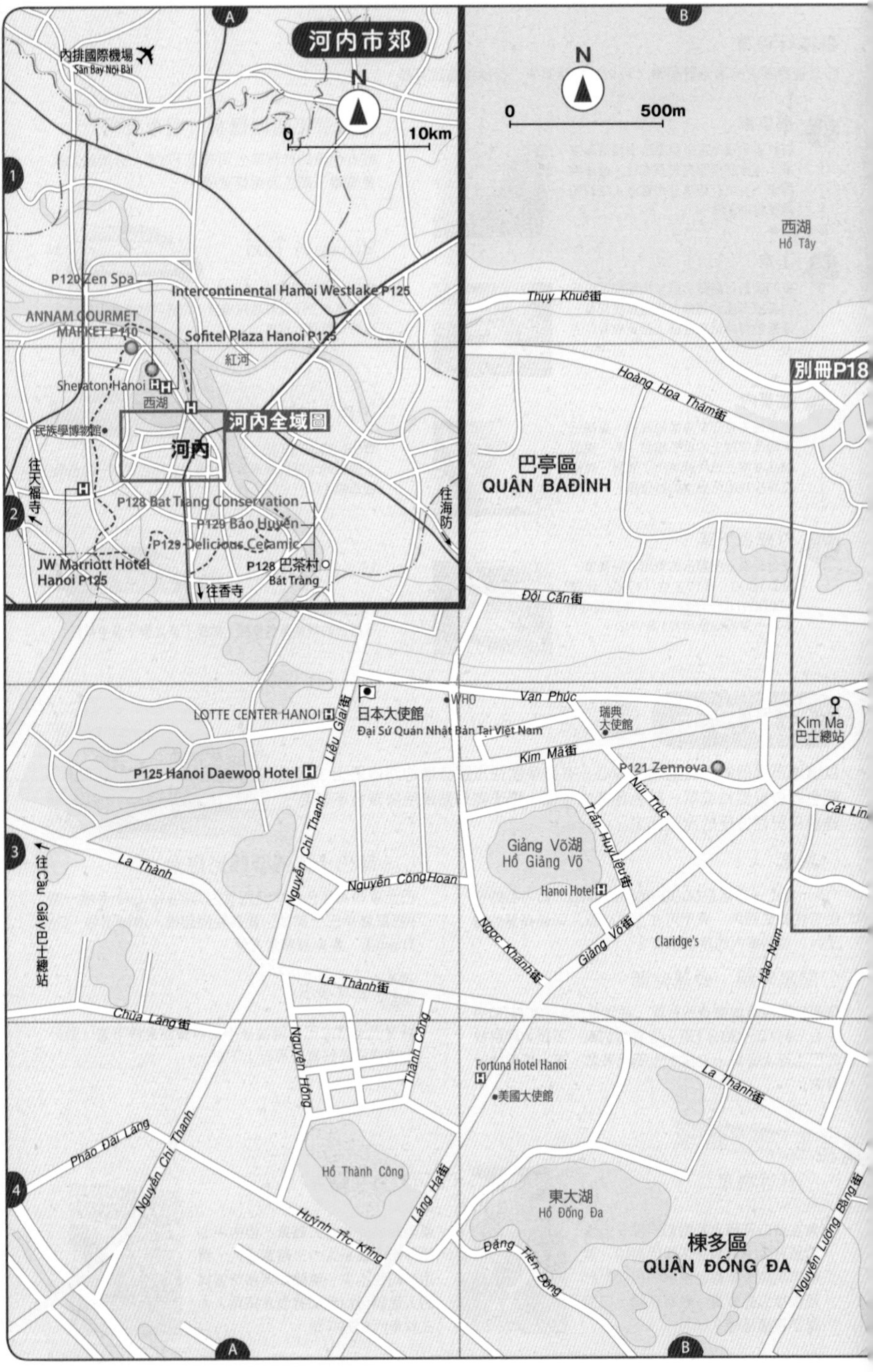

河內市郊

內排國際機場
Sân Bay Nội Bài
0 10km
P120 Zen Spa
Intercontinental Hanoi Westlake P125
ANNAM GOURMET MARKET P110
Sofitel Plaza Hanoi P125
紅河
Sheraton Hanoi
西湖
民族學博物館
河內全域圖
河內
往天福寺
往海防
P128 Bat Trang Conservation
P129 Bảo Huyền
P129 Delicious Ceramic
JW Marriott Hotel Hanoi P125
P128 巴茶村
Bát Tràng
往香寺

0 500m
西湖
Hồ Tây
Thụy Khuê街
別冊P18
Hoàng Hoa Thám街
巴亭區
QUẬN BAĐÌNH
Đội Cấn街
日本大使館
Đại Sứ Quán Nhật Bản Tại Việt Nam
WHO
Vạn Phúc
瑞典大使館
Kim Ma 巴士總站
LOTTE CENTER HANOI
Liễu Giai街
Kim Mã街
P125 Hanoi Daewoo Hotel
P121 Zennova
Núi Trúc
Cát Linh
Trần Huy Liệu街
Giảng Võ湖
Hồ Giảng Võ
Hanoi Hotel
La Thành
Nguyễn Chí Thanh
Nguyễn Công Hoan
往Cầu Giấy巴士總站
Ngọc Khánh街
Giảng Võ街
Claridge's
Hào Nam
La Thành街
Chùa Láng街
Thành Công
Nguyễn Hồng
Fortuna Hotel Hanoi
美國大使館
La Thành街
Pháo Đài Láng
Nguyễn Chí Thanh
Hồ Thành Công
Láng Hạ街
東大湖
Hồ Đống Đa
Huỳnh Thúc Kháng
Đặng Tiến Đông
棟多區
QUẬN ĐỐNG ĐA
Nguyễn Lương Bằng街

車流量大且紅綠燈不多，過馬路要特別注意往來車輛，訣竅是走得慢一些。
急著過馬路反而容易發生意外。

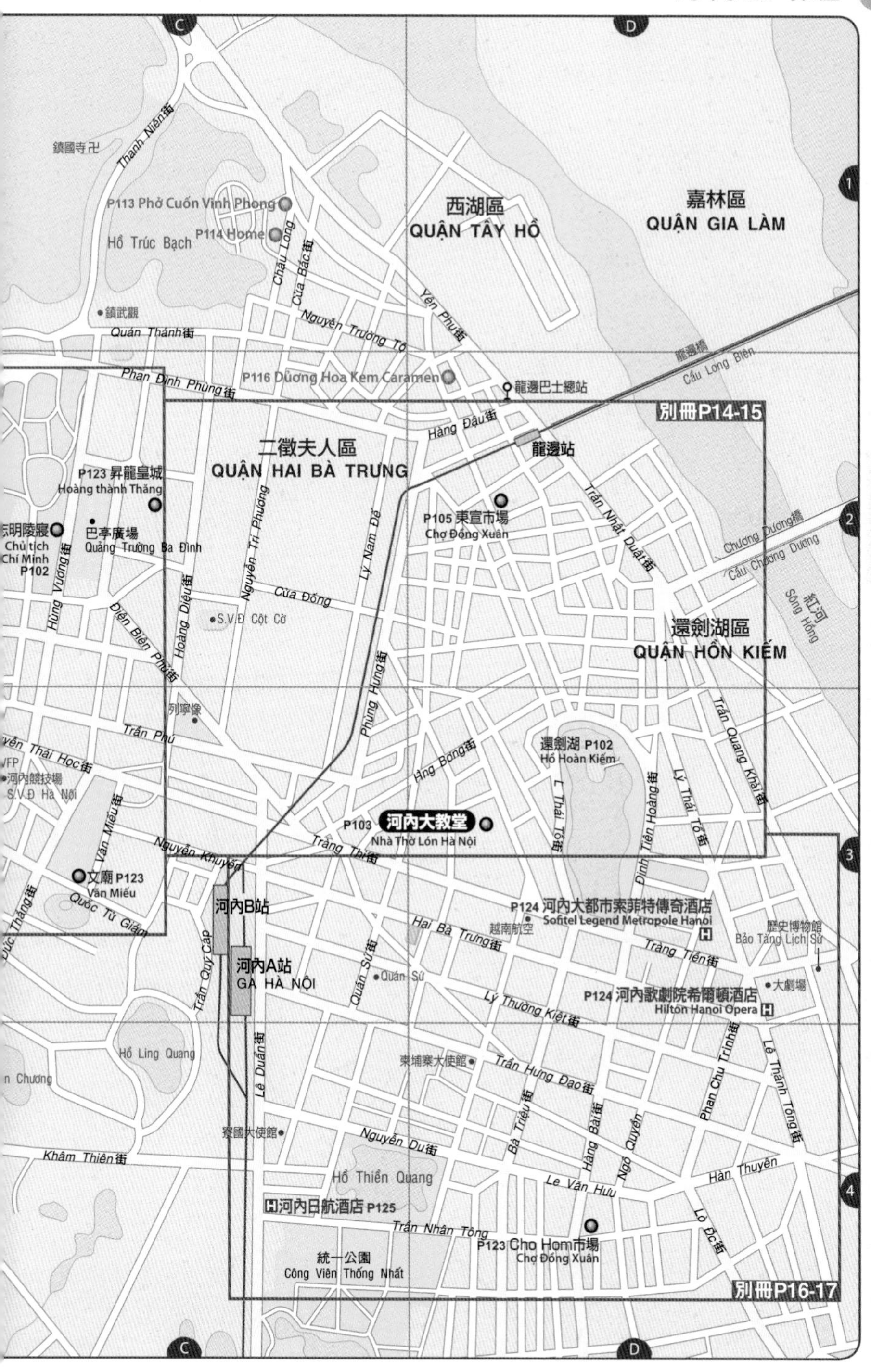

鎮國寺卍
Thanh Niên街
P113 Phở Cuốn Vinh Phong
Hồ Trúc Bạch
P114 Home
Châu Long
Cửa Bắc街
鎮武觀
Quán Thánh街
Nguyễn Trường Tộ
Yên Phụ街
西湖區
QUẬN TÂY HỒ
嘉林區
QUẬN GIA LÀM
龍邊橋
Cầu Long Biên
Phan Đình Phùng街
P116 Dương Hoa Kem Caramen
龍邊巴士總站
別冊P14-15
Hàng Đậu街
龍邊站
二徵夫人區
QUẬN HAI BÀ TRƯNG
P123 昇龍皇城
Hoàng thành Thăng
P105 東宣市場
Chợ Đồng Xuân
Trần Nhật Duật街
巴亭廣場
Quảng Trường Ba Đình
Chủ tịch
Chí Minh
P102
Hùng Vương街
Nguyễn Tri Phương
Lý Nam Đế
Chương Dương橋
Cầu Chương Dương
紅河
Sông Hồng
Hoàng Diệu街
Cửa Đông
S.V.Đ Cột Cờ
Điện Biên Phủ街
還劍湖區
QUẬN HOÀN KIẾM
列寧像
Phùng Hưng街
Trần Phú
Nguyễn Thái Học街
河內競技場
S.V.Đ Hà Nội
Hàng Bông街
還劍湖 P102
Hồ Hoàn Kiếm
Trần Quang Khải街
Lý Thái Tổ街
Đinh Tiên Hoàng街
Văn Miếu街
P103 河內大教堂
Nhà Thờ Lớn Hà Nội
Tràng Thi街
Nguyễn Khuyến
文廟 P123
Văn Miếu
Quốc Tử Giám
河內B站
P124 河內大都市索菲特傳奇酒店
Sofitel Legend Metropole Hanoi
越南航空
Hai Bà Trưng街
歷史博物館
Bảo Tàng Lịch Sử
Tràng Tiền街
河內A站
GA HÀ NỘI
Trần Quý Cáp
Quán Sứ街
Quán Sứ
大劇場
P124 河內歌劇院希爾頓酒店
Hilton Hanoi Opera
Lý Thường Kiệt街
Hồ Ling Quang
Lê Duẩn街
柬埔寨大使館
Trần Hưng Đạo街
Phan Chu Trinh街
Lê Thánh Tông街
Bà Triệu街
Hàng Bài街
Ngô Quyền
寮國大使館
Nguyễn Du街
Khâm Thiên街
Hồ Thiền Quang
Le Văn Hưu
Hàn Thuyên
河內日航酒店 P125
Trần Nhân Tông
Lò Đúc街
P123 Cho Hom市場
Chợ Đồng Xuân
統一公園
Công Viên Thống Nhất
別冊P16-17

A
B
北門
Phan Đình Phùng街
Quán Thánh
Super Hotel Hanoi Old Quarter
塔後
昇龍皇城 P98、123
Hoàng Thành Thăng Long
P107 Sắt Tráng Men Nhôm Hải Phòng
越南計畫投資部
Hoàng Diệu街
敬天殿
Nguyễn Tri Phương
Lý Nam Đế街
Hàng Cót
Hàng Mã街
烈士紀念碑
步行
約3分
Thanh Vân
端門
Hàng Vải
P104 An nam
Hàng Gà
Cửa Đông
昇龍皇城出入口
國防部
Bát Đàn
Chả cá Thăng Long
Hang Dieu街
Hàng Điếu
升旗台
Ngõ 9 Nguyễn Tri Phương
P112 Phở Gia Truyền
Hàng
軍事博物館
Hoàng Diệu
Phùng Hưng街
Highlands Coffee
Bún bò Nam Bộ
列寧像
Hàng Da Galleria
P107 Hanoi Smile
Hàng Da
Điện Biên Phủ
Trần Phú
Cao Bá Quát
Nguyễn Thái Học街
P119 The Hanoi Social Club
Hàng Bông街
Nguyễn Khuyến
Kinh Do Hanoi Cafe 252 P118
Việt Đức醫院

舊市區的小巷弄有如網狀般密集，交通流量很大，也經常塞車。走在這裡要是只忙著看店鋪門口擺的各種商品，就很容易被機車或車輛擦撞，逛街的同時記得也要注意週遭安全。

觀光景點 餐廳・咖啡廳 商店 夜間娛樂 美容保養 飯店

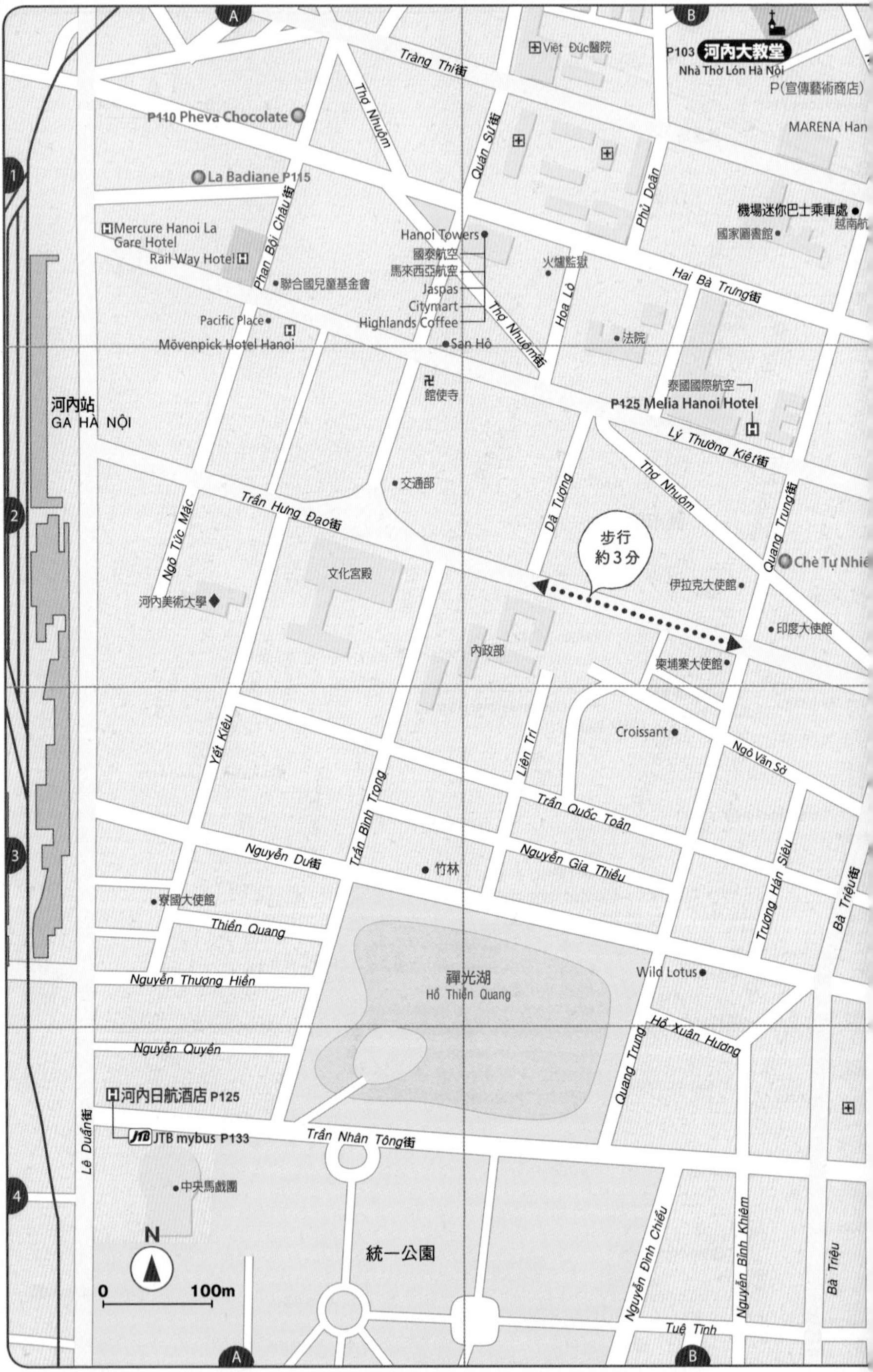

A
B
Tràng Thi街
Việt Đức醫院
P103 河內大教堂
Nhà Thờ Lớn Hà Nội
P(宣傳藝術商店)
MARENA Han
Thợ Nhuộm
Quán Sứ街
P110 Pheva Chocolate
La Badiane P115
Phủ Doãn
機場迷你巴士乘車處
越南航
國家圖書館
Mercure Hanoi La Gare Hotel
Rail Way Hotel
Phan Bội Châu街
聯合國兒童基金會
Hanoi Towers
國泰航空
馬來西亞航空
Jaspas
Citymart
Highlands Coffee
火爐監獄
Hoa Lò
Hai Bà Trưng街
Pacific Place
Mövenpick Hotel Hanoi
San Hô
Thợ Nhuộm街
法院
館使寺
泰國國際航空
P125 Melia Hanoi Hotel
Lý Thường Kiệt街
河內站
GA HÀ NỘI
交通部
Thợ Nhuộm
Trần Hưng Đạo街
Dã Tượng
步行約3分
Quang Trung街
Chè Tự Nhiê
Ngô Tức Mặc
文化宮殿
伊拉克大使館
河內美術大學
印度大使館
內政部
柬埔寨大使館
Croissant
Ngô Văn Sở
Yết Kiêu
Liên Trì
Trần Bình Trọng
Trần Quốc Toản
Nguyễn Du街
竹林
Nguyễn Gia Thiều
Trương Hán Siêu
Bà Triệu街
寮國大使館
Thiền Quang
Wild Lotus
Nguyễn Thượng Hiền
禪光湖
Hồ Thiền Quang
Hồ Xuân Hương
Nguyễn Quyền
Quang Trung
河內日航酒店 P125
Lê Duẩn街
JTB mybus P133
Trần Nhân Tông街
中央馬戲團
N
統一公園
0
100m
Nguyễn Đình Chiểu
Nguyễn Bỉnh Khiêm
Bà Triệu
Tuệ Tĩnh
1
2
3
4

以上地區的東北邊一帶有許多高級飯店以及評價不錯的餐廳。
河內相較其他地區治安算是比較好的，不過用完餐若回飯店的時間偏晚，還是建議搭計乘程車。

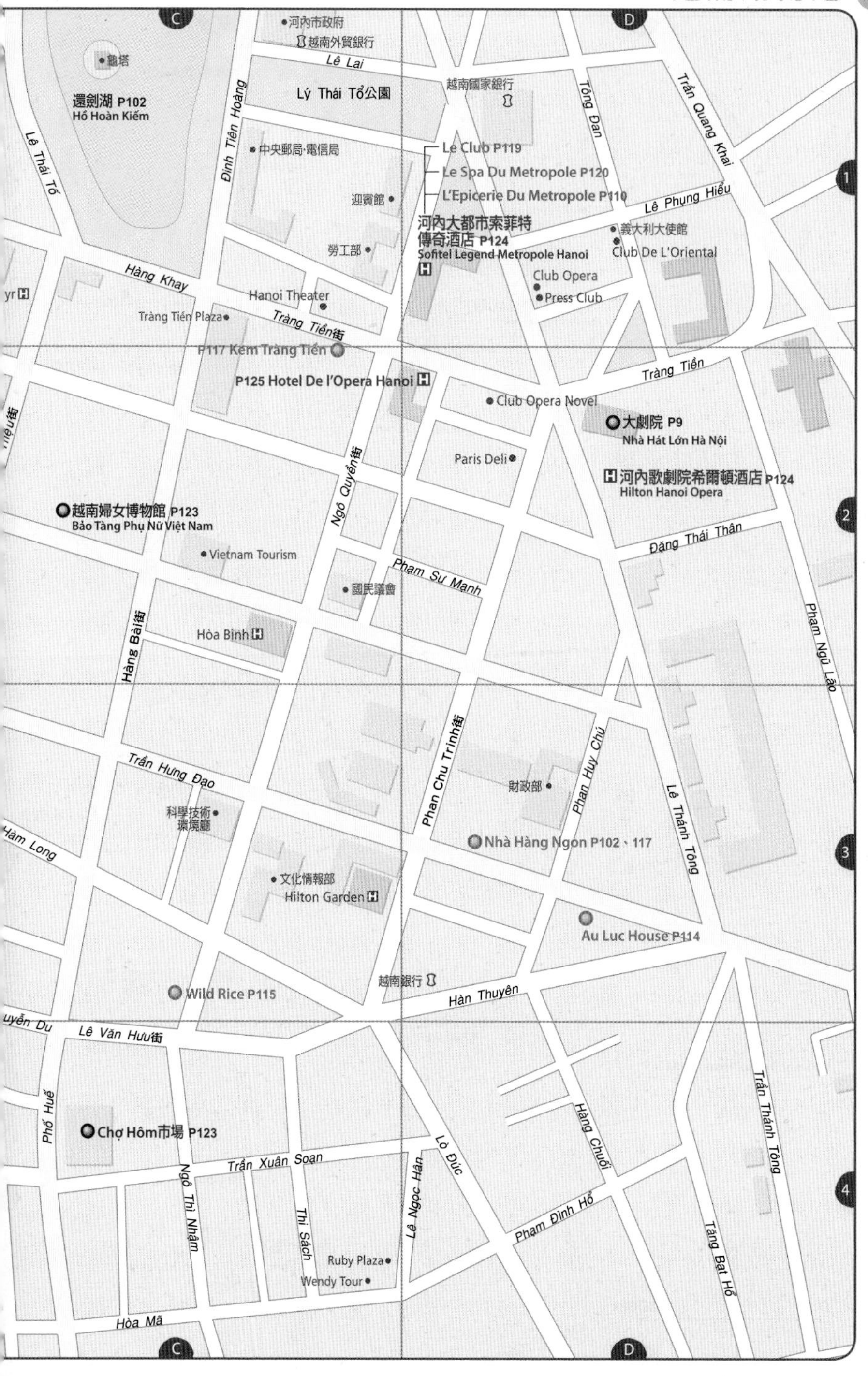

●觀光景點 ●餐廳·咖啡廳 ●商店 ●夜間娛樂 ●美容保養 H飯店

A
B
總理府
越南共產黨總部
Hoàng Hoa Thám
Nguyễn Cảnh Chân
1
主席府
Hoàng Văn Thụ
Ngọc Hà
P98、123 昇龍皇城
Hoàng Thành Thăng Long
P123 胡志明故居
Nhà Sàn Bác Hồ Chí Minh
巴亭廣場
國會大廈
國家計劃投資部
Ngọc Hà
Ngọc Hà
P102 胡志明陵寢
Lăng Chủ tịch Hồ Chí Minh
Bắc Sơn
2
一柱寺卍
外交部
胡志明博物館
Chùa Một Cột
Điện Biên Phủ
波蘭大使館
Đội Cấn街
步行約3分
Lê Hồng Phong
Đường Hùng Vương街
Sơn Tây
Chu Văn An
Khúc Hạo
中國大使館
3
Nguyễn Thái Học街
Kim Ma 巴士總站
Trần Phú
P123 越南國立美術博物館
Bảo Tàng Mỹ Thuật Việt Nam
河內競技場
Khaisilk
Pullman Hanoi Hotel P125
Tôn Đức Thắng
Cát Linh街
Văn Miếu
P109 Coco Silk
4
Hiên Trà Trường Xuân P118
Craft Link
Ngô Tất Tố
N
P123 文廟
Văn Miếu
Koto Restaurant
An Trạch
Bích Câu
Quốc Tử Giám
0
200m
Đoàn Thị Điểm

此處有國會議事堂及大使館等中央政府機關，綠地也相當多。
雖然從胡志明陵寢到文廟步行需要20分鐘，但較為涼爽的時段也可以散步前往。

河內市區交通

舊市區周邊的車流量很大

河內市區規模較小，從舊市區～還劍湖周邊可以徒步逛完。若是要到其他地區，可以選擇搭乘巴士或繞行舊市區的電動巴士，也可以搭乘計程車。地址標示與過馬路時的注意事項與胡志明市相同。

計程車  Taxi

計程車是市區移動時最普遍的交通方式。車子顏色視計程車公司而異，費用都是採跳表制。可在飯店前搭車或是路上攔車，若在餐廳可請服務生代叫計程車。搭乘方式與胡志明市（→別冊P11）相同。

○車資

起跳價視車子大小及計程車公司有所差異，大約在12000VND左右。2km以後每1km加收1萬VND。

 注意事項

○有些計程車載到不熟當地路況的旅客會刻意繞遠路。可先參考地圖確認目的地路線後再上車。
○比較起來，在定點候客的計程車司機會比路上往來載客的司機來得有良心。可事先記下車子編號及計程車公司，以便發生糾紛時方便處理。

○風評不錯的優良計程車公司

較有保障的計程車公司有以下2家。分辨的方式是看車體顏色及電話號碼。

Mai Linh Taxi

☎04-38333333
綠色車身為其特徵。

Hanoi Taxi

☎04-32535353
白底車身上印有紅色線條及藍字的集團企業公司。

舊市區電動巴士 Xe ĐiệN Đồng Xuân

7人座開放式電動巴士往來舊市區與還劍湖之間，很適合酷熱的夏季時期。上車地點在還劍湖畔（別冊MAP●P15C3）與東宣市場（別冊MAP●P15C1）前2處。可包車遊覽，也可購買單程車票。

○營運時間／票價

營運時間8時～22時。搭乘一次1人8萬VND。包車1台20萬VND／35分、30萬VND／1小時。可在上車地點的購票窗口買票。

要注意突發狀況！

計程機車常有交通事故及費用糾紛發生，建議盡量不要搭乘。人力三輪車也易有費用等糾紛，想嘗試的人建議可以參加有包含搭乘人力三輪車的旅遊行程。

巴士  Xe Buýt

巴士車身為黃色和紅色，網羅了市區各地交通路線。巴士站牌上以越南語寫著目的地及路線編號，觀光客想熟練地搭乘難度頗高，建議只要記住便利的路線即可。

○營運時間／票價

營運時間5時～20時30分左右，5～15分一班，不同路線會有所差異，主要路線的班次非常多。票價7000～9000VND。

○欲前往巴茶村可搭乘47路巴士

由龍邊巴士總站（別冊MAP●P15C1）搭乘47路巴士前往巴茶村（→P128），5時～22時之間約15分一班。想自行前往巴茶村的人可善加利用。

中越全域圖

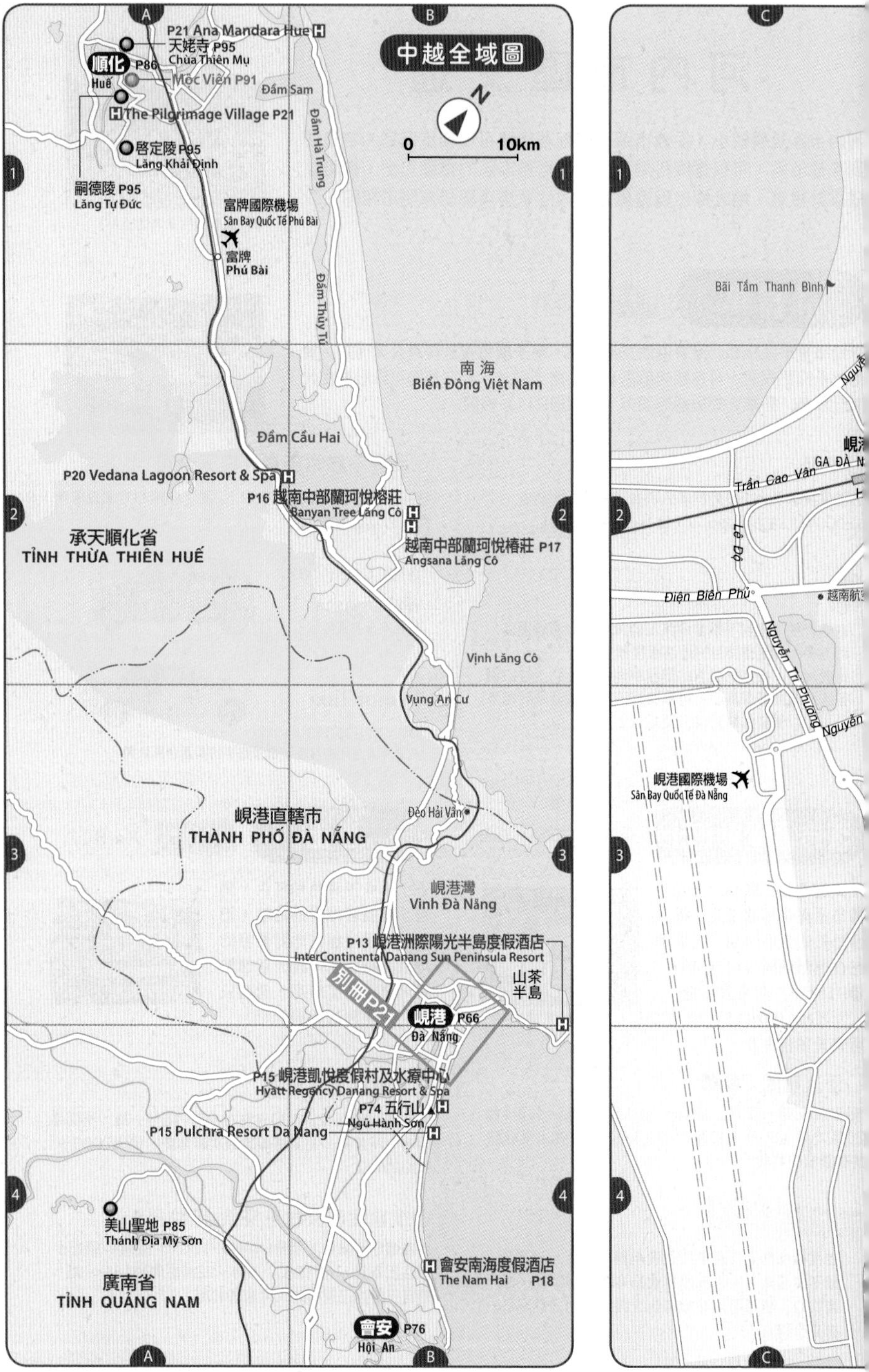

中越全域圖

N

0 10km

A B

1 2 3 4

P21 Ana Mandara Hue

天姥寺 P95
Chùa Thiên Mụ

順化 P86
Huế

Mộc Viên P91

Đầm Sam

The Pilgrimage Village P21

Đầm Hà Trung

啓定陵 P95
Lăng Khải Định

嗣德陵 P95
Lăng Tự Đức

富牌國際機場
Sân Bay Quốc Tế Phú Bài

富牌
Phú Bài

Đầm Thủy Tú

南海
Biển Đông Việt Nam

Đầm Cầu Hai

P20 Vedana Lagoon Resort & Spa

P16 越南中部蘭珂悅榕莊
Banyan Tree Lăng Cô

越南中部蘭珂悅椿莊 P17
Angsana Lăng Cô

承天順化省
TỈNH THỪA THIÊN HUẾ

Vịnh Lăng Cô

Vụng An Cư

Đèo Hải Vân

峴港直轄市
THÀNH PHỐ ĐÀ NẴNG

峴港灣
Vịnh Đà Nẵng

P13 峴港洲際陽光半島度假酒店
InterContinental Danang Sun Peninsula Resort

山茶半島

別冊P21

峴港 P66
Đà Nẵng

P15 峴港凱悅度假村及水療中心
Hyatt Regency Danang Resort & Spa

P74 五行山
Ngũ Hành Sơn

P15 Pulchra Resort Da Nang

美山聖地 P85
Thánh Địa Mỹ Sơn

廣南省
TỈNH QUẢNG NAM

會安南海度假酒店
The Nam Hai P18

會安 P76
Hội An

龍橋（D2）東側橋邊有一大片廣場，是欣賞龍橋夜間點燈及乘涼的絕佳地點。
河川邊有一座龍頭魚身像，可跟著當地人潮到這兒拍照留念。

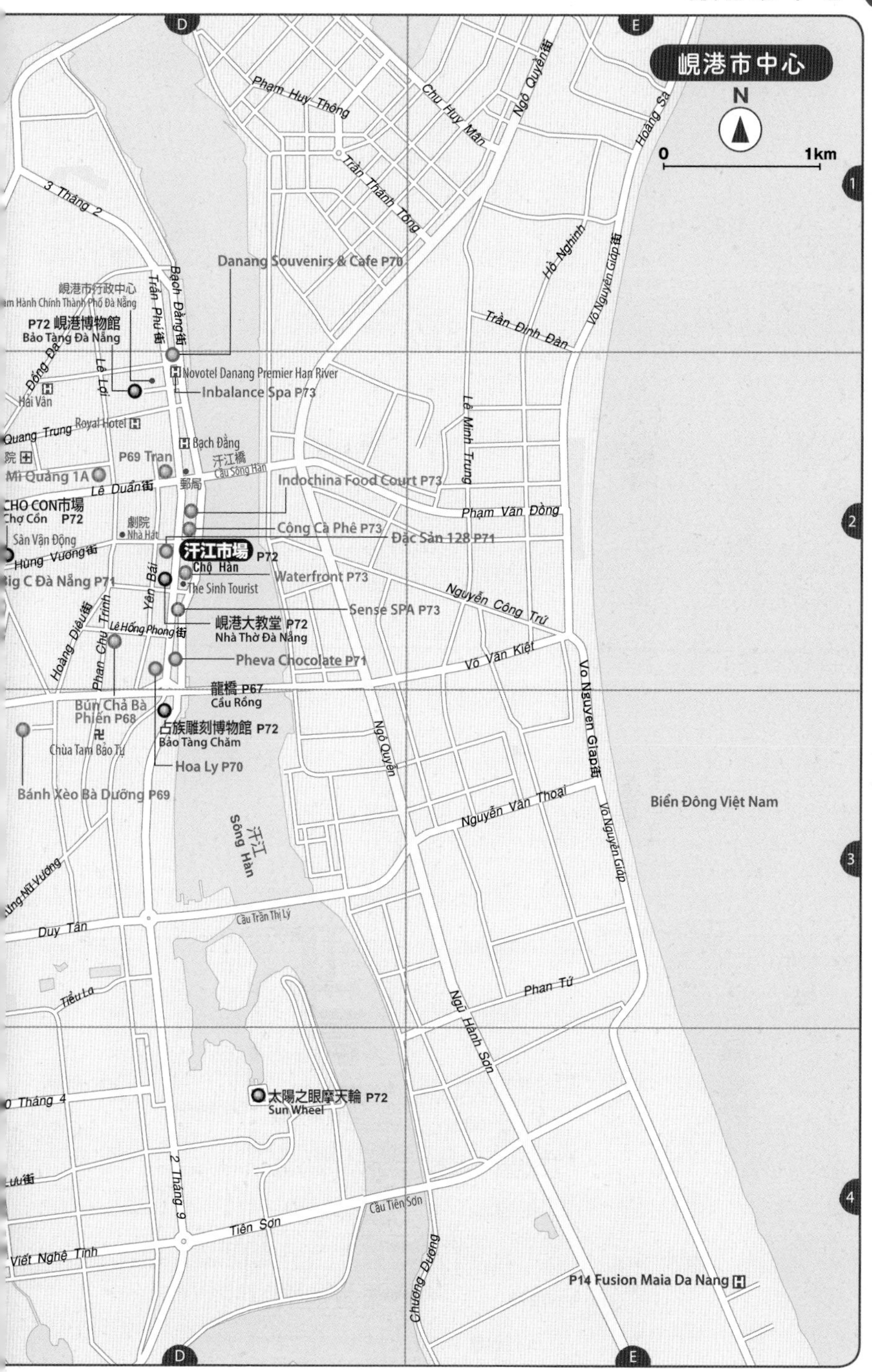
峴港市中心
N
0
1km
Phạm Huy Thông
Chu Huy Mân
Ngô Quyền街
Hoàng Sa
Trần Thánh Tông
3 Tháng 2
Hồ Nghinh
Võ Nguyên Giáp街
Danang Souvenirs & Cafe P70
Bạch Đằng街
Trần Phú街
峴港市行政中心
P72 峴港博物館
Bảo Tàng Đà Nẵng
Trần Đình Đàn
Novotel Danang Premier Han River
Inbalance Spa P73
Lê Lợi
Hải Vân
Royal Hotel
Quang Trung
Lê Minh Trung
Bạch Đằng
P69 Tran
汗江橋
Cầu Sông Hàn
Mì Quảng 1A
Lê Duẩn街
郵局
Indochina Food Court P73
CHO CON市場
Chợ Cồn P72
劇院
Nhà Hát
Phạm Văn Đồng
Sân Vận Động
Cộng Cà Phê P73
Đặc Sản 128 P71
Hùng Vương街
汗江市場 P72
Chợ Hàn
Waterfront P73
Big C Đà Nẵng P71
Yên Bái
The Sinh Tourist
Nguyễn Công Trứ
Sense SPA P73
峴港大教堂 P72
Nhà Thờ Đà Nẵng
Hoàng Diệu街
Phan Chu Trinh
Lê Hồng Phong街
Pheva Chocolate P71
Võ Văn Kiệt
Võ Nguyên Giáp街
龍橋 P67
Cầu Rồng
Bún Chả Bà Phiến P68
占族雕刻博物館 P72
Bảo Tàng Chăm
Chùa Tam Bảo Tự
Hoa Ly P70
Ngô Quyền
Bánh Xèo Bà Dưỡng P69
Nguyễn Văn Thoại
Biển Đông Việt Nam
Sông Hàn
汗江
Võ Nguyên Giáp
Cầu Trần Thị Lý
Duy Tân
Tiểu La
Phan Tứ
Ngũ Hành Sơn
Tháng 4
太陽之眼摩天輪 P72
Sun Wheel
2 Tháng 9
Cầu Tiên Sơn
Tiên Sơn
Viết Nghệ Tinh
Chương Dương
P14 Fusion Maia Da Nang
D
E
1
2
3
4

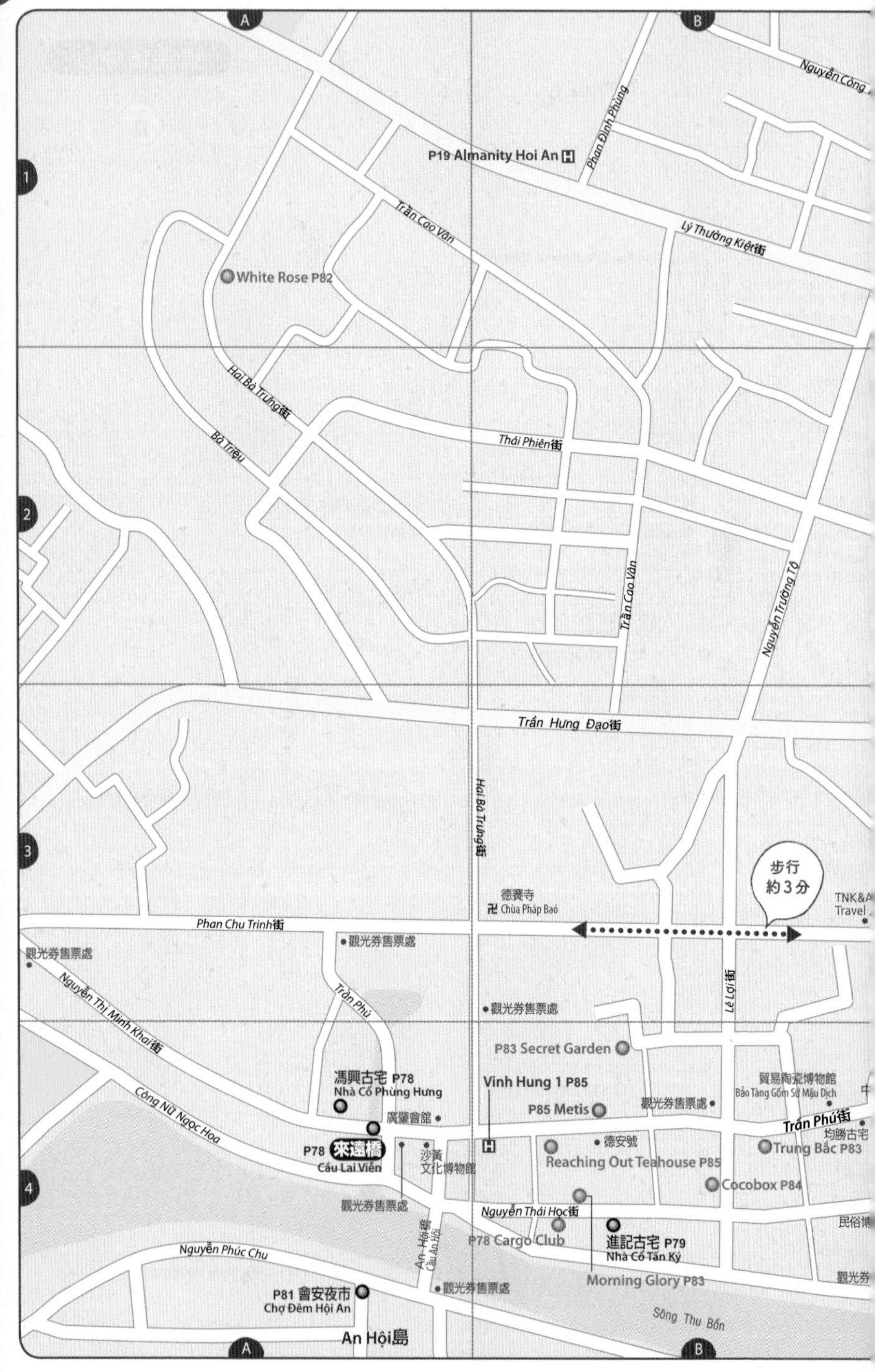

區域Navi

會安老街店家多在20時打烊。An Hoi島（A4）沿著河川一帶有些酒吧和餐廳營業時間較晚，晚上可以來這裡逛夜市，享受An Hoi島的別樣風情。

觀光景點　餐廳・咖啡廳　商店　夜間娛樂　美容保養　飯店

順化市中心

A
B
Lê Văn Hưu
Đinh Tiên Hoàng街
Trần Văn Kỷ
La Sơn Phu Tử
Phùng Hưng
Tịnh Tâm
Thái Phiên
Lê Đại Hành
Nguyễn Trãi
Doan Thị Diem街
Thạch Hãn街
Ngô Thế Lân
Đặng Thái Thân
Đoàn Thị
步行
約3分
和平門
Cửa Hòa Bình
舊市區
Tôn Thất Thiệp
河內
Lê Duẩn
Triệu Quang Phục
Cửa
閱是堂 P8
Duyệt Thị
阮朝皇宮 P88
Đại Nội
Nguyễn Trãi
P89 右廡·左廡
Hữu Vu / Tả Vu
太和殿
Điện Thá
午門
Ngọ
Thạch Hãn街
Trần Nguyên Đán
Lê Huân
P91 Y Thao Garden
Nguyễn Cư Trinh
Tôn Thất Thiệp
Yết Kiêu
世祖廟 P89
Thế Tổ Miếu
彰德門
Cửa Chương Đức
Ngô Thời Nhậm
顯臨閣 P89
Hiển Lâm Các
23
P88 大
Cửa
Trần Nguyên Hãn
Phạm Thị Liên
Đặng Trần Côn
Ông Ích Khiêm街
Cửa Nhà Đồ
Vạn Xuân
Xuân 68
Ancient Hue P90
Sông Kẻ Vạn
Lê Duẩn
Kiệt 3 Vạn Xuân
Sông Hương
Kim Long街
P93 Phuh
P95 La Residence Hue Hotel &
sông An Cựu
Bùi Thị Xuân
N
0
200m
順化站
GA HUẾ
Bùi Thị Xuân
A
B

阮朝皇宮（B2）與啓定陵、嗣德陵（P20A1）等地境內能遮陽的地方不多，且步行移動的距離很長。乾旱期的中越日曬強烈，白天氣溫高，建議一定要攜帶洋傘及帽子，也別忘了補充水分。

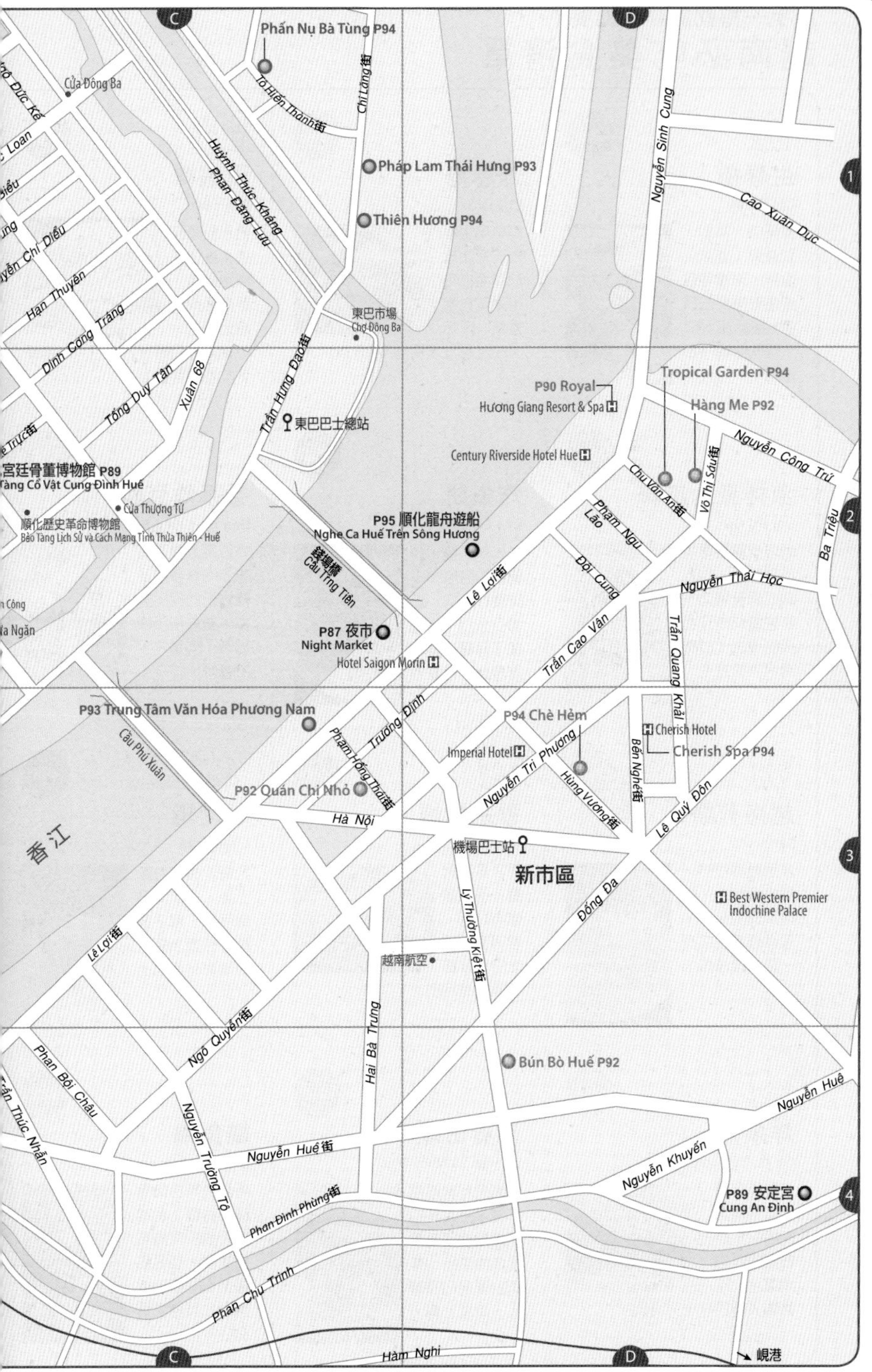
Phấn Nụ Bà Tùng P94
Cửa Đông Ba
Tô Hiến Thành街
Chi Lăng街
Pháp Lam Thái Hưng P93
Thiên Hương P94
Huỳnh Thúc Kháng
Phan Đăng Lưu
Nguyễn Sinh Cung
Cao Xuân Dục
Nguyễn Chí Diểu
Hàn Thuyên
Đinh Công Tráng
Tống Duy Tân
Xuân 68
東巴市場
Chợ Đông Ba
Trần Hưng Đạo街
東巴巴士總站
P90 Royal
Hương Giang Resort & Spa
Tropical Garden P94
Hàng Me P92
Century Riverside Hotel Hue
Nguyễn Công Trứ
Chu Văn An街
Võ Thị Sáu街
宮廷骨董博物館 P89
Cửa Thượng Tứ
順化歷史革命博物館
Bảo Tàng Lịch Sử và Cách Mạng Tỉnh Thừa Thiên - Huế
P95 順化龍舟遊船
Nghe Ca Huế Trên Sông Hương
Phạm Ngũ Lão
Ba Triệu
長錢橋
Cầu Trường Tiền
Lê Lợi街
Đội Cung
Nguyễn Thái Học
P87 夜市
Night Market
Hotel Saigon Morin
Trần Cao Vân
Trần Quang Khải
P93 Trung Tâm Văn Hóa Phương Nam
Cầu Phú Xuân
Trương Định
P94 Chè Hẻm
Cherish Hotel
Cherish Spa P94
Phạm Hồng Thái街
Imperial Hotel
Nguyễn Tri Phương
Bến Nghé街
Hùng Vương街
Lê Quý Đôn
P92 Quán Chị Nhỏ
Hà Nội
香江
機場巴士站
新市區
Đống Đa
Best Western Premier Indochine Palace
Lý Thường Kiệt街
Lê Lợi街
越南航空
Ngô Quyền街
Hai Bà Trưng
Phan Bội Châu
Bún Bò Huế P92
Nguyễn Huệ
Nguyễn Trường Tộ
Nguyễn Huệ街
Nguyễn Khuyến
P89 安定宮
Cung An Định
Phan Đình Phùng街
Phan Chu Trinh
Hàm Nghi
峴港

用手一指就能輕鬆點餐♪

越南必吃美食清單

南越

生春捲

Gỏi Cuốn

將豬肉、鮮蝦、豆芽菜、韭菜、香草、米線等包進生春捲皮的菜色。搭配加入花生醬的味噌一起享用。

北越

炸春捲

Chả Giò

餡料用生春捲皮包起來油炸而成，用萵苣包進香草一起吃。在北越又被稱為Nem Rán。

中越

蒸蝦粿

Bánh Bèo

把米粉漿裝進小盤子或專用模後，蒸煮而成的順化小吃。軟綿綿的口感很好入口，非常受到女性顧客歡迎。

北越

涼拌青木瓜絲

Gỏi Đu Đủ

尚未成熟的青木瓜切絲後，加入蝦仁乾及豬肉、甜酸醬料攪拌而成的沙拉，口味清爽無負擔。

中越

炸魚餅

Chả Cá Chiên

越式炸黑輪。將新鮮的白魚肉絞碎製作而成，營養百分百。推薦加了蒔蘿的美味炸魚餅，香氣四溢。

全國

香茅炸豆腐

Đậu Hủ Chiên Sả Ớt

炸豆腐上灑了調味過的炸香茅及辣椒粉的極品美食。雖然加了辣椒粉，但是幾乎不會辣。

南越

越南煎餅

Bánh Xèo

米粉與綠豆粉以椰奶攪拌後，薄煎而成的煎餅，包進綠葉蔬菜裡一起慢慢享用。

全國

香茅蛤蠣

Nghêu Hấp Sả

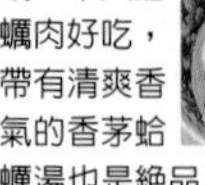

清蒸香茅蛤蠣。不只蛤蠣肉好吃，帶有清爽香氣的香茅蛤蠣湯也是絕品。

中越

甘蔗蝦

Chạo Tôm

把蝦泥裹在甘蔗上後，以炭火燒烤而成。用生春捲皮包裹米線及香草等一起吃。

南越

炸象魚

Cá Tai Tượng Chiên Xù

用美拖等湄公河三角洲知名的象魚做成的炸象魚菜色。外觀嚇人但口味十分清淡。

全國

清蒸田螺

Ốc Hấp Sả Nhồi Thịt

田螺肉和豬肉拍打後，一起塞回田螺殼裡再清蒸而成的菜色。螺肉的彈牙口感讓人一吃就上癮。

北越

鱧魚鍋

Chả Cá Lã Vọng

將鱧魚等白肉魚種與蒔蘿一起煎炒而成的河內知名美食，有名到甚至有一條街道還以此菜色名稱命名。

小小知識

多使用薄鹽調味、口味清淡是北越菜的特色。所添加的食材及香草種類也少，簡樸的菜色居多。因周邊有西湖與紅河，因此使用淡水魚和貝類烹調而成的菜色種類十分豐富。

甜味、辣味、鹹味、酸味，在越南，必須包含所有味蕾能感受到的味覺要素，才會被認為是美味的食物。從主菜到湯品，所有融合在一起的味覺才是越南菜的精髓。

菜色

南越

椰汁燉豬肉
Thịt Kho Nước Dừa

以椰汁將切成大塊的豬肉煮到軟軟爛爛，搭配煮得非常入味的滷蛋，非常美味。

全國

魚露炸雞翅
Cánh Gà Chiên Nước Mắm

以魚露醃漬後油炸而成的雞翅。口感帶點辣帶點鹹，酥酥脆脆的外皮讓人一吃就停不下來。

中越

烤洛葉牛肉捲
Bò Lá Lốt

用一種叫做洛葉的香草把牛絞肉捲起來燒烤的菜色。沾一種叫Mắm Nêm的醬料一起吃，一吃就上癮。

全國

雞肉糯米飯
Xôi Gà

將雞肉及蒜頭酥鋪在以雞汁煮成的糯米飯上而成，通常分量都不會太多。

中越

蓮葉飯
Cơm Lá Sen

用蓮葉包裹米及蓮子一起蒸煮而成的菜色。蓮葉的香氣讓食欲大增。原是中越順化的宮廷菜色。

中越

雞飯
Cơm Gà

以雞汁炊煮成的米飯上，鋪上蒸烤過的雞肉塊一起享用，讓人忍不住一碗接著一碗。

全國

海鮮鍋
Lẩu Hải Sản

大量地使用白肉魚和鮮蝦、花枝、蛤蠣等新鮮海產烹煮而成的海鮮鍋，一般多會另外附上米線。

南越

酸魚湯
Canh Chua

充分呈現番茄酸香的湯品，是越南最具代表性的菜色，裡頭加了鱧魚等白肉魚，以及滿滿的蔬菜。

北越

河粉
Phở

發源自河內的米線餐點。牛肉河粉與雞肉河粉是最基本的兩種口味。可依照自己的喜好加入調味料來調整。

南越

粿條
Hủ Tiếu

發源自南越，用米做成的乾燥細粿條很有嚼勁。在香濃的豬骨湯頭加入滿滿的鮮蝦與豬肉、韭菜、大腸等配料。

中越

順化米線
Bún Bò Huế

中越順化的知名米線餐點，是相當辛辣的美食。米線裡放入牛肉及豬腳等，並且加入沙嗲這種辣油一起吃。

北越

烤肉米線
Bún Chả Hà Nội

烤肉與迷你漢堡肉搭配生菜和米線佐以甜醬汁一起吃，也可和炸春捲等一同享用。

情境簡單會話（越南語）

※每個地方的越南語都略有不同，以下列舉的是南越的越南語。

Scene 1 打招呼	你好 Xin chào.	謝謝 Cảm ơn.
Scene 2 表達意思	是 Vâng.	不是 Không.
	知道了 Tôi hiểu rồi.	不知道 Tôi không hiểu.
Scene 3 在觀光景點	請問可以拍照嗎？ Tôi chụp hình có được không?	請問廁所在哪裡？ Nhà vệ sinh ở đâu?
Scene 4 在餐廳	我要點餐 Cho tôi gọi món.	我要點這道菜 Cho tôi món này.
	很好吃 Ngon quá.	請不要加香菜 Bỏ ngò rí ra cho tôi.
	請幫我去冰 Đừng cho tôi đá.	我要結帳 Tính tiền.
	請問能刷卡嗎？ Có dùng thẻ tín dụng được không?	找的錢不對 Tiền thối sai rồi.
Scene 5 在商店	請問多少錢？ Bao nhiêu tiền?	能不能打個折？ Bớt đi.
	可以試穿嗎？ Tôi thử được không?	這裡壞掉了 Chỗ này bị hư rồi.
	請分開包裝 Gói riêng dùm tôi.	請給我收據 Cho tôi lấy hóa đơn.

常用資訊♪

數字

0 Không
1 Một
2 Hai
3 Ba
4 Bốn
5 Năm
6 Sáu
7 Bảy
8 Tám
9 Chín
10 Mười
15 Mười lăm
100 Một trăm
1000 Một ngàn
1萬 Mười ngàn
10萬 Một trăm ngàn
100萬 Một triệu

匯率

1萬VND ≒ 14元

(2017年4月)

先做筆記♪

兌換時的匯率

1萬VND ≒ ＿＿ 元